本书由国家社科基金重大项目"人工认知对自然认知挑战的哲学研究"（21&ZD061）

山西省"1331工程"重点学科建设计划

山西大学"双一流"学科建设规划

资助出版

认 知 哲 学 文 库

丛书主编 / 魏屹东

# 乔姆斯基的
# 心智表征观

CHOMSKY'S VIEWS OF
MENTAL REPRESENTATION

崔艳英　　著

社会科学文献出版社
SOCIAL SCIENCES ACADEMIC PRESS (CHINA)

# 文库总序

认知（Cognition）是我们人类及灵长类动物的模仿学习能力和理解能力。认知的发生机制，特别是意识的生成过程，迄今仍然是个谜，尽管认知科学和神经科学取得了大量成果。人工认知系统，特别是人工智能和认知机器人以及新近的脑机接口，还主要是模拟大脑的认知功能，本身并不能像生物系统那样能够自我产生意识。这可能是生物系统与物理系统之间的天然差异造成的。而人之为人主要是文化的作用，动物没有文化特性，尤其是符号特性。

然而，非生物的人工智能和机器人是否也有认知能力，学界是有争议的。争议的焦点主要体现在理解能力方面。目前较普遍的看法是，机器人有学习能力，如机器学习，但没有理解能力，因为它没有意识，包括生命。如果将人工智能算作一种另类认知方式，那么智能机器人如对话机器人，就是有认知能力的，至少表面看起来是这样，比如 2022 年 12 月初开放人工智能公司（Open AI）公布的对话系统 ChatGPT，两个 AI 系统之间的对话就像两个人之间的对话。这种现象引发的问题，不仅是科学和工程学要探究的，也是哲学要深刻思考的。

认知哲学是近十多年来新兴起的一个哲学研究领域，其研究对象是各种认知现象，包括生物脑和人工脑产生的各种智能行为，诸如感知、意识、心智、自我、观念、思想、机器意识，人工认知包括人工生命、人工感知、人工意识、人工心智等等。这些内容涉及自然认知和人工认知以及二者的混合或融合，既极其重要又十分艰难，是认知科学、人工智能、神经科学以及认知哲学面临的重大研究课题。

"认知哲学文库"紧紧围绕自然认知和人工认知及其哲学问题展开讨

论，内容涉及认知的现象学、符号学、语义学、存在论、涌现论和逻辑学分析，认知的心智表征、心理空间和潜意识研究，以及人工认知系统的生命、感知、意识、心智、智能的哲学和伦理问题的探讨，旨在建构认知哲学的中国话语体系、学术体系和学科体系。

"认知哲学文库"是继"认知哲学译丛""认知哲学丛书"之后的又一套学术丛书。该文库是我承担的国家社科基金重大项目"人工认知对自然认知挑战的哲学研究"（21&ZD061）系列成果之一。鉴于该项目的多学科交叉性和研究的广泛性，它同时获得了山西省"1331 工程"重点学科建设计划和山西大学"双一流"学科建设规划的资助。

魏屹东
2022 年 12 月 12 日

# 摘　要

　　心智表征是认知科学研究的核心问题之一，也是一个从古至今都没有解决的谜题。笛卡尔的接触力学没能解决"思维物质"和语言创造性问题；牛顿的万有引力定律解决了力学难题，但是对于"语言创造性"和"心智"无能为力。洪堡特提出"有限形式的无限运用"说明语言创造性，问题依然没有解决。乔姆斯基反对行为主义，发起一场认知革命，研究语言能力，研究心智问题。他的心智表征观主要由几个方面构成。这几方面问题通过七个部分展开讨论。

　　第一，心智表征研究可以追溯到经院哲学时期，其路径研究无论是一元论还是二元论都不能成为心智解读的理想路径。第二，乔姆斯基的心智研究继承了笛卡尔的理性主义，以"语言创造性"为切入点，追本溯源，找到历史依据。他的普遍语法假设可以在波尔·罗亚尔语法中找到原型；他的深层结构和表层结构并非空穴来风，源于历史文献；他的生成理论源于洪堡特的"有限形式的无限运用"。第三，他的心智研究主要是对心智表征的自然主义追问。心智是不是一种自然现象？是不是可以计算？方法论自然主义是研究自然现象的方法论，可否用于心智表征研究？心智表征是否具有意向性？第四，对这些问题的解答，使得意向性成为乔姆斯基关注的主要问题之一，他尝试通过思维的计算表征维度解读心智的意向性问题，但其解读面临困境，是否要摒弃意向性？摒弃意向性是否意味着乔姆斯基支持还原论？第五，心智还原论问题，是心智哲学避不开的问题。乔姆斯基像牛顿一样，怀疑物理主义，坚持方法论自然主义。他的普遍语法是语言能力问题，是认知模块，也是心智表征。第六，普遍语法说明人类具有独立的语言模块，不受其他认知能力影响。然而，诸多证据说明模块独立不可行，心智模块具有系统性、互动性。第七，乔姆斯基理论不是终极理论，也有局限性。心智意向性不适合纳入自然主义路径。心智表征研究需要总结前人研究之成果，借鉴视觉研究之成果，借鉴语言研究之思路。

**关键词：**乔姆斯基；心智表征；方法论自然主义；意向性理论；心智模块论

# ‖ 目　录 ‖

# ‖ CONTENTS ‖

# 绪　论

　　人类具有一种内在能力。这种能力不仅可以帮助我们了解赖以生存的
物质世界，还可以帮助我们了解物质世界的运行机制。我们通过各种方式
与世界相互作用，形成对世界的感知经验。这种能力就是我们的心智。在
了解世界的过程中，最重要的是我们希望建构一种心智表征模型，通过心
智表征模型认识世界，认识世界的万事万物，了解世界的方方面面：不仅
要了解我们所经验的外部世界、我们的想象世界，还要了解我们自己的心
智世界，了解自己的心智能力，了解心智能力的运行机制。这些都是对世
界的认知与心智表征①，当然，这种表征不是对我们已有物质世界的简单
复制，而是一种地图式的、对实在世界的映射。心智表征的研究范式继而
从各种范式中抽象出来，尤其是心理学研究范式，M. 明斯基（Marvin
Minsky）的框架理论②、R. C. 相克（R. C. Schank）的脚本理论③、皮亚杰

---

① 心智表征（mental representation）可以翻译为"认知表征""心理表征""心智表征"，本
　文采用"心智表征"，原因如下：乔姆斯基心智主义，是在反对行为主义的基础上确立
　的。乔姆斯基认为，"心智（mind）"与"化学""电学""光学"均可视为世界的某些
　方面，因此，心智是世界的心智方面。首先，心智是习得语言的能力，在多种心智状态
　中，语言是最特别的心智状态，是研究其他心智状态的基础；普遍语法、语言能力以及
　语言习得机制都根植于心智。其次，语言知识的形成基于理性主义，是语言能力和普遍
　语法的表征，心智是各种普遍语法规则之库。最后，学界有关乔姆斯基的研究多用"心
　智"与"心智理论"。

② Minsky, M. , *A Framework for Representing Knowledge*, Cambridge, Massachusetts：MIT-AI
　Laboratory Memo 306, 1974.

③ Schank, R. C. , *Explanation Patterns: Understanding Mechanically and Creatively*, Hillsdale,
　N. J. : Erlbaum, 1986.

的图式理论①以及事件演化图谱②。尤其是 20 世纪中期艾弗拉姆·诺姆·乔姆斯基（Avram Noam Chomsky）认知革命以来，心智表征被推向心智哲学研究的中心地带，成为心智哲学研究的核心问题。

## 一 乔姆斯基心智表征研究历程

乔姆斯基是 20 世纪最有影响力的语言学家、哲学家、科学家。直至今天，他的语言学理论在理论学界依然占有重要地位。他将哲学理论作为心智研究的基础，也将其作为重要的语言研究基础。他的心智研究主要体现为对语言能力的研究。他的语言哲学独具匠心，研究闻名于世。他的转换生成语法至今广为传诵，他是语言学理论改革的先驱，促成哲学的认知转向，他的认知革命还波及心理学和计算机科学研究领域。他的转换生成语法理论主要强调运用语言知识——普遍语法生成句子的心智能力。这个理论主要解决说话者的语言知识问题，即语言能力问题。③ 乔姆斯基认为人类大脑是语言学习的生理基础，语言能力具有内在性。对乔姆斯基而言，心智在语言学习过程当中起作用，语言能力也如此。内在论心智观和心智主义观点是乔姆斯基理论的核心观点，是与行为主义相悖的重要依据。转换生成语法理论是对行为主义的致命一击，20 世纪后半叶，生成语法④逐渐取代行为主义，语言学习的刺激—反应—强化理论遭受重创，认知主义取得空前发展。随后，认知主义也逐渐在其他学科得到发展。这一革命带来了语言学理论研究范式的转换，乔姆斯基的特定哲学也称为乔姆斯基层级。正如内尔·斯密斯（Neil Smith）所言："他改革了语言学，而且他的改革在哲学界也引起骚动。他还复活了内在论思想，揭示出我们的绝大部

---

① Piaget, J. & Cook, M. T., *The Origins of Intelligence in Children*, New York, N. Y.: International University Press, 1952.

② Li Zhongyang, Ding Xiao, Liu Ting, "Constructing Narratine Erent Evolutionany Graph for Script Event Prediction," Internation Joint Conference on Arfificial Znlelligeue, 2018.

③ Chomsky, A. N., *Aspects of the Theory of Syntax*, Cambridge, Massachusetts: The MIT Press, 1965.

④ 也称为普遍语法，是乔姆斯基 60 多年来主要推动其发展的理论。无论是深层结构也好，生成语法也好，以及后来的内在语言外在语言、参数与原理，都是普遍语法各个阶段发展出的理论。

分知识由遗传禀赋所决定；他重申了可以追溯到数世纪之前的理性主义思想，虽然这个思想一直名声不佳，与经验主义竞争数百年；他还找到证据说明无意识知识就是我们能够讲话的能力和能够理解话语的能力。"①

罗马建成非一日之功。乔姆斯基范式的建立绝非一朝一夕完成的，它是通过乔姆斯基长达半个世纪不停探索、不停研究、不停写作而达成的。乔姆斯基著书立说的过程就是他的理论范式逐步形成的过程。他最重要的著作有《句法结构》（1957）、《句法理论的若干问题》（1965）、《笛卡尔语言学》（1966）、《语言与心智》（1968）、《语言理论的逻辑结构》（1975）、《语言的反思》（1975、1976）、《语言和责任》（1977）、《管辖与支配系列》（1982）、《语言知识：性质、起源和使用》（1986）、《语言和几个知识问题研究》（1988）、《语言和思维》（1993）、《最简方案》（1995）、《语言之建筑》（2000）和《有关自然和语言》（2002）。这些著作都是乔姆斯基在语言学领域的贡献，通过对语言的研究，他在语言学领域对认知科学做出了巨大贡献。

克里斯托弗·瓦尔兹（Christopher Wise）认为，乔姆斯基作为语言哲学家的身份更为显著，与其说他是语言学家，不如说他是哲学家。② 威廉·G. 莱肯（William G. Lycan）也认为，在过去几十年，语言哲学的发展以形式语法和形式句法为主，乔姆斯基就是这一发展的倡导者和践行者。③ 即使当代，他还活跃在写作前沿。他的语言哲学包括语言的本质属性、语言哲学、心智哲学以及语言能力、普遍语法、科学与常识观以及语言的进化与发展。弗莱德·彭（Fred Peng）对乔姆斯基的哲学观点有详细描述。④ 他进一步说明乔姆斯基的个人主义、心智主义、理性主义以及知性主义是如何逐步发展并对当前其他主流理论构成威胁的，并另辟蹊径研究语言知识。乔姆斯基的语言哲学观主要有三个重要主题观点：首先，心

---

① Smith, N., *Chomsky: Ideas and Ideals*, Cambridge：Cambridge University Press, 1999：1.

② Wise, C., *Chomsky and Deconstruction: The Politics of Unconscious Knowledge*, New York：Palgrave Macmillan, 2011.

③ Lycan, W. G., *Philosophy of Language: A Contemporary Introduction*, New York：Routledge, 2008.

④ Peng, F. C. C., "Profoundly Meaningful," *Times Literary Supplement*, 7 July 1972.

智是认知，是思维的核心，是对语言的反思；其次，语言和心智的本质及其重要属性是先天的，由遗传决定；最后，心智由一系列相互作用且各司其职的次系统构成，这也是语言行为成为可能的必要条件。我们对乔姆斯基学术历程的回顾主要根据其语言和心智哲学的五个维度——理性主义、分析主义、认知主义、本质主义以及还原主义。

## （一）乔姆斯基的理性主义

作为语言学家，乔姆斯基摒弃经验主义，秉承理性主义，他的心智哲学路径明显受到理性主义意识形态的影响。理性主义认为心智属性之一就是推理或者理性主义，这也是知识的重要源泉，更是通往知识的重要路径。他的研究思想受到柏拉图、笛卡尔、斯宾诺莎、莱布尼茨以及康德的影响。他的理论基于理性主义思想的先验知识，这一基础主要体现为内在论。玛利亚·巴格拉米安（Maria Baghramian）追踪研究乔姆斯基理论发现，哲学对语言的研究以及哲学对心智的研究始于哲学创立之初。柏拉图的"名"与"实"关系实质就是最初的语言研究，现在看来这恰恰是语言哲学研究，他的唯名论还是语言哲学中语义研究的重要理论之一。① 现代哲学之父笛卡尔也认为普遍语言的存在是人类使用各种语言的基础，这也为乔姆斯基的普遍语法理论提供了历史依据，乔姆斯基本人也将笛卡尔看作语言内在论的先驱。

乔姆斯基本人自称是笛卡尔主义者，他的《笛卡尔语言学》明确拥护笛卡尔"我思故我在"的理性观。正是这种笛卡尔精神的召唤，乔姆斯基才提出语言的理性主义观点，认为语言就是语言能力，是某种心智状态，是语言研究应该明确表述的观点，语言研究就是语言能力研究，就是心智能力研究，也是心智表征过程研究，不是语言行为研究。他认为"我们似乎应该将语言知识视为某种心智状态，一旦获得，它就会成为短暂心理状态中相对稳定的元素；而且，作为心智的某种可区分的能力状态——语言能力，以其特定属性、结构和组织，成为心智的一个'模块'"。②

乔姆斯基还受到康德认识论的影响，尝试寻找一种路径将经验主义和理

---

① Baghramian, M., *Modern Philosophy of Language*, Washington: Counterpoint, 1998.
② Chomsky, N., *Knowledge of Language: Its Nature, Origin and Use*, Westport, C. T.: Praeger, 1986: 12.

性主义相结合。正如史蒂芬·平克（Steven Pinker）所言，"康德式内在论是一种抽象的范畴化框架，不是植入心智的实际知识，是切实可行的内在论，而且在乔姆斯基语言学理论进化心理学以及所谓的领域专门性的认知发展中都有体现"。① 乔姆斯基语言哲学研究还受到柏拉图和莱布尼茨的影响。他自己也承认他对语言研究的兴趣，主要源于语言研究为"我们如何知道"和"我们知道什么"的经典柏拉图问题研究提供了一种研究路径。我们已经知道柏拉图的答案就是"我们大部分知识要么先天知道，要么是早期经验的记忆"。乔姆斯基认为这个观点基本正确，但是必须排除先天存在的问题。他认为即使大部分心智知识没有得到明确表达，也都是先天的，具有内在性。②

乔姆斯基认为我们需要以一种正式而又严肃的态度用理性主义心智理论来取代"认为知识源于经验"的经验主义。他反对经验主义，在某种意义上，经验主义发展了一种心身二元论，一种不可接受的二元论……经验主义认为大脑是一块白板，是一片空白，没有结构化，需要人们的经验去填补。我们完全有理由将心智能力的各个层面与大脑组织复杂性相关联。乔姆斯基认为"经验主义假设没有任何可行性，因为，在他看来，这些经验主义的假说不太可信。凭借归纳、概括、抽象等过程，似乎不可能说明物理世界和社会世界的常识理解的发展或科学的发展，而且没有这样的直接通路可由给予的素材到达可理解的理论"。③

如果把语言刻画为知识系统，研究语言能力而不研究语言行为，强调语言能力，强调语言的创造性、语言的内在原理和运行机制，我们的确可以把乔姆斯基看作理性主义传统继承人，他坚持语言哲学和心智哲学的理性观。乔姆斯基还特别说明他的理论主要得益于波尔·罗亚尔（Port Royal）语法和威廉·冯·洪堡特（Wilhelm von Humboldt）的语言观。④ 但是，乔

---

① Pinker, S., *The Stuff of Thought: Language as a Window into Human Nature*, London: Penguin, 2007: 160.
② Chomsky, N., *Knowledge of Language: Its Nature, Origin and Use*, Westport, C. T.: Praeger, 1986: 286.
③ Chomsky, N., *Language and Responsibility*, New York: Pantheon Books, 1977: 68.
④ Humboldt, W., "Humanist without Portfolio," *Ideen zu einem Versuch die Grenzen der Wirksamkeit des Staats zu bestimmen*, 1792, trans. in part in Marianne, C., Detroit: Wayne State University Press, 1963.

姆斯基的观点并不是生搬硬套理性主义传统。他的理论还有很多方面与理性主义研究不同。第一，对于语言能力，乔姆斯基虽然认为它是一种内在知识，但这种知识不完全建立在推理之上。第二，他认为普遍语法与实际的语言结构没有内在联系。第三，他不接受语义学理论，因为，语义学理论是以真值和指称为基础的，需要研究语言与实在世界之间的关系，这也是乔姆斯基可以将句法形式化的一个重要原因。

**（二）分析哲学路线的秉承**

乔姆斯基的研究就是沿着分析哲学路线，将逻辑和语言作为研究的核心。他充分利用逻辑和数学进行语言分析，还创建了一套表征句法的形式语言。在转换生成语法研究中，他创造了一套规则将词语的组合生成语言中的合法句子，还通过算术预测所有语法正确的句子。乔姆斯基的分析哲学立场同样不可小觑。首先他对科学方法论范式转换贡献很大，20世纪上半叶经验主义盛行的行为主义心理学、结构主义语言学以及逻辑实证主义哲学发生转向。他的破冰之作《句法理论的若干问题》为新的研究范式提供了概念基础，不仅为语言学研究提供了认知路径，还为哲学研究语言和心智提供了一种全新思路和一个全新研究框架。除此之外，他与分析哲学和批评哲学主要代表人物之间展开的辩论也是他生成理论逐步发展与成熟的有力证据。

乔姆斯基早期研究句法的概念框架在哲学界也引起了巨大反响。深层结构和表层结构也遵循分析哲学传统，尤其是罗素的描述理论——表层结构通常掩盖深层结构。语法可以分为两层表征形式：深层结构就是短语结构语法，通过递归性规则生成，表层结构通过运用转换规则从深层结构中派生出来。例如，句子中陈述句是深层结构，一般疑问句和特殊疑问句是表层结构，通过特定转换规则派生而来。转换生成语法在20世纪70年代的主要发展就是尝试说明生成成分和转换成分不仅要受到句法限制，还要受到语义限制。例如，在生成成分理论中，X-bar理论的形成与发展，明确说明所有短语成分的一般内在结构框架；转换成分则将所有可能的移动规则减少到单一的alpha移动，即使是单一的alpha移动，也受到限制。

**（三）心智语言的认知范式研究**

乔姆斯基认为，语言就是一种自然界的"物体"，是人类心智的构成之一，具有呈现于人脑的物理属性，是人类的遗传禀赋之一。[①] 作为认知主义的倡导者，乔姆斯基批判行为主义，因为行为主义作为一种经验主义，把语言和语言行为看作环境作用的产物，认为语言行为不过就是一系列刺激—反应—强化过程。乔姆斯基揭露出行为主义的局限性，认为行为主义犯了环境决定论的错误，否认内在心智能力以及遗传对语言学习的重要作用。乔姆斯基认为语言本质具有内在性，这种内在性是心智认知能力，是语言能力，其语言行为主要体现于深层结构或深层表征形式上。

斯金纳[②]是行为主义的代表人物，他的《言语行为》就是行为主义的很好体现。斯金纳运用行为主义和功能主义界定了语言的理论框架，他夸大了语言使用的环境。乔姆斯基认为语言的功能主义解释只局限于语言的交际行为，忽视了重要问题——语言的内在运行机制，行为科学发展的经验材料获取方法对语言研究理论没用也不构成必要条件。因为，对于语言研究，"语言材料收集不正式，除语音学之外，几乎不需要使用实验方法，也不需要收集数据的特殊方法，数据分析也容易设计，而经验材料获取对行为科学而言很重要，在行为科学中得到广泛运用。语言研究的非正式性似乎很重要，主要是因为理论问题很关键，不用行为主义通常使用的技术收集数据，也根本没难处。因此，我认为语言研究理论最好的方法就是摒弃行为科学研究的许多方法"。[③]

乔姆斯基认为行为理论源自动物实验的科学应用，对人类语言机制严重缺乏解释力。[④] 一种理论如果局限于外部环境刺激，缺乏解释力，就不能解释语言，更不能解释生成语法。乔姆斯基运用儿童迅速习得语言的例子，包括儿童很快习得语法并构建句子能力，还可以像其他成人一样，既能理解从未听过的话语，又能输出其他人未曾输出的句子，能够创造性使用语言，解释说明生成语言。他认为要想理解语言的创造性、语言创造性

---

① Chomsky, N., *On Nature and Language*, Cambridge：Cambridge University Press, 2002.

② 斯金纳是行为主义代表人物之一，他试图用行为主义理论解释语言学习问题，他将"言语行为"定义为从他人那里学习得来的语言行为。

③ Chomsky, N., "Linguistics and Philosophy," in Hook, Sidney, *Language and Philosophy: A Symposium*, New York：New York University Press, 1969：56.

④ Harrison, B., *An Introduction to the Philosophy of Language*, London：Macmillan, 1979.

的发展和使用就必须首先假设语言是一种遗传禀赋，这是与行为主义相反的一种假设。

乔姆斯基对斯金纳行为主义方法论及其基础假设的批判为认知革命铺平了道路。美国心理学自 20 世纪 50 年代至 70 年代研究范式发生转变，从行为主义研究范式逐步转变为认知研究范式。心智研究从行为主义功能主义进路转向认知主义和心智主义进路；语言学理论范式也由以莱纳德·布龙菲尔德（Leonard Bloomfield）为代表的结构主义转变为生成主义，为乔姆斯基转换生成语法的各时期发展创造了有利条件，提供了理论支撑。乔姆斯基理论主要关注句法的操作过程和内在结构，关注如何通过组织、连贯、调整和合并等规则将短语结构生成合乎语法的、可理解而且可接受的句子。他认为语言能力就是理想语言使用者对母语规则了解的程度，是人类所特有的内在语言能力的产物，也是心智能力的产物，语言能力独立于其他认知能力。① 从此，乔姆斯基确立了"心"在语言学研究中的地位。他的理论也宣告"心"完胜"身"。语言知识就是语言使用者的心智构成部分，因此，原本语言知识语言能力的研究分属于心理学研究，是乔姆斯基将这部分语言能力研究成功剥离心理学，与语言学研究对接，语言能力研究从此成为语言学研究对象。②

### （四）乔姆斯基的语言内在论

语言内在论认为，幼儿具有某种特定语言能力，这种语言能力是先天的，不是通过后天学习获得的。语言内在论持三种观点。第一，语言不是通过学习获得，是先天遗传的，具有文化传递性，不是通过后天经验所得，也不可能通过归纳法获得。第二，语言习得过程借助于语言的非习得系统。第三，人类心智有一种特殊构成成分，其重要功能就是促成语言发展，其他动物不具备这种构成，这种构成是人类和其他动物之间的重要区别。

乔姆斯基的语言理论就是语言内在论。内在论强调语言是内在语言能力，是一种心智认知能力，是与生俱来的，先天的遗传禀赋，是语言知

---

① Radford, A., Atkinson, M., Britain, D., Clahsen, H. & Spencer, A., *Linguistics: An Introduction*, Cambridge: Cambridge University Press, 1999.

② Cook, V. J. & Newson, M., *Chomsky's Universal Grammar: An Introduction* (2nd Edition), Oxford: Blackwell Publishers, 1996.

识，是乔姆斯基的普遍语法。普遍语法是所有人类语言发展的基础，离开普遍语法，人类不可能习得语言。乔姆斯基对普遍语法的解释也很清楚：

> 普遍语法是一种"语言能力"，具有一种初始状态，由遗传决定；在语言正常发展过程中，在早期孩童时代要通过一系列不同状态的变化，最终达到一种相对稳定状态，之后除词汇以外很少再发生变化。初始状态对于该物种（主要是人类）而言似乎是一样的。我们可以将传统用语调整为专门用语，将达到状态的理论叫作它的语法，而将初始状态的理论叫作普遍语法。[①]

儿童习得语言时，由于具备普遍语法，具有语言能力，语言发展迅速。儿童听到其父母的语言时，会无意识地搞清楚父母讲的到底是哪种语言，并默认这种语法，将语言能力设定为正确语言，这就是所谓的"参数设定"。他们的直觉可以辨认哪些词是动词，哪些词是名词，以及构成短语的规则。这种能力绝不是父母教会的，而是生来就有的先天能力，这种语言学习工具，生而有之，乔姆斯基称之为"语言习得机制"[②]，阿德里安·阿卡马基恩（Adrian Akmajian）等还进一步解释儿童如何运用这些语言习得机制习得语音、词汇和句法。[③]

普遍语法能力也说明儿童可以掌握多种句式和短语并从中抽象出语法规则，形成自己的语法，依据这些语法规则输出创造性话语，包括以前从来没听过的话语和从来没输出过的话语。经年累月，儿童掌握语言后，会适度调整自己的短语、句子以及语法规则直至完全与成人匹配。乔姆斯基认为，儿童习得语言的关键期是两岁到七岁，语言习得能力和走路一样，都是人类的内在能力之一，在特定发展水平和发展阶段被激活，受到环境

---

[①] Chomsky, N., *The Minimalist Program*, Cambridge, Massachusetts: The MIT Press, 1995: 14.

[②] 语言习得机制（Language Acquisition Device）是一种假设的模块，是一种直觉心智能力，用来解释儿童习得语言输出语言的一种内在能力。语言习得机制是构成语言内在论的一部分，认为人类生来就有一种习得语言的能力，是与行为主义相对立的一种假设。语言习得机制由两部分构成：一是普遍语法——以待定的参数形式出现，是人类所有语言都具有的语言规则。二是语言信息评价能力——对听到的实际语言信息进行参数设定。

[③] Akmajian, A., Demers, R., Farmer, A. & Harnish, R., *Linguistics: An Introduction to Language and Communication* (6th Edition), Cambridge, Massachusetts: The MIT Press, 2010.

影响，但绝非外界环境所决定。也就是说，只要儿童听到语言——任何一种语言，且他到达语言习得的关键期，他都会很好地习得语言并输出语言。因此，如果儿童处于语言关键期时没有听到任何语言，没有任何语言输入，则不能习得语言，也不会讲话。这是关键期假设①。

### （五）乔姆斯基的本质主义

乔姆斯基被称为语言本质主义的第一人，确认语言具有内在属性。语言本质主义假设语言结构的普遍性，这种普遍性不是通过学习得到的，而是先天知道的，正是这个普遍性使得儿童具有习得语言的可能性。普遍性有助于找到语言的内在特点，这个内在特点不可能通过感官材料推断而来，也不可能通过人的认知推测而来。乔姆斯基认为，语言的本质就是语言的结构基础，他的本质主义特点主要是基于他做出的几对区分，并通过其区别抽象出语言理论所关注的研究对象。

*1. 语言能力和语言行为*

作为本质主义，乔姆斯基区别语言能力和语言行为。语言能力是语言知识，是人们对自己语言规则的知识，是一种语言中所有句子的结构属性知识，具有内在性，是内化知识。语言行为是语言能力的表征形式，是语言知识在具体时空情境中的应用，由于心理压力、记忆短板或环境等其他因素出现与语言能力不匹配现象。语言能力是语言知识，是语言使用者生成符合语法规范句子的内在知识，为合法句子生成提供可能性。语言行为通过语言转换规则将语言能力转换为日常话语。乔姆斯基认为语言学研究的对象应该是相对稳定的语言能力——语言实际使用的心智过程机制，而不是语言行为，因为语言行为因人而异，因情境而异。也就是说，语言理论研究的对象是语言能力，不是语言行为。

然而，语言科学家无一例外接受理想语言，而不是语言事实、实际语言素材。接受语言能力和语言行为区分就是本质主义语言学的重要标志。将语言能力研究作为整个理论研究的核心，接受语言能力完全独立于其他

---

① 关键期假设是语言学和语言学习中存在的争论之一。关键期假设主要假设语言学习与年龄有关系，认为儿童学习语言存在一个语言关键期，如果儿童在关键期处于语言丰富的环境，他们很容易习得语言，如果错过语言关键期，语言习得变得困难而且会事倍功半。

认知能力，这正是乔姆斯基理论的核心所在。

2. 内在语言和外在语言研究

乔姆斯基引入两个语言术语概念——内在语言（I语言，I-Language）和外在语言（E语言，E-Language）。外在语言主要指心智以外的语言材料或语言数据；内在语言是内化语言，是具有内在心智属性的语言，是语言使用者的内在知识。① 作为生成本质主义者，乔姆斯基把内在语言看作一种心智状态。他认为外在语言没有研究的价值，因此，内在语言是唯一适合语言学研究的对象，内在语言研究还应该单独进行，不应该把语言的外部环境考虑在内。他还具体解释道：

> H知道语言L是因为H本身具备一种内在语言。对一种语法的陈述就是对这种I语言的心智理论（或心灵理论）的陈述，因此也就是大脑结构的陈述，这种陈述是在从各种机制抽象出来的一定层次上表述的。②

> 语言研究的这一分支（生成语法）确实没有考虑社会和文化……即使社会和文化与这些问题在某种生物系统层面有关系，但至少于我而言，社会与文化了解与否无关紧要。③

当然，这个结论把乔姆斯基置于与非本质主义对抗的境地，因为非本质主义认为语言具有社会性、功能性，是一种外在现象。迈克尔·达米特（Michael Dummett）认为语言就是一种社会习俗的产物。④ E. 伊特考农（E. Itkonen）认为语言就是社会规则。⑤ D. 刘易斯（D. lewis）认为语言具有社会约定俗成性。⑥ 皮亚杰和维果茨基也认为社会和环境对语言的发展

① Chomsky, N., *The Minimalist Program*, Cambridge, Massachusetts: The MIT Press, 1995.
② Chomsky, N., *Knowledge of Language: Its Nature, Origin and Use*, Westport, C. T.: Praeger, 1986: 23.
③ Chomsky, N., *The Architecture of Language*, Oxford: Oxford University Press, 2000: 42.
④ Dummett, M., *The Seas of Language*, Oxford: Clarendon Press, 1993.
⑤ Itkonen, E., *Grammatical Theory and Metascience*, Amsterdam: John Benjamins Publishing Company, 1978.
⑥ Lewis, D., *Convention: Reply to Jamieson, Reprinted in Papers in Ethico and Social Philosophy*, Cambridge: Cambridge Universing Press, 1976/2000.

作用重大。① 日常语言哲学家约翰·奥斯汀（John Austin）、保尔·格赖斯（Paul Grice）和约翰·塞尔（John Searle）也提出假设研究语用学理论，如格赖斯的会话含义、奥斯汀的言语行为理论等都研究了语言的实际使用现象。② 事实上，有很多语言的性质和意义的外在论观点，但都受到乔姆斯基的批判。③ 他的立场甚至将他推向描述语言学家布龙菲尔德的对立面，成为结构主义语言学家索绪尔的死敌。乔姆斯基把语言看作一种生理器官，或者是一种内在装置，语言本身无幽默、无隐喻、无情感、无交际意图、无社会意义，完全不是人们日常理解的语言。④ 约翰·马厄（John Maher）和朱迪·格罗夫斯（Judy Groves）也注意到乔姆斯基的内在论语言观点面临多个学科——人类学、语言学、社会学、政治经济学、哲学和其他人文科学的挑战。⑤

3. 乔姆斯基的普遍语法假想

乔姆斯基认为，普遍语法是理论、条件和规则系统，是所有语言普遍具有的本质属性和特点，是语言的本质。所有人类都共有一部分语言知识，普遍语法就是他们共有的部分，无论他们讲何种语言。普遍语法规则是所有语言的基础蓝图。⑥ 普遍语法才能解释清楚为什么儿童在外界语言输入有限的情况下，早期可以迅速得母语。如果没有特定的普遍语言知识，学习不可能发生。乔姆斯基还强调：普遍语法决定一系列核心语法，而且是同一理想语言社区个人知识在心智中的表征，是核心语法标记的成分，是构成核心语法的边界。这一假设具有合理性。⑦

普遍语法认为婴幼儿生而具有所有语言共有的某种核心语言知识，帮助他们习得某种特定语言。语言能力具有生物性，是遗传禀赋，是语法基

① 转引自 Vygotsky, L. S., *Mind in Society: The Development of Higher Psychological Processes*, Cambridge, Massachusetts：Harvard University Press，1978。

② Levinson, S., *Pragmatics*, Cambridge：Cambridge University Press，1983.

③ Bezuidenhout, A. L., "Language as Internal," in Lepore and Smith, eds., *The Oxford Handbook of Philosophy of Language*, Oxford：Clarendon Press，2006.

④ Bezuidenhout, A. L., "Language as Internal," in Lepore and Smith, eds., *The Oxford Handbook of Philosophy of Language*, Oxford：Clarendon Press，2006.

⑤ Maher, J. & Groves, J., *Introducing Chomsky*, New York：Totem Books，1998.

⑥ Chomsky, N., *Reflections on Language*, London：Temple Smith，1976.

⑦ Chomsky, N., *Lectures on Government and Binding*, Dordrecht：Foris，1982.

因，语言本身是基因决定的。这一点从神经心理学家艾瑞克·H. 列纳伯（Eric H. Lenneberg）的著作中也可以找到理论支撑。他认为学习语言的能力的确具有内在性，而且语言能力和其他先天能力机制一样，局限于某个关键时期。如果儿童在关键期没有学会语言，那么他们就再也学不会语言，这一点与关键期假设一样。①

乔姆斯基提出普遍语法，他的理论成为理性主义研究传统的核心。乔姆斯基的提议与瑞士儿科专家荣格的原理概念理论有相似之处。荣格认为，人类生来就有某种遗传的作用模式，根植于某种无意识心智状态，是一种原型理论。原型具有激发能力，控制并协调一般行为特点并调节所有人类的一般经验，被视为内在神经核心。乔姆斯基认为，虽然各种语言语法各异，但语言的基本形式深层结构具有普遍性，即在神经那个最深层次，存在一种普遍语法，所有个别语言的语法都是从普遍语法的基础上发展而来的。②

**（六）乔姆斯基的语言还原论**

乔姆斯基认为，我们不考虑句子语义，仅仅确定句子是否合乎语法的语言观。他的语言研究路径为句子的形式句法研究做出很大贡献，促进了形式句法分析的发展，使句法研究不必因受到语义问题的影响而止步不前。乔姆斯基坚持还原论，将语言还原为语法。他认为，语言的理论本质上就是语言的语法，③ 而且语法就是一种独立于语义的自足性研究。语言学研究就是语法研究，语言等于语法，不包括语义。在语言研究中，语法具有优先权，不考虑语义，也不考虑语言使用的语境、个人背景和社会因素。乔姆斯基认为语义学和语用学都不能成为语言研究的核心部分。语义和指称的研究以及语言实际使用研究应该排除在语言学研究对象之外，他甚至认为句法和语义不存在界面问题。语言分析的核心就是语法分析，就是句法分析，自然语言主要由内在计算过程和内在运行机制构成。他在

①　Lenneberg, E. H., "The Capacity for Language Acquisition," in Fodor, Jerry A. & Katz, Jerrold J., eds., *The Structure of Language: In Readings in the Philosophy of Language*, Englewood Cliffs, N. J.：Prentice-Hall, 1964.

②　Samuals, A., Jung and Post-Jungians, New York：Routledge, 1986.

③　Chomsky, N., *Syntactic Structures*, Berlin：Mouton de Gruyter, 1957/2002.

《最简方案》中对还原主义做了进一步介绍。他在《自然的奥秘》一文中还表达出将语言知识还原为数学基础的希望。

### （七）小结

乔姆斯基语言研究就是语言能力研究，是他对心身问题求解的过程，是他重"心"偏"心"的研究，是认知能力的研究，也是心智表征的研究。他注重语言能力研究，他偏向内在语言研究，研究普遍语法，以句法分析为切入点，以深层结构、表层结构之间的转换规则和机制为手段，剖析语言的实质和语言的创造性特征，是对理性主义传统的继承，对笛卡尔"我思故我在"的发展，对洪堡特"有限形式的无限运用"的拓展。他的语言和心智研究对现代心理学的发展影响深远，在很大程度上加速了哲学的认知转向，并积极影响认知科学的发展。如今的生物语言学也在乔姆斯基理论基础上逐渐发展起来，认知语言学、认知语法、认知语义学和认知语用学也是乔姆斯基认知革命的结果。对乔姆斯基而言，语言学属于认知心理学，语言学研究的对象正是认知心理学要寻求的答案。语言学的任务就是搞清楚语言的本质，了解心智过程和心智机制的诸多问题。这一研究得到的启示就是语言学、心理学和哲学再也不是自主研究学科、独立研究学科，① 而是互有重叠、彼此渗透的跨学科交叉研究学科。乔姆斯基的心智和心智表征研究，首要的就是语言学研究。于他而言，心智研究的语言研究维度，就是要找到可以解读所有语言的普遍性。他对认知科学的贡献源自他对语言的研究，语言的本质——语言能力，作为认知能力之一，也是心智构成的一部分。认知科学领域需要了解我们的思维、学习和对世界的感知能力，与语言学研究对象有重合、有交叉。因此，乔姆斯基对语言和心智的研究是对认知科学研究所做出的贡献。他独特的语言学哲学研究视角确立了语言学在认识论研究中的地位。"语言学现在已经被普遍认为是科学的一个分支，无论是为语言理论本体研究，还是为着对其他学科研究做出的贡献，语言学都值得研究，语言学的科学地位要归功于乔姆斯基。"② 乔姆斯基就是当前知识发展的领头人。

---

① Lyons，J.，*Chomsky*，London：Fontana Press，1991.
② Lyons，J.，*Chomsky*，London：Fontana Press，1991：9.

## 二　乔姆斯基心智表征研究的几个阶段

乔姆斯基是自然科学家，不是社会科学家，也不是机械学家。我们这么说有依据可循。"科学"术语与"语言"一样，在日常生活中没有什么特殊含义，也没有什么特殊应用：人们将科学应用于各个学科，包括物理学、化学、数学、生物学以及天文学。科学家与专家学者、专业知识和智慧相联系。科学形成和发展成功的领域主要有物理学、化学、生物学等。各学科不可能完全均衡发展，学科发展不平衡十之八九，在这些学科中，研究进程的发展以及程度都不相同，实验方法不同，出现的问题也有区别，解决问题的方法各不相同。乔姆斯基多次提到伽利略、笛卡尔和牛顿，他本人就是在追随这些哲学家科学家的脚步前行。这些先人在他们的时代运用科学理论研究自然现象，并在自己的研究领域取得巨大成功。以笛卡尔的《方法论》为例，在这部著作中，笛卡尔谈到科学理论，并说明这具体是什么样的理论，说明他运用该理论取得的成就。他并没有把对世界的理解与科学混为一谈。我们不能运用科学概念解决日常生活问题。所有人都认为常识是上帝赋予我们的礼物，笛卡尔所谓的"常识"观对解决生活中的问题非常关键。

我们依赖常识解决问题，但常识不是一成不变的，也要顺应不同环境不同文化。这就说明常识具有创造性，具有灵活性。笛卡尔说常识是上帝赋予的，是生而就有的，那其创造性就必然具有生物性。我们可以运用常识适应不同环境，适应各种社会角色，并且很快适应各种不期而遇的偶然事件。科学就是在某个特定领域运用形式理论构建模型，就像伽利略和笛卡尔著作所揭示的那样，科学的宗旨就是简化，简化比数据重要。数世纪以来，数代人的努力换来科学的巨大进步，创造出科学知识标准，这些标准与常识没有什么关系。物理学发展数百年，才有现在的跃进，运用数学计算实体世界，实体研究和计算过程绝对不是常识可以理解的。虽然科学现在还不够完备，但是已经把伽利略和笛卡尔时代的机械力学远远甩在后面，科学绝对不依赖心智内在系统，不依赖常识。科学可以依赖简洁性，因为简洁性可以用于解释和描述科学，构建理论解决科学面临的难题，这也是为什么除数学外，只有基础自然科学在 16 世纪末得到发展。当然，我们费时费力通过不断训练来接近特殊学科的复杂理论，了解特殊学科的复杂现象，科学的全面发展目前尚且不能达到。至少，今天我们应该庆幸我们可以吃饱穿暖，科学发现不再需要服务于衣食住行、不再为了生存需要而经营。我们修桥筑路，将钢铁锻造成不同形状，修建各式教堂，开山辟路，都是科学日新月异的结果。

科学实践的各个过程就是科学发展的各段历史，科学教会我们尊重客观事物。客观概念不是常识可以理解的，更不是常识可以解释的，常识概念关注人类感知和人类行为。有时候科学甚至与常识相互矛盾。例如颜色系统，科学意义上的色彩就是我们视觉系统的产物，与外界事物无关，常识偏偏使我们聚焦于外界具体事物——红花、绿叶、蓝天、白云和黑土等等。正如语言是我们心智能力的产物，不是我们听到的声音，也不是写下来的文字，更不是谱写的伟大篇章，科学家关注的不是我们能够感知到的颜色，也不研究我们听到的语音和记录的符号。如果笛卡尔活到牛顿时代，一定会经历牛顿的重力理论对接触力学的批判。运动是物体通过接触产生的知识就源于常识，经受不住万有引力的考验。亚里士多德如果生到伽利略的时代，也会看到自由落体学说遭人驳斥，亚里士多德的自由落体学说也一样源于常识，不是科学的声音。

乔姆斯基的语言科学观沿袭笛卡尔伽利略科学传统，是生物研究的一个分支，对人类生物系统的抽象描述和解释，称为"语言器官"。乔姆斯基所谓的语言器官不是常识意义上的社会现象语言。为了说明语言器官，语言科学必须发展一种与自然科学一样的知识标准。经过几十年的研究，得出语言器官在结构上很简单。这种语言的生物学研究不同寻常，因为生物学一般揭示的都是雅克·L.莫诺（Jacques L. Monod）所谓的修缮增补发展。① 显然，把自然科学延展到心智的生理系统得出的结论就是：正如伽利略和笛卡尔所言，语言是精心设计的产物，其结构完美，无人可以解释。

笛卡尔的接触力学，即使仅仅是一种最原始形式，也与教会理论发生冲突，与亚里士多德的目的论相冲突。他的理论与伽利略对自然现象的机

---

① Jacob, F., "Evolution and Tinkering," *Science*, 1977（196）.

械理论一样，遭到宗教体系反对，而他们则以捍卫科学真理为己任，最终取得胜利。继两位科学家之后，科学家继续运用简单的形式工具并发展理论形成概念，解释他们坚守的科学领域，捍卫他们的研究成果。与笛卡尔研究天文学、物理学、光学和神经生理学一样，乔姆斯基运用自然科学方法研究语言，同样遭到反对。他的反对者认为语言不是自然现象，而是语言行为，实际的语言运用，是一种社会实践的产物，是我们交流的工具。乔姆斯基把这种反对意见称为外在语言论，最典型的就是平克所谓的心智"白板说"，① 主要源于语言就是解决分类、描述等认知问题的行为，只要出现类似行为的机体都有语言能力。机器可以模仿人输出语言行为，说明语言不是一种人生而有之的生理器官。

（一）语言器官：语言的生物学基础

语言是一种基本的计算系统，将声音和意义结合构成句子，是自然选择的结果。我们现在还无法找到证据证明我们的基因可以赋予我们语言能力，赋予我们言的能力和听的能力，也无法提供证据证明语言的发展。乔姆斯基认为语言器官的进化发展可以解释为心智复杂形式的结果。我们的语言能力完美地将语音和意义结合在一起，计算系统就是植入语言的物理过程和物理结构，因此语言的计算系统就是一个完整系统。乔姆斯基语言和心智观点优先倒置。他认为语言不是文化和社会的表征，而是我们基因的表征。所有人类只有一种语言，所有不同自然语言都囊括于"普遍语法"中。因此，语言研究就是心智能力的研究，是语言知识、语法能力以及心智运行机制的研究。语言能力和心智在科学研究中的地位很重要。语言是人类特有的现象，构成心智结构的特定组成部分。语言器官或者语言能力就是心智中主要的认知系统之一。语言是概念表征的工具，是文化的载体，因此，我们可以随时随地表达我们的思想观点。乔姆斯基的语言科学的确为人类心智科学研究开了一个好头，也为语言和心智的科学研究立下功劳，为普遍语法理论谱写了壮丽篇章。

（二）普遍语法——语言能力研究各个阶段

普遍语法贯穿乔姆斯基语言理论的全过程，是人类大脑具有的语言知

---

① Pinker, S., *The Blank Slate*, New York：Penguin, 2002.

识状态，是人类语言必须拥有的一系列规则和条件，是人类的无意识知识。普遍语法是乔姆斯基为研究语言而假设的一个概念。这个概念源自波尔·罗亚尔语法。普遍语法的核心思想就是要制定出少量原理并以这些原理为依据建立一种语法机制，为各类不同语言的语法提供参照点。乔姆斯基语言科学观始于20世纪40年代，他在宾夕法尼亚大学时的毕业论文——《现代希伯来语言的形态音位研究》，也是他的硕士学位论文雏形。这篇论文是乔姆斯基早期对语言学和生成音系学的探讨，不仅详细分析了形态音系学，而且分析了现代希伯来语的整个语法体系，从音位一直到句法，是现代希伯来语的完整生成语法。该论文的重要性主要体现在乔姆斯基对语言学的深入研究以及生成理论的深远影响上。这一开创性文章对乔姆斯基语言学研究者们追根溯源了解生成语法意义重大。这篇文章堪称乔姆斯基普遍语法理论发展的创世纪之作，意义重大，是普遍语法和生成语言学在希伯来语言中的具体应用。在这篇文章中，乔姆斯基的目的就是确立希伯来语的生成语法观。50年代早期，他到哈佛大学读硕士，开始写他的里程碑式的著作《语言理论的逻辑结构》，其中有一章提交到宾夕法尼亚大学作为他的博士学位论文论题。他于1955年完成并修改该书，但其实际出版时间为1975年。霍华德·拉斯尼克（Howard Lasnik）讨论计算层次时提到，计算层次已经置入乔姆斯基语言器官理论，为乔姆斯基语言科学研究奠定了基础。内尔·斯密斯说明乔姆斯基语言科学研究性质时，也指出语言科学和生物学之间的关系。尤其是在乔姆斯基解决柏拉图问题——解释我们如何在短期内习得语言知识时更明显。乔姆斯基给出的答案就是"普遍语法"，假设儿童开始学习时的初始状态就是普遍语法，一种语言结构图式。乔姆斯基和莫里斯·哈利（Morris Halle）合作的《英语的语音模式》说明语音具有系统性、抽象性，是英语语言独有的语音。语音模式研究说明大脑的部分组织与灵长类组织相似，该组织曾被认为是辨别声音的器官。于人类而言，这一组织就是语言特有的，是内置于大脑用于分辨语音、做出回应并输出语言的组织模块。

与笛卡尔一样，乔姆斯基不仅研究语言科学，还研究心智科学，说明语言和心智都是心智科学发展的结果。乔姆斯基20世纪50年代开始阅读哲学著作，受到那些伟大哲学家们的影响，并开始勾勒蓝图，发展一种框架研究心智和语言，一种理性主义路径，不同于经验主义。他认为经验主义主要是研究相似性类比，无法解释语言的创造性，理性主义认为人类运用语言具有灵活性、创造性，主要是由于人类心智具有内在结构，心智内容促成语言的创造性。1959 年，乔姆斯基对斯金纳的《语言行为》一书做出长篇评论。他对斯金纳的批判虽然也涉及不同语言行为的功能，但主要集中在对斯金纳行为主义理论的批判，也是对行为主义心理学的批判上。

乔姆斯基认为动物的条件反射行为不应该应用到人类身上。我们必须假定大脑中已经存在某些看不到的实体。他对斯金纳的研究方法和基本假设的批评结束了行为主义在语言研究方面长达几十年的统治。他要寻找一种新的语言研究路径，于是在 20 世纪 50 年代后期提出转换生成语法，对结构主义描述语言学造成巨大的冲击。《句法结构》标志着现代认知革命的开始。转换生成语法自提出到现在，经过了五个阶段的发展。在句法理论中，乔姆斯基主要提出转换语法理论，以及转换语法的构成，尚处于第一个阶段，其理论属于经典理论。短语结构构成语法基础，通过转换规则输出形态音位形式。句法理论以理想语言为研究对象，在转换过程中没有考虑语义解读，因此输出了错误形式。因此，乔姆斯基对句法理论进行补充，并于 1965 年出版了《句法理论的若干问题》，将语义结构成分增加到转换语法中，认为语言学理论应该研究语义。这一阶段是标准理论阶段。第三个阶段是扩展的标准理论，主要集中讨论语言普遍性和普遍语法。第四个阶段的发展主要是对第三个阶段的修正，是修订扩展标准理论，主要探讨管辖和约束理论。最后一个阶段就是最简方案，是对管辖和约束理论的修正。转换生成语法发展的各个阶段就是普遍语法的早期发展。

我们可以通过表格说明普遍语法的发展阶段（见表 0 - 1）。

表 0 - 1　乔姆斯基普遍语法发展阶段

| 开始年份 | 理论 | 关键词 | 成果 |
| --- | --- | --- | --- |
| 1957 | 转换生成语法（经典理论） | 改写规则、转换、生成、核心句 | 《句法结构》 |
| 1965 | 标准理论 | 语言能力/语言行为<br>深层结构/表层结构 | 《句法理论的若干问题》 |
| 1972 | 扩展标准理论 | | 《生成语法的语义学研究》 |

| 开始年份 | 理论 | 关键词 | 成果 |
|---|---|---|---|
| 1981 | 管辖和约束理论（管约论） | 原理、参数、D 结构和 S 结构、移动 | "管辖和约束理论" 系列讲座 |
| 1990 | 最简方案 | 计算体系、界面条件、完美性 | 《最简方案》 |

资料来源：Cook, V. J. & Newson, M., *Chomsky's Universal Grammar: An Introduction*（3rd Edition），Oxford：Blackwell Publishers，2007：4.

乔姆斯基通过两个层面发展普遍语法。一个层面是语言的普遍概念和语言习得理论。理论的根基就是乔姆斯基对语言能力和语言行为做出的区分，可以追溯到 50 年代末到 60 年代中期，之后的研究一直是以语言能力为主，还延伸到对心智和心智表征的研究，也是对普遍语法理论的认可。另外一个层面就是描述句法。上述提到的著作也是各个理论发展时期句法描述的结果，各个阶段运用不同核心词描述普遍语法。第一阶段句法理论主要介绍"生成语法"概念，强调通过改写规则生成形式描述，如句子可以改写为名词短语和动词短语，强调生成核心句的短语结构规则与转换规则的独立性。核心句可以通过转换规则生成被动句、否定句和疑问句。最典型的例子就是"Colorless green ideas sleep furiously"①，句子语法上正确，语义上讲不通。乔姆斯基主要说明句子独立于语义，因此第一阶段《句法结构》在句法解释中将语义限制排除在外。第二个阶段理论是对第一阶段经典理论的发展，超越第一阶段句法理论成为标准理论。1965 年乔姆斯基的《句法理论的若干问题》问世，后来被称为标准理论。这一阶段乔姆斯基对转换生成语法的解释更为深入，《句法理论的若干问题》也成为乔姆斯基语言学理论框架形成的奠基之作。《句法理论的若干问题》是乔姆斯基认识论假设的充分体现，借助于符号和规则将语言学理论形式化，语言学科学似乎更像科学。主流语言学研究逐渐由行为主义范式

---

① 这个句子是乔姆斯基在《句法结构》一书中用到的一个例子，主要说明一个句子可能语法正确，但语义上讲不通。这个句子首次出现在乔姆斯基 1955 年《语言学理论的逻辑结构》中，他在 1956 年《语言解释的三个模型》中重复用到。尽管句子语法没有问题，但是其语义却不能理解，由此说明句法和语义之间的区别。乔姆斯基重点强调句子的无意义，因为他只依赖于以前从未听过的句子，这是语言创造性的集中体现。乔姆斯基并不是第一个提出这样句子的人，他是受到法国句法学家的启发提出这个例子的。

的经验主义转变为心智主义、理性主义和生成主义，把研究对象变成人类心智研究，一种与语言学习和语言输出有关的抽象的内在运行机制。这一理论主要是在区别语言能力和语言行为的基础上形成的。他认为我们应该认可句子有两种结构——深层结构和表层结构。表层结构相同的句子可能深层结构解读不同，主要取决于潜在的名词和动词关系。

乔姆斯基在70年代对标准理论进行扩展，重新修改了句子转换规则。80年代管约论初步形成。管约论认为人类语言由管辖语法的原理和参数构成。深层结构和表层结构术语也得到精练，成为术语概念D结构和S结构。普遍语法的管约论在语言知识中得到详细说明。尽管乔姆斯基用管辖和约束理论作为句法主要描述理论，但他认为这个理论容易误导读者，所以又将其更名为"原理和参数"理论。他认为原理和参数理论更适用于描述句法特点。乔姆斯基并没有停下发展普遍语法的脚步。80年代晚期他提出最简方案理论，体现在1993年和1995年的《最简方案》和《最简方案》（修订版）中。《最简方案》主要阐述理论的普遍特点，通过简化语言知识生成适用于所有语言的普遍原理，并对词汇附加参数。尤其是《最简方案》（修订版），就像奥卡姆剃刀一样，乔姆斯基取消了管约论中很多具体理论，提倡最少操作过程、最短运动距离。

**（三）从表层结构到深层结构**

乔姆斯基理论的核心就是语言知识，关注点就是心智。普遍语法理论就是关注所有语言的普遍属性而不是个别语言的个别特点。语言作为心智产物，如何与物理事件和外界物体相联系？语言的语音外壳如何与语言的语义内质相联系（见图0-1）？

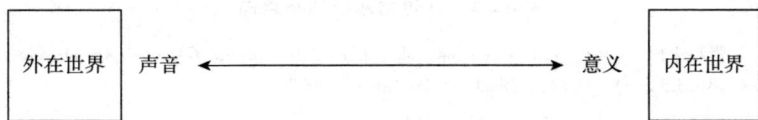

| 外在世界 | 声音 | ←————————————→ | 意义 | 内在世界 |

**图0-1　语音—语义关系**

资料来源：Cook, V. J. & Newson, M., *Chomsky's Universal Grammar: An Introduction* (3rd Edition), Oxford: Blackwell Publishers, 2007: 5.

乔姆斯基认为，我们的心智通过计算系统将语音和意义连接起来（见

图 0 - 2）。①

**图 0 - 2  计算系统**

资料来源：Cook，V. J. & Newson，M.，*Chomsky's Universal Grammar: An Introduction*（3rd Edition），Oxford：Blackwell Publishers，2007：5.

乔姆斯基认为语言的声音对于言者和听者而言主要通过计算系统与心智语义相联系。语言的复杂性就在于计算系统的特点，尤其是句法中的计算。90 年代以来，乔姆斯基除了关注最简方案计算系统外，还将注意力转向语言的形式表征和概念的心智表征。言者输出声音时，心智计算系统需要改变语言的内在形式并通过传感器将命令传递给肌肉组织输出实际的声音。相反，听者接收声音则需要把声音转化为计算系统运用的表征形式，再将其感知为与言者输出一样的词语。

在触及意义时，心智需要将计算系统的语言表征转化为心智的普遍概念，也即乔姆斯基所谓的概念意向系统，② 例如西兰花和蔬菜概念相联系。相反，言者需要将概念转化成计算系统的语言表征形式，即把"蔬菜"转化为具体的"西兰花"。图 0 - 3 在声音和意义之间还增加了两个界面。

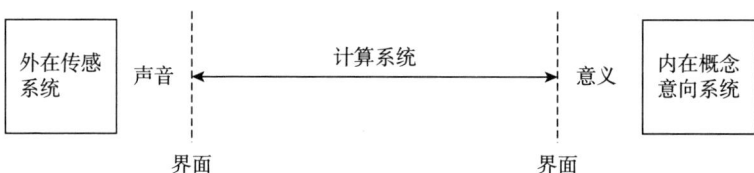

**图 0 - 3  计算系统的两个界面**

资料来源：Cook，V. J. & Newson，M.，*Chomsky's Universal Grammar: An Introduction*（3rd Edition），Oxford：Blackwell Publishers，2007：6.

---

① Chomsky，N.，"A Minimalist Program for Linguistic Theory," in Hale，K.，Keyser，S. J.，eds.，*The View from Building 20: Essays in Linguistics in Honor of Sylvain Bromberger*，Cambridge，Massachusetts：The MIT Press，1993：12.

② Chomsky，N.，"Derivation by Phase," in *Ken Hale: A Life in Language*，edited by Kenstowicz，M.，Cambridge，Massachusetts：The MIT Press，2001.

接触的两个点形成计算系统的两个界面。只有通过两个界面计算系统才能发挥作用，即进入两个系统。[①]一个是我们身体可以处理的声音系统，而另一个是我们心智可以处理的意义系统。

原理和参数理论[②]通过术语构建把语音形式和意义形式联系起来。语音形式（PF）表征语言的声音，通过音段表征。逻辑形式（LF）是语义的表征，两者通过计算系统联系。因此，图0－3就表示为图0－4。

物理世界　声音 | 语音形式 ←——————计算系统——————→ 逻辑形式 | 意义　心智世界

**图0－4　计算系统**

资料来源：Cook，V. J. & Newson，M.，*Chomsky's Universal Grammar: An Introduction* (3rd Edition)，Oxford：Blackwell Publishers，2007：7.

PF 和 LF 构成语言与其他认知系统之间的界面，因此出现语音和语义的直接表征形式以及与其他系统之间的互动。[③]在《最简方案》中，计算系统的构成部分成为语言学研究的对象。心智词汇就是计算系统最重要的构成部分，作用有点像词典。句子的意义要依据各部分成分之间关系确定，因此，我们需要知道词汇的各种属性——意义、读音、词类等。每一个词都含有多种信息：在句子中执行何种功能，具体意义是什么。语言知识就由这些词语构成。计算系统依赖心智词汇。计算系统的第二个组成部分就是普遍语法，也是语言知识的基础，由语言差异造成的变量之间选择有限，这就是参数。乔姆斯基把规则变为原理是其思想的一大进步。普遍语法不研究诸如被动句、关系句和疑问句等具体句法结构，也不研究具体语言规则。与其说被动句是一种独立结构，倒不如将被动句解释为原理和参数互动的一个产物。

---

① Chomsky，N.，*The Architecture of Language*，Oxford：Oxford University Press，2000：9.

② Chomsky，N.，"Principles and Parameters in Syntactic Theory," in *Explanation Inlinguistics: The Logical Problem of Language Acquisition*，edited by Hornstein，N. and Lightfoot，D.，New York：Longman，1981.

③ Chomsky，N.，*Barriers. Linguistic Inquiry Monograph Thirteen*，Cambridge，Massachusetts and London：The MIT Press，1986.

因此，语言不是规则系统，而是普遍语法原理的具体参数。① 图0-5进而把心智词汇和普遍语法原则也增加到计算系统中。词汇是句子构成的主要成分，词汇与普遍语法原则相结合就形成计算系统外的音义组合表征。

计算系统具体操作如图0-5所示。

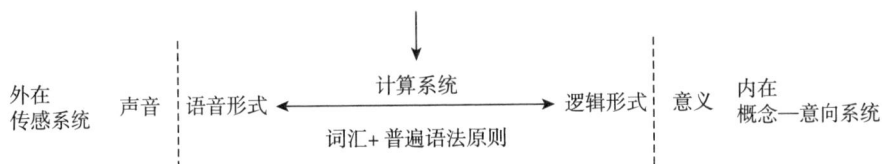

图0-5　计算系统

资料来源：Cook，V. J. & Newson，M.，*Chomsky's Universal Grammar: An Introduction* (3rd Edition)，Oxford：Blackwell Publishers，2007：9.

依据图0-6，计算系统解释语言功能发展比较完备。简言之，计算系统依据语音形式和逻辑形式选择词语并依据结构所需的原则把语音和意义联系起来。

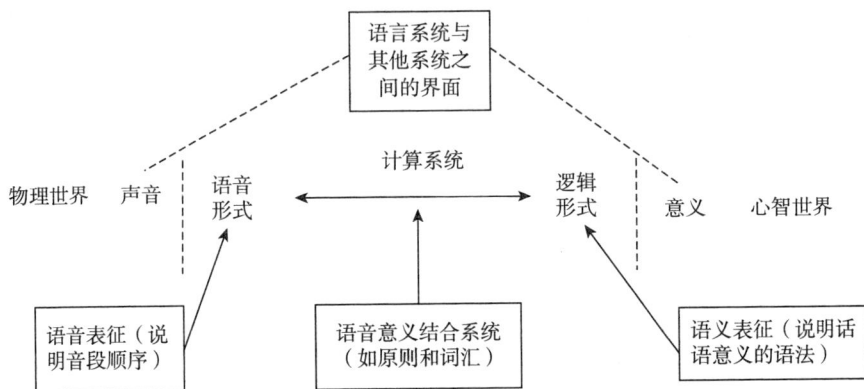

图0-6　计算系统的解释范式

资料来源：Cook，V. J. & Newson，M.，*Chomsky's Universal Grammar: An Introduction* (3rd Edition)，Oxford：Blackwell Publishers，2007：10.

原则参数路径是一种理论框架，是一种思考语言的方法。② 这种理论

---

① Chomsky，N.，*The Minimalist Program*，Cambridge，Massachusetts：The MIT Press，1995.

② Chomsky，N.，*New Horizons in the Study of Language and Mind*，edited by Neil Smith，Cambridge：Cambridge University Press，2000.

始于乔姆斯基20世纪80年代早期的著作。90年代以后甚至2000年之后的《最简方案》也是原则参数框架下的研究成果，尽管其经历了删减、修改甚至简化的过程。原则参数理论是对语言知识的思考，最简方案就是尽量减少语言操作过程，使语言理论达到最简。乔姆斯基最终得出结论，语言学的任务就是要回答以下几个问题：语言知识由什么构成？语言知识如何习得？如何运用语言知识？语言知识和语言运用的物质基础是什么？语言知识的运行机制是什么？

　　乔姆斯基对心智的研究主要是在研读哲学著作基础上进行的。他在研究语言时发现心智研究传统丰富了语言研究，语言的研究与心智问题不可分割。虽然，当时人们关注的是行为科学研究，但是行为科学是找出行为证据，不涉及深层次原理也不触及抽象心智结构，即使行为本身可以作为证据解释心智。语言研究本身的贡献有助于我们理解心智过程和心智结构。于他而言，所有人都具有一种普遍语法。乔姆斯基的心智研究无不涉及语言研究，语言研究也处处可见心智研究。无论是语言能力和语言行为的区分，还是深层结构和表层结构的转换，内在语言和外在语言的探讨，最简方案中的原理和参数理论、语音形式和逻辑形式的表述，物理世界与心智世界，所有这些结对出现的概念都是用来诠释乔姆斯基最初的普遍语法的，都是对语言和心智的研究。心智的研究内容涉及诸多层面，可以研究一般的心身问题，可以研究视觉、感觉、知觉、注意等诸多方面。方法论更多，心智研究可以是传统的哲学研究、心理学研究、认知研究、神经科学研究、人工智能视角研究，也可以是语言学研究，等等。研究范式之多，不胜枚举。乔姆斯基研究就是多维度心智研究，尤其是通过研究语言——语言能力，一种心智现象——来研究心智。

　　乔姆斯基认为，如果语言和心智研究就是研究语言能力、心智的"内在机制"，研究思维和语言单位，那么语言和心智都可以研究。他说：

　　　　研究的方法就是心智主义研究法，一种没有争议的心智主义。意义上而言，研究的对象就是"自然界的心智方面问题"，与机械学、化学、光学和其他物理现象一样。内在机制研究也是研究自然界实际存在的实体——大脑、心智状态和功能，然后进一步研究心智（和语言），最终的目的就是将其合并于生物学和自然科学。[①]

## 三　国外乔姆斯基研究

### （一）专著研究

乔姆斯基研究遍布世界各地，呈现一种由近及远、由学生到同事、由美国到全世界的过程。乔姆斯基研究学者之一内尔·斯密斯认为，乔姆斯基改变了人类对自身的思考，在人类思想史上赢得一席之位，可以与达尔文和笛卡尔比肩。他甚至认为乔姆斯基的贡献，与爱因斯坦、毕加索和弗洛伊德有相似之处，更有超越他们之处。乔姆斯基像弗洛伊德，改变我们的心智概念，却比弗洛伊德多了一分睿智；乔姆斯基像爱因斯坦，具有内在创造性，但又多了一分激进；乔姆斯基像毕加索，几次三番确立并推翻自己的理论体系。最与他相似的就是伯特兰·罗素，他的数学原理用于重新解释数学基础，但大部分精力都用于政治著作和社会活动。[②]

学者们对乔姆斯基的研究始于 20 世纪 60 年代，第一批是乔姆斯基的学生，1964 年，杰罗德·卡茨（Jerrold Katz）和保罗·马丁·波斯塔（Paul Martin Postal）合作的《语言描述的综合理论》提出一种语言描述性质理论，即语言学家对自然语言描述的理论解释。[③] 该理论将乔姆斯基和哈勒提出的音系和句法的生成概念与卡茨和杰瑞·艾伦·福多（Jerry Alan Fodor）提出的语义概念相结合，同时还说明三种概念综合可以更好地解读语言普遍性，即语言的性质主要是句法和语义成分之间的关系。另外，卡茨 1966 年的《语言哲学：诺姆·乔姆斯基和莫里斯·哈里斯》和 1972 年的《语义理论》中研究乔姆斯基生成语言学理论。约翰·莱恩（John Lyons）的《诺姆·乔姆斯基》（1970），弗朗西斯·迪宁（Francis Dinneen）的《普通语言学入门》（1970），索伦·皮特（Seuren Pieter）的《逻辑算

① Chomsky, N., *New Horizons in the Study of Language and Mind*, Cambridge：Cambridge University Press, 2000：6.

② Smith, N., *Ideas and Ideals*（2nd Edition）, Cambridge：Cambridge University Press, 1999.

③ Fodor, J. A. and Katz, J. J., *The Structure of Language*, Englewood Cliffs, N. J.：Prentice-Hall, 1964.

子与句法核心：语法理论的贡献》（1969），梅塔·韦德·帕卡什（Mehta Ved Parkash）的《约翰容易取悦：口语书面语问题研究》（1971），格林·朱迪斯（Greene Judith）的《心理语言学：乔姆斯基和心理学》（1972），霍华德·加德纳（Howand Gardner）的《心智探索：皮亚杰、莱维斯·特劳斯以及结构主义运动》（1972），哈里森·伯纳德（Harrison Bernard）的《意义与结构：语言哲学论文》（1972），哈曼·吉尔伯特（Harman Gilbert）的《关于乔姆斯基：批判论文集》（1974），西洛特·芬格尔（Xilote Finngeir）的《乔姆斯基，语言学与哲学》（1974），赖布·贾斯汀（Leiber Justin）的《诺姆·乔姆斯基：哲学概览》（1975），戴维斯·斯蒂芬（Davis Steven）的《哲学与语言》（1976），阿姆斯特德·大卫·洛克伍德（Armstead David Lockwood）的《语言学中的异端学说》（1975），罗宾逊·伊恩（Robinson Ian）的《新语法家们的葬礼：乔姆斯基语言学批判》（1975），赖尔·吉尔伯特（Ryle Gilbert）的《论思维》（1979），萨姆普森·乔弗瑞（Sampson Geoffery）的《分层语法：定义与实例》（1970）、《自由和语言》（1979）以及《生成意义》（1980），马修·皮特（Matthews Peter）的《生成语法和语言能力》（1979），考特勒·杰夫（Coutler Jeff）的《心智的社会构建》（1979），劳伦斯·艾润（Lawrence Irene）的《语言学与神学：乔姆斯基理论对神学构建的重要性》（1980），内尔·斯密斯和迪尔德丽·威尔逊（Deirdre Wilson）的《现代语言学——乔姆斯基革命的结果》（1979），丝蒂奇·斯蒂芬（Stitch Stephen）的《内在论思想》（1975），斯汀加尔·大卫（Stingar David）的《生成语言学：乔姆斯基理论入门》（1973），罗伯特·巴尔斯基（Robert Barsky）的《诺姆乔姆斯基：异端分子的一生》（1997）以及《乔姆斯基效应：象牙塔外的激进之作》（2007），库克·薇薇安（Cook Vivian）的《乔姆斯基普遍语法入门》（2007），约翰·柯林斯（John Collins）的《乔姆斯基：困惑者的方向》（2008），詹姆斯·麦吉尔夫雷（James McGilvary）的《乔姆斯基：语言、心智和政治》（2013），科里斯·奈特（Chris Knight）的《解读乔姆斯基：科学和革命政治》（2016）均为对乔姆斯基的研究，还有内尔·斯密斯的《思想与理想》（第3版，2016）。以上我们列出的专著并没有涵盖所有对乔姆斯基的研究，新的著作层出不穷。乔姆斯基本人至今也从未间断写作，研究他的学者们也络绎不绝。

**（二）书评和论文研究**

乔姆斯基的句法理论一经问世，就受到语言学界、哲学界和心理学研究领域的普遍关注，很多学者都对他的句法理论做出评论，尤其是他的经典理论著作《句法理论的若干问题》（1965）。例如康萃拉斯·赫勒斯（Contreras Heles）的《书评：〈句法理论的若干问题〉》（1967）、弗莱比·安（Ferebee·Ann）的《句法理论的若干问题》（1970）、哈曼·吉尔伯特的《乔姆斯基的句法理论：两则评论"句法理论的心理问题"》（1967）、赫兹·亨利（Hiż Henry）的《乔姆斯基的句法理论：两则评论〈句法理论的方法问题〉》（1967）、雅各布森·希文（Jacobsin Sivan）的《评乔姆斯基：〈句法理论的若干问题〉》（1966）、约翰·莱恩的《句法理论的若干问题》（1966）、马修·彼得的《句法理论的若干问题》（1967）、欧蒙·理查德（Ohman Richard）的《谈话理论》（1965）、弗莱德·彭的《句法理论的若干问题》（1969）、彼得·哈利（Peter Harry）的《评论》（1968）、普劳茨曼·乔治·凯穆鲍（Plochmann George Kimball）的《句法理论的若干问题》（1967）、莱诺·爱德华（Reno Edward）的《总结与评论》（1966）、斯达尔·邹汉·弗雷德里克（Staal Johan Frederik）的《评论》（1967）。这些学者从不同方面展开评论，有赞叹的，也有批评的，但多数评论都是积极正面的，都认为乔姆斯基彻底改变了语法领域，为语言学理论做出了开创性贡献，为其转换生成语法框架铺平了道路；其引入的深层结构和表层结构概念，强调了深层表层句法转换规则的重要性。他的严谨分析和逻辑论证，对各种语言现象的系统探索，对句法研究产生了持久的影响，进而影响到整个语言学领域。

乔姆斯基公开承认他受到笛卡尔理性主义的影响，其中《笛卡尔语言学》就是很好的证明。布莱肯·哈利（Bracken Harry）的《乔姆斯基对笛卡尔主题的变更》（1970）、哈曼·吉尔伯特的《书评》（1968）、普来定克斯·盖瑞（Prideaux Gary）的《笛卡尔语言学》（1967）、布莱克利·赫伯特（Brekle Herbert）的《评介乔姆斯基的〈笛卡尔语言学〉》（1969）、萨拉蒙·薇薇安（Salmon Vivian）的《评论》（1969）、斯普纳·苏珊（Spooner Susan）的《总结与评论》（1967）、乌伊蒂·卡尔（Uitti Karl）的《笛卡

尔和波尔·罗亚尔两种不同自省》（1969）、奇默·卡尔（Zimmer Karl）的
《注解与评论》（1968）、葛罗苏·亚历山大（Grosu Alexander）的《形式与
解读论文集》（1979）、郎根顿·特伦斯（Langendoen Terence）和莱布·贾
斯汀（Leiber Justin）的《语言学理论的当前问题研究》（1978）、拉姆·
西尼（Lamb Sydney）的《语言学理论的当前问题研究》（1967）、欧曼·
理查德的《谈话理论》（1965）、威尔克·优力克（Wilks Yorick）的《评
乔姆斯基：语言学理论的当前问题研究》（1967）、格鲁比尔·霍华德
（Gruber Howard）的《学习如何学习》（1980）、哈克金·伊恩（Hacking
Ian）的《乔姆斯基以及乔姆斯基批判》（1980）、卡莫斯·约瑟夫（Kar-
mos Joseph）的《语言与学习》（1980）和《语言与学习：皮亚杰和乔姆斯
基理论之争》（1980）等都是对乔姆斯基著作的评论。有人称赞这是乔姆
斯基将语言理论和哲学思想桥接的成果，是转换生成语法发展的关键之
作。然而，批评者认为，《笛卡尔语言学》理论性过强，对非语言学或哲
学领域的读者具有挑战性。一些人发现他的写作风格很复杂，并发现很难
理解乔姆斯基的所有概念和论点。尽管人们对该著作褒贬不一，但它对那
些语言学、语言哲学和认知科学领域学者影响深远。

　　乔姆斯基1968年的《语言与心智》也受到关注。布莱肯·哈利的
《乔姆斯基的〈语言和心智〉》（1970）、哈姆林·戴维（Hamlym David）的
《语言和心智》（1970）、哈曼·吉尔伯特的《评论》（1973）、胡尔伯特·黛
布拉（Hulbert Debra）的《书签》（1972～1973）、郎根顿·特伦斯的《乔姆
斯基论语言》（1970）、斯泰纳·乔治（Steiner George）的《人类语言》《总
结与评论》（1969）、汤姆森·贾娜（Thompson Janna）的《语言与心智》
（1970）对该著作做出评论。

　　对乔姆斯基的《语言与责任》进行评论的有：博尔曼·保罗（Berman
Paul）《语言与职责》（1979）、戴维森·爱丽丝（Davidson Alice）《语言》
（1979）、哈曼·吉尔伯特《专家与公民》（1979）、昆顿·安特尼（Quin-
ton Anthony）《乔姆斯基的纵深影响》（1979）、罗宾孙·保罗（Robinson
Paul）《语言与责任》（1979）、司各特·韦伯斯特（Schott Webster）《良知
语法》（1979）。

　　对他的《语言的思考》进行评论的有：约瑟夫·安德（Joseph

Anders）《评论》（1978）以及在以经济学人《心智之战》（1976）、杰弗瑞·毕亚提（Geoffery Beattle）《语言思考之思考》（1979）、柯尔提斯·布兰特（Cortius Brandt）《语言的思考》（1977）、戴维斯·莱斯利（Davies Leslie）《思考》（1978）、吉尔那·厄尼斯特（Gellner Ernest）《语言的思考》（1977）、哈曼·吉尔伯特《乔姆斯基的结构》（1978）、哈耶曼·罗纳德（Hayman Ronald）《孔洞与角落》（1976）、希尔施·戴维德（Hirsch David）《深层隐喻与浅层结构》（1977）、马尔科德·爱德华（Marcotte Edward）《克制巴别塔》（1976）、约翰·塞尔（John Searle）《语言游戏的规则》（1976）、舒木阳·西巴斯汀（Shaumyan Sebastine）《语言的思考》（1976）、司徒瑞克·约翰（Sturrock John）《语言的思考》（1976）、威廉姆斯·伯纳德（Williams Bernard）《乔姆斯基的立场》（1976）。

对乔姆斯基1980年的《规则与表征》的评论有：哈克金·伊恩《乔姆斯基和乔姆斯基批评》（1980）、冯·少恩·凯瑟琳（Von Schon Catherine）《规则与表征》（1980）以及《出版人周刊》和《今日心理学》对《规则与表征》的评论。

对其《英语的语音模式》的评论有：阿朗逊·如斯（Aronson Ruth）《英语语言的语音模式》（1968），希尔·肯尼特（Hill Kenneth）、拉瑞·奈斯利（Larry Nessly）《英语语言的语音模式》（1973），麦克考利·詹姆斯（McCawley James）《注释与评论》（1974）（他还在时代文献补充发表《语音与代沟》评论此文），莱特纳·西奥多（Lightner Theodore）《麦克考利评论注释》（1976）。关于乔姆斯基的语义研究文章包括以下几篇：贝拉特·艾瑞那（Bellert Irena）《评论》（1974）、布莱克利·赫伯特、菲利普·路尔斯道夫（Philip Luelsdorff）《乔姆斯基延伸标准理论注释》（1975）、弗兰克·威廉（Frank William）《总结与评论》（1974）、赖布·贾斯汀《生成语法语义学研究》（1974）、弗莱德·彭《生成语法语义研究》（1973）以及其在时代文献补充发表的《深刻意义》（1972），萨姆普逊·杰弗瑞《生成语法语义研究》（1976）也是对乔姆斯基理论的研究。

**（三）乔姆斯基研究的论文**

乔姆斯基的研究涉及了多个领域。他的贡献不仅体现在语言学和哲学著作中，他也是美国著名的社会活动家、左翼政治家。因此，学者们在对他的语言哲学理论研究之外，还有对他的政治主张的评价与批判。哪一方面都不能忽视，忽视哪一部分都不能构成对乔姆斯基的完整研究。

20 世纪 60 年代以来，乔姆斯基研究从未间断。仅 60 年代至 70 年代 20 年间乔姆斯基研究的学术论文就有百余篇，乔姆斯基著作也翻译成多种语言。作为麻省理工学院教授，乔姆斯基也是这 20 年间的索引冠军。近期索引研究说明，乔姆斯基过去 20 年来出版的文章和著作是被引用最多的。事实上，自 1980 年到 1992 年在人文索引指数中，他个人被引用次数多达 3874 次，是在世学者中引用次数最多的，在全世界个人被引用次数排名中居第八，次于弗洛伊德，甚至超过德国著名哲学家黑格尔。同时期文献引用次数的前十名是马克思、列宁、莎士比亚、亚里士多德、圣经、柏拉图、弗洛伊德、乔姆斯基、黑格尔和西塞罗。除此之外，自 1972 年至 1992 年的社会科学索引指数中，乔姆斯基被索引 7449 次，可能也是健在学者中被引用次数最多的，尽管统计数字还没有结束。而且，自 1974 年到 1992 年，在科学索引指数中也被引用 1619 次。对乔姆斯基的引用具有跨学科、跨领域性。①

## 四　国内乔姆斯基研究

国内乔姆斯基研究也不少，20 世纪 70 年代，准确来讲是改革开放以来，随着国内外学术界的交流逐渐增多。80 年代以及 90 年代主要是乔姆斯基理论的引进阶段，因此，对其著作的翻译和评论就构成最初的研究，文献数量不多，但逐年增加。图 0-7、图 0-8 是 2019 年 1 月 9 日在知网上搜索的结果，输入关键词"乔姆斯基"，得出文献总数为 2315 篇，其中 2007 年到 2013 年达到研究巅峰，之后几年逐年下降。其中 2018 全年共计 31 篇（见图 0-8），与 2017 年的 55 篇和 2016 年的 55 篇文献相比，下降将近一半。② 从国内研究基金乔姆斯基研究分布情况柱形图（见图 0-9）可以看到，国家社会科学基金文献所占比重最大，文献多达 39 篇，远远超出其他基金，甚至比其他基金之和还要多。地方基金主要是湖南省研究比

---

① "Chomsky Is Citation Champ," http://news. mit. edu/1992/citation - 0415.
② 图 0-7 和图 0-8 是 2019 年 1 月 9 日知网上搜索的结果，其余图 0-9 到图 0-16 是 2018 年 1 月 31 日搜索的结果。

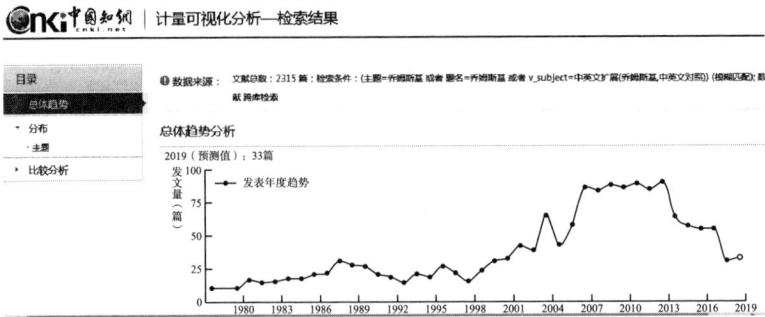

**图 0 - 7　国内乔姆斯基研究文献总体趋势分析**

注：搜索时间为 2019 年 1 月 9 日。

**图 0 - 8　国内乔姆斯基研究文献逐年分布**

注：搜索时间为 2019 年 1 月 9 日。

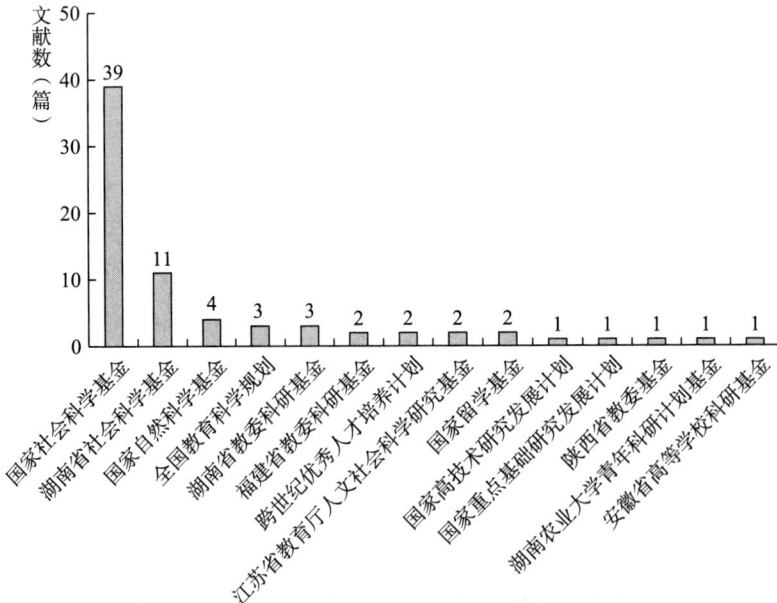

**图 0 - 9　国内研究基金乔姆斯基研究分布情况**

注：搜索时间为 2018 年 1 月 31 日。下同。

较多，其他省份研究也很少。从图 0 - 10 可以看出，国内乔姆斯基研究主
要是基础研究，主要研究单位是基础社会科学研究单位，其次就是高等院
校。图 0 - 11 是国内乔姆斯基研究作者分布柱形图，根据柱形图，戴卫平
研究成果有 12 篇，李曙光 9 篇，王寅 7 篇，刘小涛 6 篇，力提甫·托乎提
5 篇，吴文、代天善、陈红等人各 4 篇，石毓智、戴曼纯等人各 3 篇。图 0
- 12 是国内乔姆斯基研究机构柱形图，南京师范大学乔姆斯基研究成果最
多，达 28 篇，其次是北京外国语大学 20 篇，四川外国语大学 18 篇，中
南大学 15 篇，河南大学和广东外语外贸大学各 14 篇，湖南师范大学、
北京师范大学各 13 篇，四川大学、北京大学、南京大学、武汉大学、清
华大学、中国石油大学（北京）各 12 篇，深圳职业技术学院、中南民
族大学各 11 篇，哈尔滨师范大学、上海外国语大学各 10 篇，其他高等
院校也有八九篇不等。

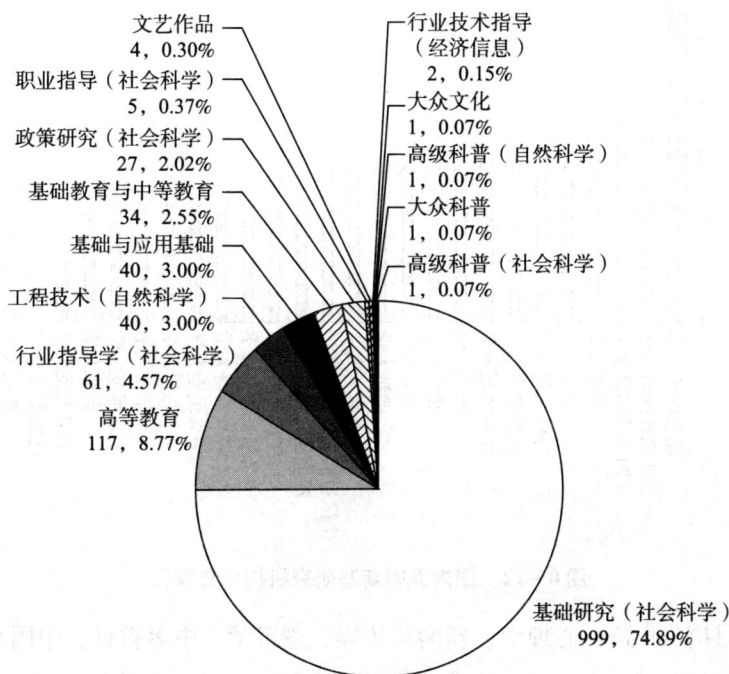

**图 0 - 10　国内乔姆斯基研究层次分布情况**

图 0 - 13 是国内乔姆斯基研究学科分布情况，中国语言文字和外国语
言文字占有绝对优势，文献数分别为 859 篇和 353 篇，哲学位于第三，但

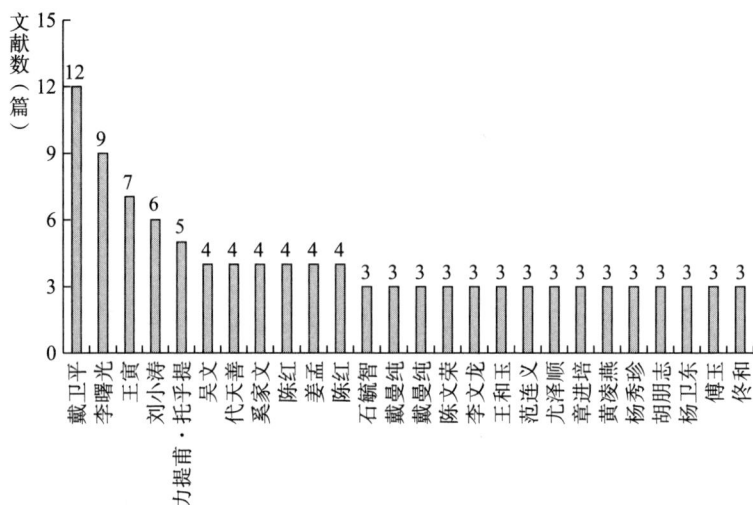

图 0-11　国内乔姆斯基研究作者分布情况

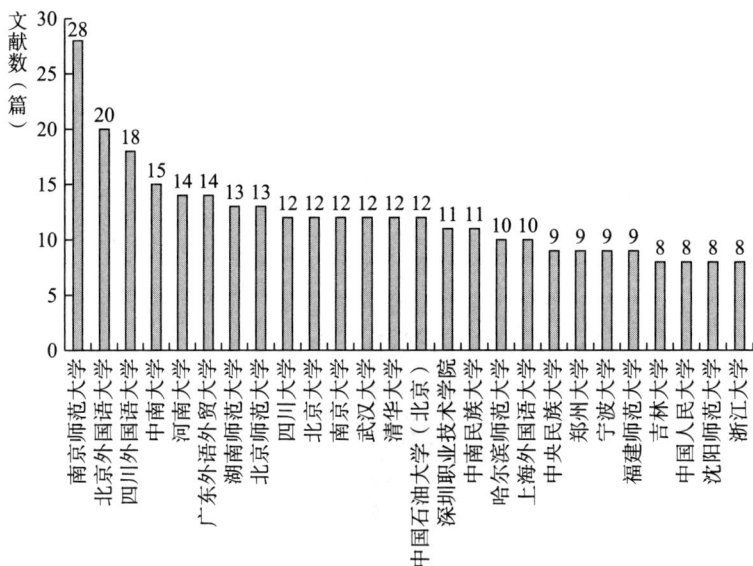

图 0-12　国内乔姆斯基研究机构分布情况

文献数只有 39 篇，心理学、新闻与传媒、逻辑学、中等教育、中国政治与国际政治等学科也各有 10 余篇。从国内乔姆斯基研究期刊类别分布情况看（见图 0-14），核心期刊发表相关成果 502 篇，342 篇属中文社会科学引文索引，3 篇属 EI。

　　图 0-15 是国内乔姆斯基研究关键词分布情况柱状图。其中使用最多

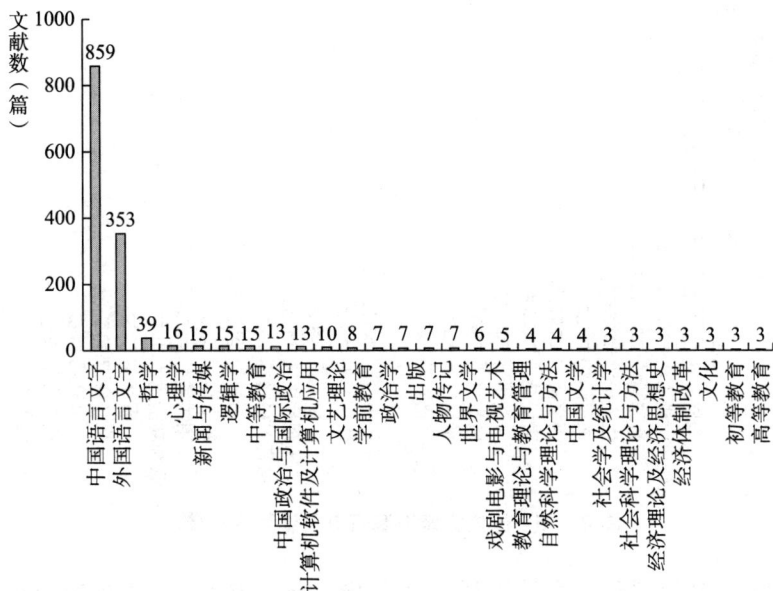

**图 0 - 13　国内乔姆斯基研究学科分布情况**

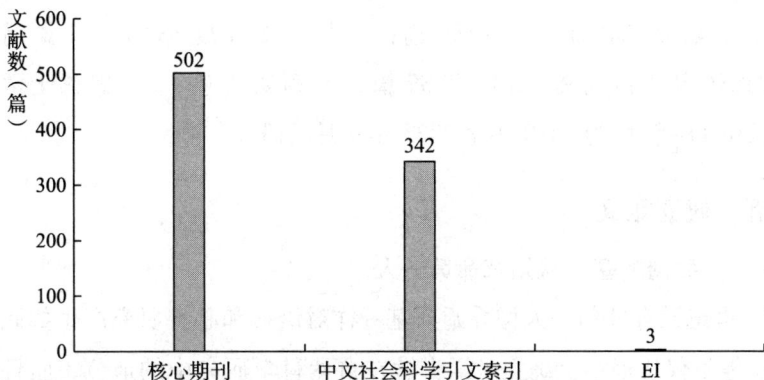

**图 0 - 14　国内乔姆斯基研究期刊类别分布情况**

的三个关键词就是"乔姆斯基"（239 篇）、"转换生成语法"（111 篇）、"普遍语法"（100 篇）。以"生成语法""深层结构""语言能力"为关键词的各 40 多篇，以"表层结构""语言""语言哲学""最简方案"为关键词的各 30～40 篇，其他关键词还有"语言学""句法""认知语言学""语言习得""二语习得""理性主义""语言习得机制""语言观""约束理论""结构主义""系统功能语法""索绪尔""交际能力""韩礼德""生成语言学""唯理主义"等。

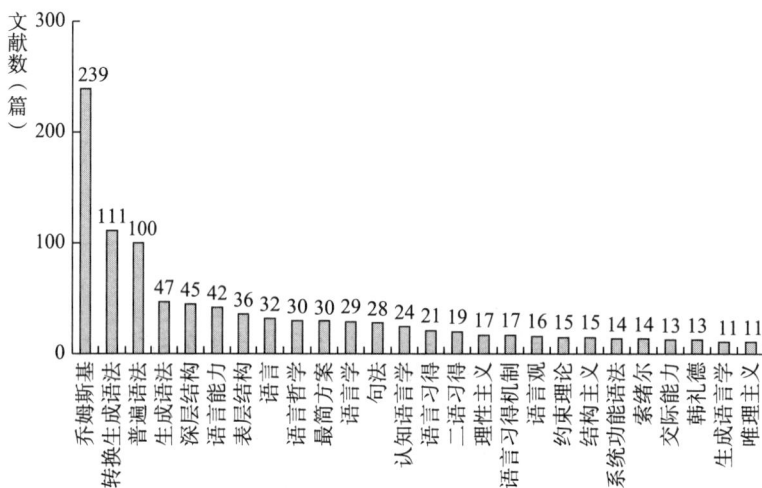

图 0 - 15　国内乔姆斯基研究关键词分布情况

图 0 - 9 至图 0 - 15 是 2018 年 1 月份之前文献，主要是由中国知网提供的关于乔姆斯基以及乔姆斯基理论的研究。2018 年 2 月至 2023 年 6 月 15 日，文献又有增加，总共 186 篇：其中 2018 年度 33 篇，31 篇期刊论文，两篇硕士学位论文；2019 年 39 篇，36 篇期刊论文，三篇硕士学位论文；其余 114 篇均为 2020 年至 2023 年 6 月的研究。

## 五　研究意义

### （一）乔姆斯基：认知革命第一人

20 世纪没有任何一人像乔姆斯基一样对语言和心智研究产生如此大的影响。他不仅从根本上确立了语言学在自然科学研究中的地位，而且改变了心理学科学的现状，在心智主义和内在论长时间退出历史舞台近乎销声匿迹时，乔姆斯基的研究使得内在论重整旗鼓，并一举击溃行为主义，最终成为研究新范式。乔姆斯基革命为我们了解语言和心智提供了新的可能，对曾经坚不可摧的经验主义哲学思想提出新挑战。短短几十年，乔姆斯基学派在语言和心智研究中已经成为最有影响力的学派。20 世纪 70 年代，他的理论和层级性广泛运用于计算机科学和哲学研究中。

谈及乔姆斯基，就不得不提到他对语言学做出的贡献。他的语言观主要特点就是他强调语言能力的生物学基础。鱼类水中游，鸟类空中飞，人类讲语言：所有物种生灵天赋都依赖于特殊的生理结构，在很大程度上都取决于机体的遗传禀赋。人类的语言能力是一种"心智器官"，本质属性都是先天确定的。这个心智器官负责语言知识习得以及各种语言的使用，包括语言输出、话语理解等。

乔姆斯基转换生成语法逐渐取代行为主义是认知革命的开始。这一事件已经载入我们的文化史册，刷新了我们的世界观。我们很难想象这一范式转换会影响到我们的生活，社会主义活动家们甚至没有听说过"认知革命"。但是，所有人都了解计算机、虚拟现实、数据编码概念以及数据传输等。全世界年轻人都了解硬盘、软件、记忆内存条，并且可以将数据瞬间发送到世界任何一个角落。文化和艺术领域，信息虽然与物质与能量没有关系，不必遵循物理规律，但也自有规律遵循，这种思想成为科幻的重要组成部分，也通过科幻影片等传达给千家万户。

乔姆斯基没有发明计算机，也不会设计软件，更不写科幻剧本，但是他的理论征服了计算机科学领域，说明计算机与人类息息相关，密不可分。人类自然有特别之处，人类的语言能力本身就是一台数字机器，的确，我们尚不能找到证据说明语言能力就是数字机器，不过这并不重要。如果乔姆斯基没有提出"语言能力"——人类内置的数字装置，计算机精英们肯定现在还忙着设计无生命的机器，他们迫切需要这一思想，因为他们需要把工作提升到与人类休戚相关的程度，这并不是乔姆斯基的初衷，但是他的观点的确对计算机科学的一整套逻辑起到很重要的启发作用。

其一就是数据传输给人类，数据信息表征人的信息，依据就是人类如同软件，具有独立性，即使抛开肉体还可以保持自我。认知科学家明斯基——人工智能奠基人，想建构一种计算模型，能够模仿人类活动。与乔姆斯基一样，明斯基坚信这些信念不可动摇，因为它们源于我们理所当然认为的假设。如果心智真的是数字计算机，那么，我们的身体不再重要。我们身体的各个部位就是有瑕疵的硬件，每个人最重要的是数据信息和大脑中的数据程序及其运行机制。有一天我们能够将所有数据拿走存入一张光盘，储存千年，犹如记忆封存，几千年后甚至几万年后插上光盘我们就可以"复活"。①

作为一名文化批评家，凯瑟琳·海尔斯（Katherine Hayles）曾经概览了科幻片对人类日常生活的启示。在认知革命中，可以带回家的信息比物质实体还要重要。② 这个观点对麻省理工学院数学家和控制论发明者诺伯特·维纳（Norbert Wiener）而言已经足够，将这种思想作为物质的充足理论标准必须满足的条件如下：信息就是信息，不是物质更不是能量。现在，如果唯物主义不承认这一点则无法立足。③ 科学家过去崇尚物质世界，运用复杂模型解释物质世界的纷繁复杂，新认知主义将模型看作基本实在，物质世界的复杂性与多样性才让模型变得越发复杂。科学家的初衷就是将纷繁复杂的物质世界进行简要抽象从而更好地认识世界并解释世界：

> 目前科学的抽象概括还比较管用，这正是科学理论的意义所在。但是当科学循环寻求一种新型抽象模型解读世界复杂性时，问题出现了：复杂性并没有解释清楚实在世界，反而把实在世界变得更模糊，捉摸不透也解释不清。④

科学尝试建立模型解释世界的历史，最早要追溯到希腊文明。在当代科学研究中，模型的建构与完善都需要借助于计算机完成。模型建构原理是简化抽象，运用仿造技术，生成一种多样复杂模型，也可能是对实在世界的错误表征。⑤ 如果模型不适合物质世界，不能解释现象，那就是实在世界的问题。

维纳的信息概念是电信工程师克劳德·香农（Claude Shannon）创造

① Hayles, K., *How We Become Posthuman: Virtual Bodies in Cybernetics, Literature, and Informatics*, Chicago, I. L.: University of Chicago Press, 1999.

② Hayles, K., *How We Become Posthuman: Virtual Bodies in Cybernetics, Literature, and Informatics*, Chicago, I. L.: University of Chicago Press, 1999.

③ Hayles, K., *How We Become Posthuman: Virtual Bodies in Cybernetics, Literature, and Informatics*, Chicago, I. L.: University of Chicago Press, 1999.

④ Hayles, K., *How We Become Posthuman: Virtual Bodies in Cybernetics, Literature, and Informatics*, Chicago, I. L.: University of Chicago Press, 1999: 13.

⑤ Hayles, K., *How We Become Posthuman: Virtual Bodies in Cybernetics, Literature, and Informatics*, Chicago, I. L.: University of Chicago Press, 1999.

的，香农将信息界定为零维度，是非物质且无意义的实体。一条信息即使没有发送或者没有运用任何物质或能量进行编码也可以存在，无论传递与否，信息就是信息。① 在香农的时代，反对者们认为信息脱离意义、脱离语境，其形式化理论受到限制，不能作为交际工具。香农本人也说明信息仅仅运用于某种技术情况。事实上，"二战"时期以及"二战"后，信息条件逐渐成熟，这种数字实体几乎成为生死存亡具体信息的解读密钥。信息新概念颠覆了人类整个物质世界观。20世纪的重大事件就是推翻既定物质观，理论范式发生了大转换。②

乔姆斯基将范式转换比作17世纪、18世纪第一次认知革命时期范式的改变，哥白尼的日心说、伽利略的自由落体学说和潮汐论、笛卡尔的"我思故我在"认识论以及牛顿的天体运动共同促成现代科学的开始。③ 我们再回到20世纪50年代后期，第二次认知热潮同样始于一群有志之士，一群激进知识分子对行为主义的反对。这次认知革命之初，早期经历了短暂的多元理论，最后乔姆斯基范式取而代之。正如杰罗姆·布鲁纳（Jerome Bruner）所言：

> 现在我首先来告诉你们我和我的朋友们如何看待20世纪50年代后期的这次认知革命。我们一开始是想全力以赴把意义作为心理学的中心概念——不是刺激和反应，不是可观察的行为，也不是生物驱力和生物性驱力的转变，而是意义……我们不是要改革行为主义，我们是要取而代之。④

而且，"原来认知革命要求心理学与人类学、语言学、哲学、历史甚至与法学联合"，其目的几乎是所有理论，同样要求思想既简单又不同寻常，即人类心智具有积极能动性和内在结构性。与斯金纳的行为主义观点"把

---

① Shannon, C. E., "A Mathematical Theory of Communication," *Bell Systems Technical Journal*, 1948 (27).

② Hayles, K., *How We Become Posthuman: Virtual Bodies in Cybernetics, Literature, and Informatics*, Chicago, I. L.: University of Chicago Press, 1999.

③ Chomsky, N., "Linguistics and Adjacent Fields: A Personal View," in *The Chomskyan Turn*, edited by Kasher, A., Oxford: Blackewell, 1991.

④ Bruner, J., *Acts of Meaning*, Cambridge, Massachusetts: Harvard University Press, 1990: 2.

人类比作小白鼠，通过奖惩操控行为"① 相较，认知革命直击具有反抗精神的人性——人的心智。人不是小白鼠，任人赏赐、任人利用，人有血有肉，有情感，有悲伤，会感到疼与痛，也能感知悲与欢。

图灵机技术破译电码已经成为历史。图灵本人并没有提出人脑就是一台数字计算机。但后来冯·诺依曼继续发展这一思想。他设计的 EDVA（存储程序通用电子计算机方案）认为计算机不是由真空管发展而来，而是建立于理想化神经元网络。他认为数学规则操控信号输入和信号输出，因此，这可能可以解释大脑中的神经网络活动。神经系统具有二元性特点，神经元要么激活要么没有激活，类似计算机的开与关，因此与计算机数字原理相同。神经元就是人类自己的数字计算机大脑真空管。尽管冯·诺依曼指出神经元和真空管之间的区别，但这并没有让哲学家们停止探索的脚步。希拉里·普特南（Hilary Putnam）提出我们应该把大脑看成一台数字计算机，在哲学界掀起一场新风暴，提出新理论，即心智的计算理论。② 他的一篇名为《心智和机器》的文章借助乔姆斯基的权威说明"语言学理论"已经不适用于有意识人类的语言创造性研究，只能用于解读新型数字计算机输出：了解机器行为和语言行为相似很重要，两者如此相似，语言学理论可以运用于解读机器输出。如果读者希望查阅出处，那可以阅读乔姆斯基的《句法结构》，可以注意到这个假设无处不在，语言学家所研究的话语都出自有意识人类。③

换句话说，哲学家们所谓的"心智等于数字计算机"思想源于乔姆斯基。如果普特南和乔姆斯基观点正确，那么认知主义似乎可以解读笛卡尔的疑惑，解释几个世纪以来的哲学问题——心身问题。如果心智是物质，如何可能产生物质效应？"心"如何影响"身"？"身"如何作用于"心"？

图灵理论破冰暗示心智既不是物质实体、不是大脑，也不可触摸，但是心智依然需要依赖硬件（大脑）运行。如果人类心智是软件，那硬件就

---

① Skinner, B. F., "An Operant Analysis of Problem Solving," *Behavioral and Brain Sciences*, 1984, 7 (4): 583.

② Putnam, H., *Representation of Reality*, Cambridge, Massachusetts: The MIT Press, 1988.

③ Putnam, H., "Minds and Machines," in *Dimensions of Mind*, edited by Hook, S., New York: New York University Press, 1960.

是身体，就是大脑。不管大脑是不是数字，依然可以传递信息，用术语来说，物质大脑就是数字大脑。香农也注意到只要传送信息就是数字而不是相似性，所有传递的信息都独立于物理媒介，无论媒介是一段线，一条铜丝、电缆还是别的物质。只要我们能够区分"开"与"关"两种状态，何种媒介无关紧要。心智转化为信息，不依赖于物质。平克认为心智的计算理论是人类知识史的最伟大思想之一，因为这个理论解决了"心身"问题长久以来的一个困惑：如何把意义和意向性相联系，如何把心智与具有物理属性的大脑相联系？① 乔姆斯基本人也一直在区分人类心智与大脑的不同方面：一方面干净完美、整齐划一，可以运用科学研究；另一方面纷繁复杂，超出自然科学研究的范畴。② 在他的区分中，脑就是机器，就是数字计算机，其构成部分就是生物学研究的范畴。心智主义是新兴认知科学的一个新特点，是大脑硬件中的软件。心脑区别可以看成硬件和软件之间的区别，那这是不是等于古老的哲学问题——"心""身"问题已经解决？

在计算机和信息新时代，心智问题必然将被提上研究日程。行为主义适合当权者通过奖惩形式操纵民众，他们的目的与心智无关，只关注情绪和身体，不关心思想，甚至认为人们的思想根本不重要。认知革命恰恰相反，把信息作为重要的关注点，认为交流很重要，心智也很重要。所有这些都构成对行为主义的威胁，因为行为主义不考虑心智是否存在，也不考虑人的喜怒哀乐。新的心理学研究范式势在必行，这种范式把心智研究作为研究的重中之重。也是基于此，乔姆斯基促成了认知革命，促成了范式转换，自此，乔姆斯基语言和心智理论也逐步形成。

## （二）乔姆斯基：语言科学家第一人

理性主义传统的语言学家都是自然科学家，不是社会科学家也不是工程师。"科学"这个术语，和语言一样，没有特殊用法。人类学习和研究各种科学都要借助语言，物理学、化学、生物学以及天文学无一例外都要用到语言。语言学家愿意成为科学家，原因是科学家与专家、专业知识和

① Pinker, S., *How the Mind Works*, New York: W. W. Norton and Co., 1997.

② Chomsky, N., *Powers and Prospects: Reflections on Human Nature and the Social Order*, London: Pluto Press, 1996.

心智能力有关系，他们希望赢得社会地位并获得政治权威。当然，乔姆斯基学派语言学称为科学，还要归因于科学史和科学的形成。科学的研究就是科学史的研究。在科学史上，物理学、化学、生物学以及天文学通常都是成功的基础科学。科学形成要归功于那些开创了科学发展的先驱。乔姆斯基几乎在所有研究中都提到哥白尼、伽利略、笛卡尔以及牛顿，他自己是以这些科学家为楷模，继承哲学科学家的身份研究语言和心智的。这些先驱科学家研究自然现象的方法可圈可点，在他们的时代取得了很大成功，可学可仿。例如，笛卡尔的《方法论》解释了他如何提出科学理论，以及通过这些理论取得的成果有哪些。他将科学与解读世界的其他方式相分离。没有谁运用科学概念解决日常生活中遇到的各种问题。科学家也好，普通人也好，都利用笛卡尔提出的"常识"观解读生活中的问题，常识是先天赋予我们的一种解决问题的能力。[1]

生活中人人依赖常识，常识也时时变化处处变化。要解决实际问题，常识必须适应不同方法，适合个人行事风格，适应不同环境、不同文化和社会。因此，常识具有内在性、创造性，是一种灵活的心智能力。笛卡尔认为常识生而有之，且具有灵活性、创造性，是上帝赋予人的一种能力。我们认为常识是遗传而来。如果不是遗传，我们为什么可以很快适应各种环境？对于儿童而言，无论被置于何种环境，都能适应并快速融入其中，我们可以适应各种不同角色，也可以面对各种突发事件。常识与科学不同。科学运用形式理论构造技术研究某一种特定领域，正如伽利略和笛卡尔研究所示，经过数世纪数代人的努力探索，不断寻求理论问题的解决方案，最终取得进步并创造理论解释自然现象，提出理解自然现象的科学标准，[2] 但这不是常识所关注的问题。物理学就是一个很好的例子。物理学经过数世纪的发展，日新月异、瞬息万变，现在使用数学方法刻画自然界实体和过程，已经远远超出常识可以理解的范围，与伽利略和笛卡尔时期的机械哲学相比已经进步很多，超出常识所依赖的内在系统。我们不是说

---

[1] Darryl, M. M., "Dealing with Diversity. On the Uses of Common Sense in Descartes and Montaigne," *Studies in Philosophy and Education*, 2010, 29 (3).

[2] Chomsky, N., *On Nature and Language*, Cambridge: Cambridge University Press, 2002.

科学完全独立于心智，因为科学还依赖模型理论，为自然现象提供一种合理解释，并充分刻画。① 如果我们想解决科学遇到的问题，我们需要建构理论，需要创新思维、充分利用有利条件，还需要团队精神。这也可以解释为什么笛卡尔之前的时代，只有自然科学的初级形式可以得到发展。人们花了很长时间经过训练才逐渐理解特殊科学，尖端科学离生活很遥远，人们触碰不到也无法理解。科学发明已经不再是为了讨生活，尽管科学发明确实便利了生活。科学家发明的科学工具是用来研究玻色子和基因组以及量子力学等深层次问题的。

　　科学研究的特点就是客观性、普遍性，不涉及个人，也不关乎文化和历史。常识则完全不同，常识为人们利益所用，具有某种意向性或者指向性。科学可能与常识格格不入。心智科学告诉我们色彩是视觉系统的产物，语言的声音和意义在大脑中。科学家不关注外在现象，他们关注自然现象的解释和形式的简化程度。笛卡尔接触力学被牛顿重力理论所取代，笛卡尔的理论源于常识，但科学上行不通。亚里士多德的自由落体也源于常识——重物体先落地，事实证明伽利略的自由落体运动才科学。语言科学是否要吸取教训，不依据常识观，诉诸理性科学观才可以取得进步？

　　乔姆斯基的语言科学继承了笛卡尔、伽利略的科学研究传统。他的语言科学就是生物学研究，是对所谓"语言器官"的抽象描述与说明，乔姆斯基语言科学所揭示的"语言器官"与常识意义的"社会现象语言"不同。因为语言学科学要解释语言现象，首先必须像自然科学一样，找到一种科学知识标准。很显然，自然科学研究心智的生物体系，结果就是，语言就是伽利略和笛卡尔所谓的"精心设计"的特质。乔姆斯基运用方法论自然主义研究语言，遭到反对。反对声音来自各方面，有心理学家、哲学家，还有其他认知科学家，原因各不相同，但大部分人都反对把语言看作一种自然现象。他们认为语言是一种交际工具，具有社会性，是社会发展的产物，是乔姆斯基所谓的外在语言。多数哲学家认为语言就是历史的产物，是用来交流的工具，具有意向性。语言就是"白板"，② 语言是一种行

① Chomsky, N., *Rules and Representations*, Oxford: Blackwell, 1980.
② Pinker, S., *The Blank Slate*, New York: Penguin Putnum, 2002.

为以解决某些认知分类和描述问题，甚至还有人训练大猩猩学语言，① 这样就可以证明语言不是人类特有的生理器官。

有些哲学家认为语言是一种社会现象，不具有内在性，他们没有注意到儿童不需要训练就可以习得语言。内在论认为语言不是训练习得，是生而有之，是乔姆斯基方法论自然主义的理论基础。语言关乎生活的任何一个方面，是知识的，是社会的，也是文化的一部分，因此，语言学理论会影响到其他学科的进步，因为学科发展离不开对语言的理解。哲学离不开语言，心理学发展不能没有语言，计算机科学研究自然语言处理，文学研究也关乎语言的研究，人类学、经济学还有法学理论等都建立于对语言的理解上。乔姆斯基语言学理论迎来的是质疑，尤其是在哲学领域。乔姆斯基承认实在论、自然主义和心智主义。他认为"我们应该尽量构建一种解释理论，这个我们能够设计的解释理论允许我们把假设的实体看作实在（根本不存在什么与实在相关的概念），寻求与自然世界其他方面研究的统一"。②

乔姆斯基的方法论自然主义体现在其每一时期语言研究的实际操作中。标准理论初级阶段深层结构与表层结构表征转换过程中涉及具体的转换规则和具体的转换模型。在经典理论中，乔姆斯基在转换过程中增加了语义限制条件，具体为谓词和论元都增加了一些语义限制规则，以免输出不符合语法规则的句子。在管辖和约束理论中，他增加了成分要求规则，从而揭示句子的合法性。在最简方案中，依据奥卡姆原则，句子成分移动最短距离，为一般疑问句和特殊疑问句的解释提供了简单解释方案；在参数和原则中，原则恒定不变，参数由有限数值构成，是一个变量，这个参数会由于语言不同而呈现不同的值。

乔姆斯基的语言理论运用数学符号和概念以及规则来解释语言现象，是基础科学在语言能力研究中的应用，符合语言的科学研究精神。乔姆斯基是语言的科学研究第一人，为我们努力探讨实在世界提供新思路、新方法，值得我们去研究。

---

① Gardner, H., *To Open Minds: Chinese Clues to the Dilemma of American Education*, New York: Basic Books, 1989.

② Chomsky, N., *Perspectives on Power*, Montreal: Black Rose, 1996: 35.

### （三）乔姆斯基：普遍语法提出第一人

乔姆斯基还认为人类语言只有一种，改革心理学的同时，也改革了语言学。他重申语言内在论，说明人类的知识大部分都由遗传决定，并提供证据解释无意识知识才是语言能力的基础，推翻行为主义，将心智作为主要研究对象。他改变了我们的思维方式，让我们有机会重新审视自己，其成就可以与达尔文和笛卡尔比肩。他的大部分精力主要用于政治活动，揭露政府谎言，曝光政府背后大财团的影响，并试图建立一种社会秩序。

他的影响与爱因斯坦和弗洛伊德相似。他像弗洛伊德一样改变了我们的心智概念，又像爱因斯坦一样将科学创造性用于语言和心智研究，他还转换范式，把语言研究带到科学研究主流，把心智作为一种自然现象，运用自然主义进路解释，因此语言和心智研究与自然科学相联系，语言成为科学研究的范畴。除了对语言学、哲学和心理学的主要影响外，乔姆斯基还对其他学科如人类学和数学、教育学以及文学有影响。为了了解乔姆斯基，我们首先需要了解乔姆斯基普遍语法的生成路径以及科学研究方法特点。

## 六 研究思路、研究方法和创新之处

### （一）研究思路

乔姆斯基是美国语言学家、哲学家、认知科学家、历史学家、政治活动家和社会批评家。研究乔姆斯基的着眼点很多，有人研究乔姆斯基的政治观，也有人研究乔姆斯基的语言观，还有人研究乔姆斯基的社会观。本书主要对乔姆斯基普遍语法追本溯源，对他的语言能力表征即心智表征进行审视与思考，再反观其语言机制。乔姆斯基理论研究始于假设，因此，本书也建立于他的几个基本假设：其一，普遍语法假设。这种普遍语法不是一部语法，而是人类语言必备的规则系统。其二，语言习得机制——普遍语法向个别语法的转化机制。其三，语言能力和语言行为的区分：普遍语法的体现形式就是语言能力，是理想语言使用者对自己母语规则系统的了解。其四，内在语言和外在语言之间的区别——普遍语法就是内在语言的规则系统。以上四个假设基础都源自普遍语法，乔姆斯基半个多世纪的研究就是对普遍语法的研究，是他的语言理论脉络的研究，是语言能力的研究，是语言习得机制的研究，是内在语言的研究，是心智语言的研究，也是心智表征的研究。

**（二）研究内容**

本书的主要内容就是研究乔姆斯心智表征问题以及与之相关的几个问题。详细来说，乔姆斯基的六个问题通过七个章节展开讨论。

第一章追本溯源，挖掘心智与心智表征的思想渊源。心智表征的历史可以追溯到中世纪经院哲学，术语的厘清以及心智表征方法论的回溯为提出乔姆斯基的理性语言观科学心智观奠定基础。

第二章主要阐述乔姆斯基心智表征的理性主义，以语言创造性为切入点，追本溯源，找到历史依据，复现笛卡尔的理性主义。乔姆斯基的普遍语法假设也可以在波尔·罗亚尔语法中找到原型，他的深层结构和表层结构也不是空穴来风，而是源于历史文献。乔姆斯基的生成理论源于洪堡特的"有限形式的无限运用"。

第三章提出心智表征的自然主义追问——心智计算问题。方法论自然主义是研究自然现象的主要科学方法论。那么心智是否也可以看作一种自然现象，如果可以，那是不是可以进行计算？如果心智表征可以进行计算，那意向性是否也可以计算？如果意向性可以计算，那是否意味着意向性也可以通过方法论自然主义得到最终解释？这一章主要围绕这些问题展开说明心智表征的自然主义可行性。

第四章与第三章环环相扣，在第三章的基础上，提出心智表征的意向性问题。这一章主要尝试通过思维的计算表征维度对意向性问题进行解读，并且提出意向性面临的困境问题，这个困境是术语概念问题导致的吗？如果是术语概念问题，那乔姆斯基理论是否要摒弃意向性？心智表征是否需要意向性？

第五章是心智还原论问题，是心智哲学避不开也解决不了的问题。这一章主要论述乔姆斯基对物理主义的批判。他的自然主义思想对语言和心智研究影响重大，他的物理主义批判可以找到历史依据——牛顿革命。如何处理心智表征还原问题？乔姆斯基像牛顿一样，对物理主义持怀疑态度，坚持方法论自然主义。那么意识呢？心智与意识是具有同一性，还是需要区别对待？

第六章在第五章的基础上，提出心智模块论问题。这一章问题指向乔姆斯基的普遍语法假设问题。普遍语法也是语言能力问题，是心智表征问题，那么普遍语法是否能够说明人类具有语言器官，而且语言器官是语言能力的源泉？那么语言器官或者语法基因是否独立于其他认知能力，不受其他认知能力影响？这一章提出几个证据尝试说明心智模块论出现的问题，然后尝试提出一些新理论来拯救心智模块论。

第七章主要说明乔姆斯基范式的视域与局限性、乔姆斯基的方法论自然主义问题以及常识概念。乔姆斯基的形而上学自然主义是否可以作用于意向性？

**（三）研究方法**

本书采用的研究方法主要有认知历史分析方法、综合分析方法、系统科学研究方法以及语言分析方法。认知历史分析方法是认知哲学研究运用的主要方法，也是贯穿全书的主要分析方法。乔姆斯基主要通过语言维度研究心智表征，因此，语言本体分析尤其是语言预设的命题分析、语言的深层结构和表层结构分析是本书的又一研究方法。

**（四）创新与不足之处**

本书的创新之处主要体现在以下三个方面。

（1）术语的创新。通过仔细研读乔姆斯基著作和论文，本书梳理了乔姆斯基理论发展的每一个阶段，并对乔姆斯基心智表征的哲学问题进行了追问。通过大量研读，将乔姆斯基的各种术语总结概括，最终将"心智表征"作为中文术语，英文使用 mental representation，也偶尔用到 mind representation。主要原因是大多数学者对乔姆斯基的研究集中于语言问题研究，虽偶有提及心智的计算理论，但心智表征问题没有提及，鲜有研究，系统研究更少。

（2）思辨研究与语言分析相结合。对乔姆斯基的研究多为语言学研究，要么是中国语言文字研究（859篇），要么是外国语言文字研究（353篇），多注重理论的应用，语言本体的句法分析、学科分布严重失衡，心智表征维度研究不多，鲜有思辨研究，本书可以弥补这一不足。

（3）理论的创新。语言模块论是乔姆斯基心智表征的一个重要问题。本书提供了很多证据说明语言模块性虽具有相对独立性，但更重要的是与其他认知模块之间相互作用，相辅相成，共同构成系统。本书尝试提出复杂系统理论对语言做出解读，这也是本书的理论创新。

本书的不足之处如下。

（1）乔姆斯基在学界的贡献主要有三个方面——语言学理论、心智哲学和政治学理论。本书主要追问心智表征的哲学问题，其他两个方面没有涉及。

随着认知科学发展日新月异，乔姆斯基理论逐渐显示出不足之处，他的心智主义研究似乎渐渐淡出学界视野。然而，认知科学的发展离不开认知语言的研究，而认知语言的研究绕不开乔姆斯基理论。

（2）本书在概念剖析的基础上，分别从理性主义、内在论、意向理论、还原论以及模块论系统论角度对心智表征问题进行追问，虽然指出乔姆斯基理论的局限，但并没有提出某种确定可行的方案解决心智问题。这也是本书的不足之一。

# 第一章　心智表征的思想渊源

心智表征概念与当代心智哲学有内在的联系。一般认为一种心智状态有心智内容，或者是关涉某种内容但不是内容本身，因为心智本身具有表征性。心智表征概念可以追溯到中世纪哲学，甚至还有一些古希腊哲学背景，虽然当时心智表征没有引起哲学家们的兴趣，而是另外一个重要的概念"意向性"首先引起哲学家们的注意。心智表征研究不多，主要有马丁·特为代尔（Martin Tweedale）、罗伯特·帕斯诺（Robert Pasnau）、彼得·金（Peter King）、亨里克·拉格隆德（Henrik Lagerlund），最重要的是弗朗兹·布伦塔诺（Franz Brentano）再次提到意向性，认为意向性是"心智的一种标记"。①但是，布伦塔诺没有使用术语"表征"说明意向性。表征是后维特根斯坦心智哲学用到的术语。中世纪哲学研究后期，对思想内容的解释通常都指的是思想的表征性质。中世纪时心智表征理论有几种，一直从 12 世纪沿用到笛卡尔时期。

## 第一节　心智表征研究的术语形成和哲学背景

"表征"一词源于拉丁语词 repraesentatio 和 repraesentare，这两个词分别是名词和动词，通过古法语被借用到英语中，分别是 representation 和 represent，但古拉丁文中这两个词不是常用词。后期希腊思想中昆提利亚（Quintillian）和特图利亚（Tertullian）② 首先在哲学中用到这两个术语。

---

① Brentano, F., *Psychologie vom empirischen Standpunkt* (2nd Edition), Leipzig: Verlag von Felix Meiner, 1874: 1924.

② Tuggy, D., "Tertullian the Unitarian," *European Journal for Philosophy of Religion*, 2016, 8 (3).

直到 12 世纪阿维森纳的《灵魂论》被翻译为拉丁文后，这些术语才逐渐与认知和心智联系起来，并得到广泛使用。① 拉丁语翻译还给出几种阿拉伯语中与认知和心智有关的术语。这样就形成了心智的表征概念。拉丁语中的表征与五种能力有关。表征通过常识得到并以想象的形式储存，与想象或者思辨能力合并，并将储存于想象的表征分离出来形成新的表征形式，可能在实在世界找不到对应的事物，是我们感知到的物体，以及我们的评估能力和理解的意向。想象的表征是知识行为发生的基础，因此，事物形式与很多具体事物界定一致，一种形式可能对应多个事物，也可能多个形式对应一个事物。

表征只能运用于心智内在状态是因为表征对象是图像，或者是具体事物和物体的内在状态。阿维森纳的拉丁文翻译中没有涉及语言和符号表征，在同时代其他作品中也没有提到语言和符号表征。符号源于逻辑。早期逻辑著作《辩证逻辑》探讨了词强加的指示性和表征之间的区别。从名词转化来的颜色词"白色"指示一种白色的事物或者物体，而表征指的则是物质内在的白色属性。白色的事物或者物体就是白色的一个实例。②

## 一 阿奎那：表征就是形式相似性

13 世纪的思维理论最早可以追溯到亚里士多德，中世纪思维理论的辩护者就是托马斯·阿奎那（Thomas Aquinas）。③ 阿奎那把心智表征称为形式相似性。这个解释主要是由于思想是关于某个事物的思考，具有意向性，表征思想者的心智如何想象物体形式，思考事物的过程就是物体被思考的过程。在《灵魂论》中，阿奎那与亚里士多德观点一样，除非心智在思考，否则心智什么也没有、什么也不是。阿奎那的观点与上述提到的阿维森纳观点相似。人类激活心智如同形式激活可能表征的事物一样。智能物种的智力构成思维。阿奎那认为智力不是物质，因为，物质不过是个性

---

① Lagerlund, H., *Representation and Objects of Thought in Medieval Philosophy*, Aldershot: Ashgate, 2007.

② Avicenna, "Encyclopediae Britannina," https://www.britannica.com/biography/Avicenna.

③ Lagerlund, H., ed., *Representation and Objects of Thought in Medieval Philosophy* (1st Edition), Aldershot: Ashgate, 2007.

化原则，智能物种不具有个性化特征，具有普遍性。这也就是阿奎那为什么认为思维具有普遍性特征。

与心智表征相关的问题很多。其中一个著名的问题就是：为什么我心智之外的水仙花不是我心中想到的水仙花？心智的表征形式和心智之外的物体形式是相同的，这就暗示心智表征具有对称特点。表征形式和表征事物具有一致性。

总体而言，阿奎那的心智认知理论核心就是二分区别，即自然形式和意向形式之间的区别。一种形式可能就出现在那里，没有表征为另一种形式，因此，意向性不是心智的标记。①

## 二　彼得·奥利维：反对形式相似性

彼得·奥利维（Peter Olivi）是 13 世纪首次批判认知物种论的学者之一。他反对亚里士多德和阿奎那，认为心智在认知世界是活跃的、积极的，心智时刻关注物体。他的反对将认知物种论推向相反方向，让我们有了新的认识。他认为没必要假设一种认知物体。一种情况是我们把注意力放在认知主体从而不去关注物体，另一种情况是可以通过主体关注到物体。如果我们不去关注物体，那么我们只能感知到物体的表征意象，这恰恰是记忆的作用，不是视觉感官的作用。第二种情况考察认知主体后，我们就可以看到物体本身。这样物体认知方式就有两种，一种是通过认知主体从而认识事物，一种则是通过事物本身获得知识。②

奥利维的反对观点并不适用于阿奎那的理论，因为物体本身根本不是真正的表征。在阿奎那理论中，物体对感知器官没有作用，因此认知不会发生，物体并没有在认知理论和视觉理论中发挥作用。

## 三　亨利·根特和约翰·邓斯·司各脱的心智内容

13 世纪晚期，哲学家们对认识论兴趣盎然，认识论得到发展。原因就

---

① Pasnau, R., *Theories of Cognition in the Later Middle Ages*, Cambridge: Cambridge University Press, 1997.

② Adriaenssen, H. T., "Peter John Olivi and Peter Auriol on Conceptual Thought," *Oxford Studies in Medieval Philosophy*, 2014 (2).

是心智表征和意向性新理论得到发展。一方面是阿奎那的心智表征观点出现问题，另一方面是亨利·根特（Henry Ghent）对奥古斯丁"神认知"观点的阐释。阿奎那认为"可理解之像"应该起双重作用，一种是所有人思考的普遍想法，一种是个人思想，当然阿奎那没有对此进行区分，因此，他的观点很难站得住脚。另外，亨利·根特重新阐释奥古斯丁的"神的观念"信条，还区分这些思想与神的观念之间的区别，这些思想就是可以创造的可能事物的性质。①

这两个观点都促成表征媒介和表征内容之间的区别。亨利·根特依据神的特点介绍了表征媒介和表征内容之间的关系，很快就引起了人类认知的争论。这一区别适用于阿奎那的心智表征理论，而且进一步区分了表征事物和被表征事物之间的区别。

约翰·邓斯·司各脱（John Duns Scotus）对人类认知和心智表征研究功不可没。他把这对区分运用到认知理论中。他认为表征本身就是一种心智行为，或是一种心智概念，从本质上而言是一种心智事件，被表征的事物就是物体形式在大脑中形成的思想或者概念。心智事件具有主观性，被表征的物体具有客观性，是客观事物在心智中的表征。他还认为事物在心智中的表征就是心智表征的内容，所有表征的变化都随附于客观实在事物的变化。②

司各脱表达的就是布伦塔诺后来所称的意向性，是物体在心智中的存在，也就是布伦塔诺所谓的"心智的记号"。③尽管这个进路已经很明显优于阿奎那的心智表征观点，但仍然解决不了心智内容的本体论问题。司各脱本人认为思维物体是一种几近消失的存在，应该是介于存在与不存在之间的一种状态。这个观点遭到威廉·奥卡姆（William Ockham）的批判。

## 四　威廉·奥卡姆的心智语言观

心智语言理论是威廉·奥卡姆在 14 世纪首先提出的。理论的基础建立

---

① Rijk，L. M.，*Giraldus Odonis O. F. M. : Opera Philosophica Vol. II: De Intentionibus*，Leiden：Brill，2005.

② Cross，R.，*Duns Scotus Theory of Cognition*，Oxford：Oxford University Press，2014.

③ Brentano，F.，*Psychologie vom empirischen Standpunkt*（2nd Edition），Leipzig：Verlag von Felix Meiner，1874.

在心智表征理论之上，合并了因果概念和意义概念。根据奥卡姆的观点，心智表征是由直觉认知所致。直觉认知是一种认知形式，不是因为直觉认知与被表征事物相似，也不是其他认知所致，而是直觉认知直接导致事物被表征。[①]

奥卡姆的形而上学观点认为实在世界仅仅存在于各个个体，因此，个体形成大脑中的概念，个体形成的概念就是个别概念。个别概念表示物体的语词在我们思维语言中的表征，个别概念只是一个简单成分，然后通过合并形成抽象概念和语言中的句子。奥卡姆的概念习得和心智表征的发展是一种抽象的思维理论，不仅涉及意义理论，还涉及诸如内涵和假设的一系列逻辑语义特点。他还解释了概念如何成为信念和知识，通过组合形成心智句子表征实在世界。[②]

## 五 让·布里丹的模糊概念：从一般到具体，从不确定到确定

奥卡姆和让·布里丹（Jean Buridan）对思维的说明相似，但是两者也存在差别，尤其是他们的心智表征观点不同。他们起初都持同一观点，认为思考单个事物就是心智中表征的个别概念，但是对于个别概念到底是什么，以及如何与世界建立联系，他们存在分歧。奥卡姆认为个别概念是因为因果关系刚好与一个物体相关联。然而，布里丹认为，个别概念之所以呈现个体形式是因为概念过于复杂。[③] 概念具有描述内容，最终只能表征一个事物。[④]

布里丹认为我们开始认识事物首先从个别概念开始，我们首先认知一个事物，一个可以在任何情况下被表征的事物，这个概念具有确定性，但是这个概念也不是我们一开始就习得的。一开始概念比较模糊，因为我们只知道是一个事物，但并不确定是什么事物，我们通过不断增加内容和信息来确定事物究竟是什么。

---

① Pasnau, R., *Theories of Cognition in the Later Middle Ages*, Cambridge：Cambridge University Press，1997.

② Panaccio, C., *Ockham on Concepts*, Aldershot：Ashgate，2004.

③ Klima, G., *John Buridan*, Oxford：Oxford University Press，2009.

④ Klima, G., *John Buridan*, Oxford：Oxford University Press，2009.

他还用例子说明这个表征过程如何形成，后来这个例子成为解释个别认知的范例。他的例子是"苏格拉底从远处走来"：一开始，我不能断定是什么在走，只看到某个事物向我走过来；然后我看到是某种动物，但我还是不能确定是什么动物；再走近时，我发现是一个人；最后再走近时，我认出来是苏格拉底。① 这个例子对于布里丹很重要，可以说明心智表征首先是模糊认知，具有不确定性。而且认知就是关涉事物、动物、人，然后才能逐渐确定为某个具体的人。布里丹的表征理论是对奥卡姆思维理论的发展。② 这也体现了人类认识事物的一般规律——从一般到个别，从抽象到具体。

## 第二节　心智表征的方法论

心智哲学是研究本体论、心智性质以及心身关系的哲学。心身问题是心智哲学研究的范式问题。在心身问题研究中，一元论和二元论是主要的研究学派。二元论主要还是归功于 17 世纪的笛卡尔。笛卡尔赞同物质二元论，认为心智是独立于身体的另一种存在，然而属性二元论认为心智具有一系列独立属性，生于大脑但不能还原为大脑，但是心智不是一种独立存在的物质。

一元论认为心身不是本体上有区别的两种物质实体。这个观点是公元前 5 世纪西方哲学家埃利亚学派创始人巴门尼德（Parmenides of Elea）首次提出并倡导的。17 世纪理性主义哲学家斯宾诺莎赞同这个观点。③ 物理主义认为只有物理理论假设的实体存在，心智过程最终只能通过物理理论假设的实体予以解释，即使当前阶段还没有实体能够解释心智现象，但终究理论会继续发展并最终解释心智现象。因此，物理主义主张心智还原

① Normore, C., "The Invention of Singular Thought," in *Forming the Mind: Essays on the Internal Senses and the Mind/Body Problem from Avicenna to the Medical Enlightenment*, edited by Lagerlund, H., Dordrecht：Springer, 2007：112.

② Lagerlund, H., "What Is Singular Thought? Ockham and Buridan on Singular Terms in the Language of Thought," in *Mind and Modality: Studies in the History of Philosophy in Honour of Simo Knuuttila*, edited by Hirvonen, V., Holopainen, T. and Tuominen, M., Leiden：Brill, 2006.

③ Goff, P., ed., *Spinoza on Monism*, Hampshire and New York：Palgrave Macmillan, 2012.

论，认为心智属性的本体地位尚不确定。唯心主义认为心智就是存在本身，所有外部世界都是心智存在，抑或是心智存在的某种假象甚至幻觉。中立一元论认为物质或事件可以看作心智实体，也可以看作物质实体，主要取决于该物质或者事件进入到哪种关系网络。斯宾诺莎甚至认为存在一种中立物质，物质和心智就是这种不明物质构成的属性。20 世纪以及 21 世纪各种物理主义观点又有所发展变化，包括行为主义、类型身份理论、异常一元论以及功能主义。

现代哲学家主要持两种物理主义立场：要么持还原主义立场，要么持非还原主义立场。这两种立场都认为心智不是脱离身体的独立存在。这一立场在科学领域尤为重要，尤其是在社会生物学、计算机科学以及人工智能、进化心理学和神经科学领域。还原物理主义认为所有心智状态和本质属性终究要通过对生理过程和状态的科学解释，心智属性随附于物理属性，而且心智刻画所用的谓词和词语不可或缺，不能还原为语言，也不能还原为物理科学的低层次解释。① 神经科学的发展的确解决了一些心智问题，但要说解决心身问题还为时过早。心智问题是心智哲学研究的传统，除基本的心身问题范式研究外，现代哲学家还在继续追问：自然主义术语是否可以解读心智状态的意向性问题，是否可以解读主观感受性问题？

## 一 心身问题研究范式及其批判

心身问题主要研究心智过程与身体过程之间的关系。心智哲学家主要关注心智的性质问题，以及"心"如何影响"身"、"身"如何作用于"心"。与之相关的问题还有命题态度，即命题态度如何引起个体神经元的变化，如何引发肌肉伸缩问题。心身哲学问题至少可以追溯到笛卡尔的二元论，与之相对应的就是心身问题的二元论研究路径、一元论路径及其各个分支。

在西方哲学传统中，最早研究心智问题的哲学家要追溯到柏拉图。他

---

① Putnam, H., "The Meaning of 'Meaning'," in *Language, Mind and Knowledge: Minnesota Studies in the Philosophy of Science* (7), edited by Stainton, R. J., Minneapolis: University of Minnesota Press, 1975.

在《智力篇》中认为心智不能等同于身体。当然，谈到二元论，毋庸置疑当属笛卡尔。笛卡尔认为心智是一种非延伸、非物理的物质，是一种"认知"。① 笛卡尔首次将心智与意识和自我意识相等同，并将心与身相区分。他也是提出心身问题的第一人，至今心身问题仍然存在，没有解决。

## 二 心身问题的二元论观点

常识直觉是二元论心身论据之一，意识经验与物质完全不同。要问"心"是什么，多数人还是要诉诸自身、个体灵魂以及其他实体，他们绝不会将"心"等同于"脑"，当然也不会把"脑"等同于"心"，因此，心智的本体论实体陷入两个极端：要么陷入机械论，要么陷入不可知论。② 心智哲学家普遍认为直觉观与常识观具有误导性，我们应该运用批判思维，结合科学经验证据，进一步研究这些假设并确定这些假设是否具有一定依据。第二种二元论证据认为"心"和"身"似乎具有完全不同又不可兼容的属性。③ 心智状态具有主观性，受到认知主体情感限制，而物理事件具有客观性，不受主体限制。第三种就是刘易斯的理性观。如果如一元论所示，所有思维就是物理事件引起的结果，那就没有理由说明心智是某种合理依据的结果。知识是通过理性推理所得。如果一元论正确，我们无从了解心智，甚至不可能做出假设。

僵尸论证就是由托德·穆迪（Todd Moody）提出并由大卫·查默斯（David Chalmers）发展的一种思维实验。④ 中心思想就是我们可以想象我们的身体，想象身体的存在，但是没有任何一种心智状态与之相关。查默斯的论证就是对于一种与人类物理属性完全相同的实体，不具有人的意识感受，即使它具备所有物理知识，也无法感受人类的内心。⑤ 主要的二元

---

① Descartes, R., *Meditations on First Philosophy*, translated by Cottingham, J., Cambridge: Cambridge University Press, 1996.
② Hart, W. C., "Dualism," in *A Companion to the Philosophy of Mind*, edited by Guttenplan, S., Oxford: Blackwell, 1994.
③ Jackson, F., "Epiphenomenal Qualia," *Philosophical Quarterly*, 1982, 32 (127).
④ Moody, C. T., "Conversations with Zombies," *Journal of Consciousness Study*, 1994, 1 (2).
⑤ Chalmers, D., *The Conscious Mind: In Search of a Fundamental Theory*, New York and Oxford: Oxford University Press, 1996.

论观点有互动二元论和心身平行论等。

## 三　互动二元论心身问题

互动二元论是一种特殊的二元论，笛卡尔首先在他的《沉思录》中提出。互动二元论在 20 世纪受到卡尔·波普尔（karl Popper）的青睐。互动二元论认为信念和欲望等心智状态与物理状态相互作用。笛卡尔对这一立场的论证如下：赛斯很清楚他是一个可以思考的人，了解他自己的心智，他的心智不能运用时间、空间、高度和长度测量；他也了解自己的身体，他的身体具有时空延伸性，但是身体不能思考。[①] 因此，心智和身体不具有同一性，心身具有不同的属性。但是，赛斯知道他的心智状态与身体具有因果关系，心智状态可能作用于身体，身体也可能作用于心智状态。笛卡尔的论证满足一个前提就是赛斯相信有心智这一现象具有必然性。但是，现代哲学家们怀疑这个观点。弗洛伊德认为受过训练的观察者能够了解某个人的无意识动机。皮埃尔·迪昂（Pierre Duhem）证明科学哲学家更了解研究某个人的方法。布隆尼斯劳·卡斯帕·马林诺夫斯基（Bronislaw Kasper Malinowski）也证明人类学家比当地人更了解风俗习惯。[②]

## 四　心智物理心身平行论

心身平行论认为心智和大脑各自具有本体地位，彼此独立，互不影响。心智事件与物理事件平行发展。这也是莱布尼茨支持的观点。尽管他赞同本体一元论，认为宇宙只存在一种物质"单子"，一切事物最终都会还原为"单子"，然而他也主张，就因果论而言，心智属性和物理属性有着本质区别，认为上帝已经提前安排好宇宙一切，心智和大脑才可能和谐共处。

## 五　属性二元论心智观

属性二元论认为宇宙只有一种物质存在，而且物质有两种截然不同的

① Watkins, J., "Popperian Ideas on Progress and Rationality in Science," *The Critical Rationalist*, 1997, 2 (2).

② Agassi, J., *Science in Flux*, Boston Studies in the Philosophy of Science, Dordrecht：Reidel 28, 1975.

属性：物理属性和心智属性。换言之，大脑中还包含某种非物理心智属性。物理属性和心智属性依据各种属性二元论构成因果关系。这些属性二元论包括涌现唯物论、副现象论、非还原物理主义以及泛心论。

涌现唯物论认为如果物质以某种适当方式排列组合，心智属性可能出现，而且无法通过物理定律解释。这些涌现属性具有独立本体地位，不能还原为物质，也不能依据物理属性解释。副现象论是赫胥黎首次提出的。[①]副现象论认为心智现象不具有因果性，因为心智状态对物理状态或者心智现象构成影响，物理现象是果而不是因。物理事件可以致使其他物理事件发生，也可以致使心智事件发生，但是心智事件不会引发任何事件发生，因为，心智事件本身就是因果论出现的副产品。[②]非还原物理主义认为心智属性独立于物理属性，具有独立本体地位，即心智状态不还原为物理状态，心智状态的本体地位并不能说明心智状态不具有因果性，这是与副现象论之间的区别。泛心论认为所有物质都具有心智属性，换言之，所有物体都具有一个统一的经验中心。表面上这个观点是一种属性二元论，因为，泛心论认为所有物体既具有物理属性，又具有心智属性。但是泛心论还认为机械行为就是源于原子和分子的原始心智状态，复杂心智状态就是化合物的心智状态。只要非心智属性还原为心智状态，泛心论就不是一种属性二元论。

## 六 心智表征的一元论

与心身二元论相反，一元论不接受心身独立、心身分离。在西方哲学传统中，一元论主要是物理主义。物理主义一元论认为只有一种物质存在，也是科学所赋予的物质。除物理主义一元论外，还有唯心主义一元论，认为唯一存在的物质是心智。完全唯心主义的代表人物是乔治·贝克莱（George Berkeley），这在西方哲学中比较罕见，另外一种则是泛心论。泛心论认为心智经验和心智属性是物理经验和物理属性的基础，阿夫烈·诺夫·怀特海（Alfred North Whitehead）和大卫·雷·格里芬（David Ray

---

① Huxley, T. H., "On the Hypothesis That Animals Are Automata," *Collected Essays* (Volume 1), London: Macmillan, 1893.

② Howard, D. A., *Logical Empiricism in North America*, Massachusetts: University of Minnesoda Press, 2003.

Griffin）赞同这一观点。现象论认为外部事物的表征就是事物的存在，这一观点在 20 世纪主要受到罗素和逻辑实证主义的拥戴。① 还有一种一元论是存在的物质既不是心智属性也不具有物理属性——一种中立物质，这是斯宾诺莎的观点，19 世纪由马赫发扬光大。中立一元论和属性二元论相似。我们首先考察物理主义一元论。

## 七 行为主义一元论

20 世纪前半叶占主导地位的是行为主义心智论。行为主义的发展主要是建立于对内省主义的批判。行为主义认为，心理学要想成为科学，则必须加以概括并进行客观研究，② 其出路就是描述可以观察到的行为。与此同时，哲学行为主义也得到发展，认为心智状态并不是我们能够进行内省研究的内在行为。心智状态只是对做出行为的倾向进行刻画，并用于预测他人行为。但是，20 世纪后半叶随着认知主义的风生水起，行为主义逐渐走向衰落。③ 行为主义的衰落主要因为行为主义反直觉，主张某个人头疼是在描述事件行为，而不是某种心智状态。

## 八 功能主义一元论

首先，类型同一理论对行为主义缺陷做出回应，其理论根基是心智状态具有物理性，是某种物质材料，心智状态等同于大脑的内在状态。然而，同一理论同样出现问题，因为，同一理论面临多重实现性问题，不仅人类具有心智状态，其他动物也具有心智状态，但是他们的脑状态不可能相同。同一理论问题促成功能主义的提出。④ 普特南把心智状态看作心智的计算状态。⑤ 阿姆斯特朗和刘易斯也提出一种功能主义，根据功能来解

---

① Russell, B. and Sugden, S. , "The Philosophy of Logical Atomism," *Monist*, 1918, 28 (4).

② Stoljar, D. , "Physicalism and Phenomenal Concepts," *Mind and Language*, 2005, 20 (2).

③ Kim, J. , "Mental Causation in Searle's Biological Naturalism," *Philosophy and Phenomenological Research*, 1995, 55 (1).

④ Putnam, H. , "The Nature of Mental States," in Capitan, W. H. & Merrill, D. D. , eds. , *Art, Mind, and Religion*, Pittsburgh: University of Pittsburgh Press, 1967.

⑤ Block, N. , *Readings in Philosophy of Psychology*, Cambrdge: Cambridge University Press, 1980.

读心智状态。维特根斯坦的意义使用观将功能主义看作一种意义理论。①
还有一种心理功能主义，是与福多和泽农·派莱兴（Zenon Pylyshyn）采取
的自然主义心智哲学方法的功能主义。四种不同的功能主义的共同之处是心
智状态通过与其他心智状态的因果关系来刻画，通过与感官输入和行为输出
之间的因果关系来描述。② 总之，功能主义通过非心智功能属性刻画将心智
状态的物理细节抽象出来。功能主义关注的主要是心智状态的功能以及与其
他心智状态之间的关系，而不是心智状态的物理构成。

## 九　非还原论物理主义

上述所提到的一元论都是还原主义一元论。非还原论心身关系主张两
个观点：首先物理主义是正确的，且心智状态一定是物理状态；其次，不
是所有还原论观点都令人满意，即心智状态不能还原为行为，不能还原为
大脑状态，也不能还原为功能状态。③ 那么，问题是：是否存在这样一种非
还原物理主义呢？唐纳德·戴维森（Donald Davidson）提出异常一元论尝试
说明这种物理主义。他认为当人们碰到传统所认为的推理的荒谬性如无自制
力或者自我欺骗时，则必须延展心理框架并依据慷慨原则对心智状态做出其
他合理解释。他的主要观点就是随附性，即心智状态随附于物理状态，但不
是还原为物理状态。因此，随附性是一种功能依附性，没有本体论还原，就
不会有物理因果还原变化，也就不会引起心智变化。④ 当然这种进路也遭到
批判，因为非还原物理主义把大脑看作心智存在的根本原因，某种意义上
与副现象论相似。

## 十　取消主义唯物主义

物理主义认为所有常识心理学问题都可以还原为认知神经科学问题，
而且非还原论物理主义是错误的，这种物理主义就是激进物理主义，即取

---

① Armstrong, D. M., "A Materialist Theory of the Mind," *Analytic Philosophy*, 1968, 9 (3).
② Fodor, J. A. and Pylypshyn, Z., "Connectionism and Cognitive Architecture," *Cognition*, 1988, 28 (1 - 2).
③ Stoljar, D., "Physicalism and Phenomenal Concepts," *Mind and Language*, 2005, 20 (2).
④ Davidson, D., "Laws and Cause," *Dialectica*, 1995, 49 (2 - 4).

消物理主义。所有形式的取消物理主义都主张常识心理学是对认知能力的错误表征。帕翠西亚·邱启兰（Patricia Churchland）认为常识心理学把认知看作神经网络理论的非语言矩阵，联结主义似乎更能够准确解释大脑如何运行。邱启兰经常借助于出错的流行理论和本体论进行论证，例如托勒密天文学用于解释并大致推测行星的运行规律，但是最终托勒密理论被哥白尼理论所取代。邱启兰认为取消主义可以运用心智的句子分析模型，认为思维和行为是命题态度操控句子的结果。[①]

## 十一　非物理主义一元论

唯心主义一元论认为世界由心智、心智内容或者意识构成。唯心主义不必解释心之起源，世界所有物体都只是心智存在的表现形式。唯心主义最重要的不是解读心身问题，而是怀疑主义、意向性以及思想的唯一性，在西方哲学史中历经数番浮沉。唯意志论包括多元唯心主义、唯我论、超灵等。

## 十二　中立一元论

在哲学中，中立一元论是一种形而上观点，认为心智和物理是两种描述同种物质的方法。中立一元论否认心智和物理是两种截然不同的事物，主张宇宙仅由一种物质构成，一种中立物质，既非物理，也非心智。一些哲学家持神秘论，认为心身问题无法解决，而且可能永远是个谜，人类无能为力。科林·麦克金（Colin McGinn）认为人类对于心智具有认知关闭性。[②] 因为，人类心智缺乏概念形成程序，不能完全了解心智属性如何产生，例如，动物不理解粒子物理学，就是因为他们的认知关闭性。托马斯·内格尔（Thomas Nagel）则是温和派神秘主义，认为心身问题在当前科学发展阶段，暂时无法解决，也许将来随着科学发展范式研究变化可以

---

① Hunter, G., "The Churchlands' Eliminative Materialism," *Philosophical Investigations*, 1995, 18 (1).

② McGinn, C., "Consciousness and Cosmology: Hyperdualism Ventilated," in *Consciousness: Psychological and Philosophical Essays*, edited by Davies, M. and Humphreys, G., Oxford: Blackwell, 1993.

解释这个问题。①

## 第三节  心智表征研究的问题和进路

心智表征研究对心智哲学研究意义重大。表征是什么？一般意义而言，表征标准对表征性质的界定非常重要。表征观点可以运用于心智表征的特殊情况，可以用于我们假设的心智表征形式。表征概念至少包含两个相对独立而又相互联系的领域：一个是被表征世界，另一个是表征世界。表征术语表征世界，是表征因素，表征反映被表征世界的某些特征。要了解表征系统，我们必须具体说明以下几点：一是要表征被表征世界的哪些特征，二是表征世界的哪些符号为表征编码，三是被表征世界和表征世界之间的对应关系。

心智表征是一种假设的内在认知符号，用于表征实在世界；② 或者心智表征就是一种充分利用符号的心智状态，一种形式系统将某种实体或者某种信息表征清楚，并详细说明如何可以表征清楚。③ 心智表征是没有出现在我们面前事物的心智意象，主要是心智哲学、认知心理学、神经科学和认知科学研究的范畴。尤其是在当代哲学研究形而上学领域——心智哲学和本体论研究中，心智表征是解释和描述观念和概念的一种重要方法。

心智表征除了表征实在世界的实体和事件外，还可以表征不存在的事物或者想象的事物。狮身人面、海市蜃楼、妖魔鬼怪以及神仙眷侣等都是人类想象世界中的所谓"实体"和"现象"，我们既可以用符号表征出来，还可以在大脑中想象一种场景，一种想象世界中的"实体"意象。

### 一  心智表征的问题——心智的表征理论

心智的表征理论最早要追溯到亚里士多德，主要研究的问题包括思维、信念、欲望、感知和想象等常识心智状态，这些心智状态具有意向

---

① Nagel, T., "What Is It Like to Be a Bat?," *Philosophical Review*, 1974 (83).

② Morgan, A., "Representations Gone Mental," *Synthese*, 2014, 191 (2).

③ Marr, D., *Vision. A Computational Investigation into the Human Representation and Processing of Visual Information*, Cambridge, Massachusetts: The MIT Press, 2010.

性，因为，这些状态都关涉表征对象。现代心智哲学一般认为心智可以看作一种自然现象，所有心智状态都可以通过科学方法解释。哲学中，心智争论大多集中于命题态度如信念和欲望，心智内容的确定，以及这些命题态度与思维和感知之间的关系。意向实在论认为，人们的信念、疑惑、欲望以及恐惧等意向状态可以用于推测人们的行为。福多甚至认为认知科学赞同常识心理学，命题态度可以解读为心智表征的计算关系。[1] 意向取消主义认为我们的命题状态不可能解释心智状态和行为，更不可能预测心智行为。邱启兰认为作为一种心智理论，常识心理学历来对心智问题的解释都是错误的，也不能融入现代科学理论框架。某种意义上，常识心理学像炼金术和燃素论，是一种错误观点。[2] 丹尼尔·丹尼特（Daniel Dennett）不赞同邱启兰，他的观点刚好相反，他认为常识心理学是正确的，是不可或缺的，系统行为的意向性解释就是采取一种意向性立场。[3] 实在论还假设心智表征的心智状态具有两种形式：[4] 一种是思维，由概念构成但没有现象特点；另一种是诸如感知之类的心智状态，具有现象特点但没有概念构成。这样心智状态表征形式既可以有自然语言的参与，也可以借助于绘画、地图、照片、音频和视频，可以是概念也可以是感知经验。

## 二 概念表征和非概念表征的历史回溯

心智表征问题研究历史悠久，早在古希腊时代，哲学家们就有讨论。我们可以追溯到的古希腊哲学家诸如柏拉图、亚里士多德，[5] 洛克和休谟。他们似乎都认为非概念表征就是感知印象、意象等类似现象，是为数不

① Fodor, J. A., *Psychosemantics: The Problem of Meaning in the Philosophy of Mind*, Cambridge, M. A.: The MIT Press, 1987.

② Churchland, P., "On the Nature of Theories: A Neurocomputational Perspective," in *Scientific Theories: Minnesota Studies in the Philosophy of Science*, Vol. 14, edited by Savage, W., Minneapolis: University of Minnesota Press, 1989.

③ Dennett, D., *The Intentional Stance*, Cambridge, Massachusetts: The MIT Press, 1987.

④ Boghossian, P. A., "Content," in *A Companion to Metaphysics*, edited by Kim, J. and Sosa, E., Oxford: Blackwell, 1995.

⑤ Aristotle, *Nicomachean Ethics*, Princeton: Princeton University Press, 1984.

多的几种表征，而且认为心智表征世界的依据就是"相似"性。根据这个观点，依据现象特点表征心智状态如同具有某种特定心智状态。如果感觉和意象表征缺乏概括性、模糊性以及非组合性，不能适用于逻辑、数学概念和相似对称性，所有的心智理论都可以通过概念表征解读。贝克莱的概括缺乏、维特根斯坦的模糊性以及福多的非组合性都反对上述的表征观点。

概念表征缺乏现象特点也是一种心智表征的传统观点，同样受到质疑。查默斯、欧文·弗拉纳根（Owen Flanagan）、阿尔文·高曼（Alvin Goldman）、特伦斯·霍根（Terence Horgan）和约翰·提尔森（John Tienson）、雷·杰肯道夫（Ray Jackendoff）、罗斯·莱文（Ross Levine）、科林·麦克金（Colin McGinn）、大卫·皮特（David Pitt）、约翰·塞尔、查尔斯·P. 西沃特（Charles P. Siewert）和盖伦·斯特劳森（Galen Strawson）等都认为纯粹概念表征的心智状态本身具有现象经验。如果现象的确存在于心智表征状态，那么它的作用又是什么呢？这样的话，取消主义者们要面临困境了，他们需要提出新证据来说明取消主义心智表征观和意向内容取消观。

## 三　表征主义与现象主义之争

心智表征实在论分为两个阵营。一种是表征主义观点，也称为意向主义，主要代表人物有佛雷德里克·德雷斯克（Frederick Dretske）、乔治·雷伊（Georges Rey）和迈克尔·泰尔（Michael Tye）。他们认为心智状态的现象特点可以还原为意向内容，因此，可以运用自然主义解读。另一种是现象主义，奈德·布洛克（Ned Block）、查默斯、加雷斯·埃文斯（Gareth Evans）和克里斯多夫·匹考克（Christopher Peacocke）是主要的代表。现象主义认为心智状态具有现象特点，不能还原；现象主义认为现象属性具有表征性，因此可以还原。[①] 大部分还原表征主义都希望将方法论自然主义运用到心智表征现象研究。泰尔认为可以通过经验透明度解释

---

① Chalmers, D., "The Representational Character of Experience," in *The Future for Philosophy*, edited by Leiter, B., Oxford: Oxford University Press, 2004.

表征主义。① 表征属性具有某种感知经验，将感知到的物体属性通过感知经验来表征。即我们注意到一种经验，可以透过这个经验看到物体以及物体属性。经验的现象特点主要是表征对象的属性，是一种非经验属性。②

现象主义主要是充分利用功能和内在结构特点解释思维和经验之间的关系。对现象主义者而言，感受性本身就是经验和思维之间的区别。查默斯和布洛克认为心智表征要通过一种"纯粹现象概念"来解释。③ 一种现象概念指示一种现象属性，但也可能间接说明、直接说明或者具体说明。纯粹现象概念是概念和现象交织在一起的一种概念，是现象图片意象与概念成分的综合形式。④

### 四 意象表征：一种重要的心智表征

作为一种重要的心智表征内容，意象表征是心智哲学中的重要组成部分，但是在心智哲学中，没有得到足够重视。因为意象表征本身具有时空表征属性，是图片表征。图片表征就是储存在大脑记忆中的图片。大多数人认为图片表征既没有现象性也没有类比性。一种心智表征就是一种图片式的表征，因为表征的每一部分恰好就是物体本身的每一构成部分，物体各部分之间的距离比例需要在表征各部分之间维持。⑤ 当然也不全然如此。图片表征就是一种二维表征，没有时间和空间的参与，不是立体表征，只是物体的某一个维度的表征，二维表征是一种片面表征，以偏概全，如同盲人摸象，各得一面，并没有表征物体的所有特点和属性，不能传达出物体的所有信息。雷伊认为各个表征部分之间的距离不能通过空间解释，只

---

① Tye, M., *Consciousness, Color, and Content*, Cambridge, Massachusetts: The MIT Press, 2000.

② Dretske, F., "The Mind's Awareness of Itself," *Philosophical Studies*, 1999, 95.

③ Chalmers, D., "The Content and Epistemology of Phenomenal Belief," in *Consciousness: New Philosophical Perspectives*, edited by Smith, Q. & Jokic, A., Oxford: Oxford University Press, 2003.

④ Chalmers, D., "Phenomenal Concepts and the Knowledge Argument," in *There's Something about Mary: Essays on Phenomenal Consciousness and Frank Jackson's Knowledge Argument*, edited by Ludlow, P., Nagasawa, Y. and Stoljar, D., Cambridge, Massachusetts: The MIT Press, 2004.

⑤ Kosslyn, S., "The Medium and the Message in Mental Imagery," *Psychological Review*, 1981, 88 (1).

能通过功能界定，就像分离式计算步骤要求合并每一步骤储存的信息。①泰尔也提出一种意象表征观点，认为意象表征是一种多维多相表征，既包括图片表征，也包括语言符号表征。他认为意象就是加有标签的符号矩阵。符号表征就是语言表征，符号排列对心智表征很重要。每一个成分在矩阵中的二维位置以及在整个意象物体表面的位置都具有一定表征意义。②

## 五 心智表征的内在论与外在论表征观

内在论心智表征认为表征内容由个体的内在属性决定，而外在论认为心智表征内容主要取决于外在的环境和其他客观因素。心智表征外在论认为心智内容的科学解释应该是因果论，以内容为基础。心智表征具有何种特定内容完全取决于外围因素。③

泰勒·伯格（Tyler Burge）认为因果论不认可心智内容的外在论，提出窄内容概念容易引起误导。对于心智表征问题，其意向性内容由外部因素决定，但是心智表征本身和心智状态还是置于大脑之中。安迪·克拉克（Andy Clark）和查默斯认为心智表征也可能完全存在于"心智之外"。依据这个观点，所谓的积极外在论认为，认知过程可能通过外部工具表征，这种个体心智和外部工作场所相结合的"配对系统"才算作一种认知体系，才是心智本来应该有的样貌，外部媒介的符号表征可以算作心智表征。④

福多作为内在论代表之一，认为如果科学心理学运用自然主义因果论解释人类心智和心智行为，可能不需要窄内容，这些用来处理孪生地球问题和弗雷格问题是行不通的。福多和布洛克还认为窄内容不可直接表述，从这个意义上来讲，窄内容是一种原型内容，只能通过具体语境或者宽内

---

① Rey, G., "Introduction: What Are Mental Images?," in *Volume II Readings in Philosophy of Psychology*, edited by Block, N., Cambridge, Massachusetts and London, England: Harvard University Press, 1981.

② Tye, M., *The Imagery Debate*, Cambridge, Massachusetts: The MIT Press, 1991.

③ Burge, T., "Individualism and the Mental," in French, P. A., Uehling, T. E. and Wettstein, H. K., eds., *Midwest Studies in Philosophy*, Vol. IV, Minneapolis: University of Minnesota Press, 1979.

④ Clark, A. and Chalmers, D., "The Extended Mind," *Analysis*, 1998, 58.

容配对来说明。窄内容的功能特点是自语境到宽内容。表征的窄内容取决于表征对象的内在属性，或者取决于句法结构或者计算功能或者推理。①

## 六　心智表征的思维和语言问题

心智表征具有语义属性，是与实在世界物体之间的关系，是关涉物体在心智中的表征。心智的表征理论可以解释为认知主体和心智表征之间的关系。心智状态的语义特征就是与心智状态有关的语义属性。心智状态和语言行为一样具有语义属性。语言行为也是关乎认知主体表征客体的工具。其语义属性源于意向状态、句子表达的规约意义，具有意向性，是一种心智状态。② 语言行为就是心智表征，也是语言用规约意义表达与心智状态之间的关系。思维离不开语言，语言也不能离开思维，③ 这种依存关系是相互的。科尔温·马丁（Colwyn Martin）认为思维可以离开语言而独立存在。④

自然语言除了指称、真值条件、真值等外在特点以外，还有内在属性、表达属性和命题，具有意义。两种表征形式可能具有同一种指称形式，或者同一种指称形式可能具有不同意义。⑤

## 七　乔姆斯基的心智表征观——思维的计算表征理论

乔姆斯基的计算表征理论（CRTT）也是心智表征的一种形式。他认为思维过程由心智中的表征计算构成。乔姆斯基经常用计算表征理论来解释语言能力。但是很多人质疑他提出的计算理论是不是实在世界所处时空的计算理论，是否可行，他的计算能否说明语言输出和语言习得中句子的

① Fodor, J. A., *Psychosemantics: The Problem of Meaning in the Philosophy of Mind*, Cambridge, Massachusetts: The MIT Press, 1987.
② Grice, H. P., "Meaning," in *Studies in the Way of Words*, Harvard: Harvard University Press, 1989.
③ Davidson, D., "Thought and Talk," in *Mind and Language*, edited by Guttenplan, S., Oxford: Clarendon Press, 1975.
④ Martin, C. B., "Proto – Language," *Australasian Journal of Philosophy*, 1987, 65.
⑤ Frege, G., "Über Sinn and Bedeutung," in Michael Beany, ed., *The Frege Reader*, Massachusetts: Blackwell, 1997.

切分过程。哲学家们也关注思维计算表征理论，但是他们更关注思维的表征理论。乔姆斯基的计算是不是心智状态的表征？普遍语法的规则和原理是正常人的某种心智状态，是语言规则在心智中的表征吗？这些问题我们在这里提出来，稍后详述。

# 小　结

心智表征曾经由于行为主义的科学心理学研究退出研究视野。认知革命以来，心智表征再次成为心理学研究的课题，尤其是信息处理模型成为心理学的主要研究方法之后。行为主义不研究心智表征，主要是因为心智表征既不能直接观察到，也不能通过观察到的行为推断出来。激进行为主义代表斯金纳认为，推断出来的实体对科学研究不起任何作用。① 心智表征不具有透明度，因此，无法运用神经生物学过程和结构解释心智表征假设的实体和过程，也难怪行为主义心理学不研究心智表征，因为心理学的理论基于生理学解释。认知心理学对术语"心智表征"的理解也不清楚，因为，表征本身就是抽象概念。常识心理学没有对表征做出严格界定。严格来说，表征是一个数学计算概念。

认知革命和计算机科学相关，计算机科学创造出可以计算的机器，推翻了人们对计算的看法。一直以来人们认为计算是一种心智活动。计算机科学让我们对计算有了更深刻的认识。② 计算成为数学思维研究对象，不仅仅是思维工具，表征就是一种符号系统，而且与被表征系统具有同态性。同态就是具有同种形式，同种数学形式，是说明符号之间关系的等式。认知主义认为心理学就是心智表征的科学，因此，最重要的问题就是心智计算有何种表征，通过哪些数据计算，如何计算？

信息理论启发我们思考计算机不可能源于没有任何初步计算能力的系统，这为心智的信息处理系统提供重要依据。如果大脑本质上是一种计算

---

① Skinner, B. F., " Are Theories of Learning Necessary?," *Psychological Review*, 1950, 57 (4).

② Turing, A., "On Computable Numbers, with an Application to the Entscheidungs Problem," *Proceedings of the London Mathematical Society*, 1936, 42 (1).

器官，主要处理心智表征的计算过程，心智表征过程就是人类内在知识的表征结构。这也就是行为主义极力排斥心智表征的原因，因为，他们不接受认知假设。认知假设心智表征是心理学范畴，这与他们研究的行为科学相悖。行为主义把人比作机器、比作动物，不考虑人类的心智。乔姆斯基看到行为主义的弊端，他的认知主义因此而生，他的普遍语法因此得到发展，语言能力因此得到研究，心智表征因此得到重视。

# 第二章 理性主义：乔姆斯基的
# 内在论基础

现代语言学与传统语言学已经分道扬镳，心智表征需要建构一种全新理论。语言学家对欧洲传统也提不起兴趣，语言学历史研究在 19 世纪之前主要沿着几条线进行，尤其是 17 世纪、18 世纪以及 19 世纪早期，索绪尔语言学之前的经典理论观——笛卡尔的理性主义，也可称为笛卡尔语言学复苏。笛卡尔语言学和当代语言发展的研究在多方面对语言研究做出很大的贡献，影响深远，尤其是笛卡尔思想对乔姆斯基的"生成语法"的影响很大。我们对乔姆斯基生成语法并不陌生，鉴于乔姆斯基的理性主义有必要把笛卡尔与乔姆斯基联系起来。现在我们也该厘清笛卡尔理性主义与乔姆斯基理论脉络之间的关系，尤其是理性主义思想的发展以及其在乔姆斯基著作中的复现。所以，我们的主要任务就是关注生成语法研究中的理性观以及出现的问题。因此，这个说明具有综合性。

## 第一节 语言创造性：有限手段的无限运用

我们谈到语言的理性观，就一定不能避开洪堡特。他是理性主义与浪漫主义的反对者，他的研究成果的发表代表着这些思想发展脉络的终结。而且，笛卡尔理性主义语言观也遭到质疑。笛卡尔思想对语言学没有直接影响，笛卡尔并不关注语言，也不研究语言；笛卡尔思想存在多种解读方式，普遍的解释就是语言性质与心智理论相关，心智理论的发展是笛卡尔思想的延伸。笛卡尔著作中很少提及语言，不过从他的观点中还是可以看到语言观，尤其是当他谈到机械原理解释的局限性时，提到语言，认为人类有自由意志可以支配语言，可以到什么山唱什么歌，在什么场合讲什么话。他认为所有动物行为的解释都可以假设动物是机器，但是人具有不同于动物的特殊能力，不能通过机械学原理解释。人和动物最重要的区别就在于人具有语言，而且人还能形成新命题表征新思想，人的语言会随着情况的变化而变化，会随着谈话对象的变化而变化。机器只是人类依据自身意图制造的，并且能输出话语，不难想象，甚至依据机器本身构成部件变化做出不同反应也不足为奇。例如，如果某人触摸机器某一部位，机器因此做出反应，问我们需要做什么；或者如果我们触摸其另一部位，它可能还会做出其他反应。我们无法想象机器会依据不同情况对符号进行组合排列并做出恰当反应，这只有人才可以做到。人类使用语言的能力不能与动物本能以及机器模仿相混淆。因为，动物和机器不能像人类一样运用不同的语言手段，不能把语言符号组织起来去表达意图言明观点。即使反应慢的人甚至疯癫之人也可以将语音构成语词，将语词构成语句，将语句构成语篇表达思想，解释清楚自己的意图，其他动物不过是"鹦鹉学舌，人云亦云"，是简单的复制，不具有创造性。人与动物的区别不仅是生理区别。笛卡尔指出人和动物区别不仅是动物缺乏语言器官，鹦鹉似乎可以像人类一样输出词语，只不过不能像人类一样畅所欲言，鹦鹉甚至不知道它自己讲的是什么，甚至不知道自己在讲话，不知道自己说的是什么内容。毕竟，动物没有心智，没有思想。而人即使聋盲哑也能创造出自己的符号表达自己的思想。

笛卡尔认为语言的创造性是心智与肉体的重要区别。他认为科学可以解决与"身"有关的所有自然现象。我们的外在行为不仅说明我们的身体是一种自行运转的机器，而且还有思想有心智。人再不完美也可以通过运用语言了解别人并让别人了解自己；动物再完美也没有语言、没有心智，或者准确而言，没有思维器官，不能使用语言交流，一切不过是动物本能罢了。大雁冬去春来，是一种机械运动，是本身的生物性使然，钟表可以说明时间，同样是机械运行机制。动物和人一样有血有肉有大脑，因此，从生理意义而言，人和动物一样，具有某些相似器官形状和器官运动。但是，除了身体和大脑外，人还有心智，即笛卡尔所谓的思维物质。动物种群与人类一样，有些同类发展比较完美，例如受训练的狗、马以及猴子中，总有一些能够出类拔萃。动物可以用声音交流，但声音符号极其有限，无非是虎啸、狼嚎、犬吠、狮吼、龙吟；动物可以用身体运动表达恐惧害怕，然而却没有任何一种动物能讲语言，或者可以运用符号表达思想。人类心智复杂很多，语言不是行为的简单复制，与鹦鹉学舌不同，与机器输出符号不同，鹦鹉和机器是按预先输入的语言符号输出，可以预测。如果机器没有按照预先设置输出，可能是机器出了问题。没有哪种动物和机器像人类一样可以对有限符号进行无限组合表述思想行为；没有哪种动物能像人类一样在不同场合表达与场合相符的话语；没有哪种动物可以在爱人面前甜言蜜语，表达浓情蜜意。即使在黑猩猩尼姆·奇姆斯基（Nim Chimsky）①的案例中，黑猩猩也只能学到一些符号，输出有限话语。试验结果远不如多年前加德纳夫妇的大猩猩沃肖（Washoe）②研究的试验结果。尼姆的确学到了125个手语符号，但根本算不上是语言，赫伯特·泰瑞斯（Herbert Terrace）本人甚至怀疑沃肖研究结果。因此，泰瑞斯和同事们得出结论：黑猩猩语言根本无法与人类语法相较。黑猩猩的确可以学习符号，但不能使用语言，更不能按照句法输出合法语言，与儿童生成语言完全不同。③无论黑猩猩的研究结果如何惊人，不过就是一种操作性条件反射，与格林童话中"称心如意的汉斯"没有多大区别。即使是人类语言的最简单句法，猩猩也学不来的，毕竟语言是人类特有的，是人类区别于其他动物的重要标志。

---

① 黑猩猩被命名为尼姆·奇姆斯基主要依据来自乔姆斯基。乔姆斯基认为人类具有一种习得机制，因此可以习得语言，这也是人类区别于其他动物的重要标志。泰瑞斯不赞同乔姆斯基观点，于是利用黑猩猩做实验并将黑猩猩命名为尼姆·奇姆斯基，尼姆是其简称。人类和黑猩猩98.7%的基因都相似，因此科学家们认为如果在人类家庭中养育黑猩猩，使用手语，可能能解释人类语言习得和语言使用的机制。但是乔姆斯基不赞同这个看法。行为主义心理学家赫伯特·泰瑞斯牵头，进行尼姆项目研究，以此质疑乔姆斯基提出的只有人类才有语言的观点。

② 沃肖是加德纳夫妇训练的一只黑猩猩。1967年，他们在内华达大学确立了美国符号语言项目。原来他们的目的是训练沃肖模仿声音，但是以失败告终，因为他们认为沃肖不具备发声条件，于是他们转而训练黑猩猩使用手势语，最终沃肖大约学会了350个符号语言单词。

③ "Nim Chimsky and Noam Chomsky," https://www.psychologytoday.com/us/blog/the-origin-words/201908/nim-chimsky-and-noam-chomsky.

一句话，人类具有语言能力，能够用语言表述并赋予语言特别意义，充分发挥语言的创造性，人类语言无边界，不必受外界语言"刺激"。人类的语言输出绝不是因果论的结果，绝不是刺激反应的结果。如果要说什么接近于人类语言，那要算机器语言了，人机对话就是很好的例子，输入音频输出文本。机器是否具有思维这个问题历史悠久，并且在二元论心智观与物理主义心智观区别中得到巩固。笛卡尔曾经预想机器可以依据场景回答问题。他在《方法论》中写道：

> 有多少机器是出自人类之手……因为我们了解机器的构成部分，因此可以输出话语，甚至还可以对人类的某种行为做出回应，这样可以引起各种器官变化。例如，如果我们触摸到特定部位，还可以问我们想说什么；如果触碰到其他部位，还会说明这个部位受伤；等等。但是机器不能运用各种不同方法对所有事情做出适当回应，从这一点看，似乎不如人类，因为最愚笨的人也可以做到。①

人类行为的多样性、复杂性，遇到新情况、新语境语言反应的适切性以及语言使用的新颖性就是语言具有创造性的集中体现，因此，笛卡尔认为思维心智是人类特有现象，不会受到任何机器运行机制的限制。人类心智需要假设一种创造性理论解释人类语言行为甚至其他各种行为，就如同机械原理可以解释动物和机器运行机制一样。笛卡尔语言观与机械原理解释问题相联系，热罗·德·科尔德穆瓦（Géraud de Cordemoy）对该问题进行了深入研究。研究目的是确定是否有必要假设存在"我"心智以外的其他心智——他心问题。科尔德穆瓦和笛卡尔一样，自省某种思维总是伴随着心智器官运动，证明他本人具有心智。但是，人类行为的复杂性并不能说明他人不是机器，因为，机器可以依据假设的物理术语解释，但是解释具有局限性。他人与科尔德穆瓦本人一样，行为受到意志限制。但是，语言可以提供很好的证据：通过交流我们发现反复听到的话语……尽管"我"愿意认为机器只能输出某些词语，我们也知道如果有一种特定顺序

---

① Descartes, R., *Discourse on Method and Meditations on First Philosophy*, New Haven & London: Yale University Press, 1996: 35.

如"风发出呼呼声"或者打开水管发出哗哗的流水声,这些声音不会发生变化,因此,一旦第一种声音发出,紧接着其他声音也发出来了,前提是假设机器有风,而他人发出的词语与我们的词语一样没有按照同一顺序。我们还观察到这些词语与我们能够领悟的主体说明是一样的。我们对"我"自身使用词语产生的效果考察越多,他们就越能理解。这些词语的意义与我们使用词语的意义相对应,因此,我们没有理由怀疑他人心智,如同"我"知道我的心智存在一样,我知道有他人心智存在。①

总之,科尔德穆瓦认为没有哪种机械原理可以解释语言的新颖性、连贯性和相关性。他还指出,还要运用人类语言能力作为证据说明机械原理解释的限制。动物和机器能够发音或者模仿话语本身并不能证明什么,机械术语可以解释。即使发出自然符号表征内在状态,或者由于外界偶然刺激发出某些特别符号也不能说明心智存在。随着各种新情况变化要求,改变词语并输出连贯语篇才能说明心智的存在。具有语言能力并不是简单重复听到的词语,而是运用不同词语对听到的词语做出反应。为了说明他人不是机器,"我"必须说明语言的创造性。通过观察,如果"我"发现他们的言语使用与"我"一样,那么"我"就有理由认为他们和"我"一样具有心智。② 例如,我们可以建构一种新的"规约符号"。

"我"知道指称一种事物的符号可以指称另一事物,而且只有赞同这一观点的人们才能理解"我"的所思所想。同样,如果"我"看到这些肉身发出的符号与他们当前状态或者与他们以前状态没有关系,如果"我"看到这些符号与"我"用于表述"我"的思想匹配,如果"我"看到他们表达的思想是"我"以前不曾表达的思想并且是"我"以前曾经想到的思想,如果"我"看到他们的符号与"我"使用的符号相同:以上几点可以证明存在"他心"。或者我们可以通过意欲欺骗行为来说明存在他人心智,因此,认为他人心智与"我"的心智大致相同。我们这里主要强调心智行为的创造性,因此,会话中的新思想新观点可以说明他人心智与"我"的心智一般无二,

---

① Cordemoy, G., *Discours physique de la parole*, 1666; 2nd Edition, 1677; English trans., 1668.

② Cordemoy, G., *Discours physique de la parole*, 1666; 2nd Edition, 1677; English trans., 1668.

理由就是他人心智与他人肉体相统一，他人出现我们没有的新思想，或者他人行为使我们改变我们曾经有的想法。科尔德穆瓦认为他的试验说明机械论解释的局限性，尤其是语言使用的创新性试验部分。他谈到语言的声学和发音基础，以及语言的限制条件、语言的联想关系和强化可以促进人类语言的学习。科尔德穆瓦的实验完全是在笛卡尔假设的框架下进行的。

我们这里同样强调语言使用的创造性方面，这也是人类与其他动物之间的本质区别，人类使用语言时，还会考虑到时间、地点以及不同情况的适切性，动物语言是一种刺激反应的结果。笛卡尔要解释语言则必须假设一种所谓的"思维物质"。思维物质也遭到质疑，因为大脑的复杂结构及其运行机制足以解释人类语言能力，但是，没有人证明这个观点是否具有可行性。笛卡尔、科尔德穆瓦说明动物行为和人类行为如何运用身体组织结构解释。朱里安·奥弗鲁·德·拉·梅特里（Julien Offray de La Mettrie）认为人就是机器，只不过结构更为复杂，运行更为复杂。因此，他认为运用机械原理可以解释人类的思维，思维与有机物质不太兼容，似乎像电现象、动力和延展一样是有机物质的一种属性。[1] 因此，理论上而言，大猩猩可以学说话，只是大猩猩的发音器官存在缺陷，适当训练可以克服困难，至少大猩猩是可以训练发音学习语言的。纪尧姆－亚辛特·布让（Guillaume-Hyacinthe Bougeant）反对笛卡尔人类语言和动物语言的本质区别，但是他的反对观点反而证明了笛卡尔立场的正确性。他说动物之间可以相互交流相互理解，与人类一样，原因是动物可以训练学习符号，并对符号做出反应。不过，他也承认动物语言仅仅限于表达动物本能情感，数量极其有限，形式也极其简单。动物总是重复同样的表达，这种重复持续的时间也就是引起其他动物注意的瞬间。动物缺乏抽象思维和形而上思想。人类在语言、思想以及运用语言表述观点方面远远超越动物，不需要诉诸有确定意义的专有名词和相关术语。事实上，动物对各种本能情感都有对应名称，它们既不可能表达个体情感，更不可能表达共同情感。[2] 为

---

[1] Mettrie, J. O., *de. L'homme-machine*, *1747* (Critical Edition), edited by Vartanian, A., Princeton, N. J.: Princeton University Press, 1960.

[2] Bougeant, G. H., *Amusement philosophique sur le langage des bestes*, Vanves: Hachette Livre, 1739.

什么自然会赋予动物语言能力？不过是为了动物彼此表达欲望和情感、满足需求罢了。我们知道语言的目的主要就是表达思想、思考、认知以及推理。自然赋予知识主要还是满足物种以及个体生存需要，不需要抽象思想，不需要形而上推理，不必对周遭物体进行研究，不需要对周围环境好奇，除了如何维持自身生存，不受外界伤害获取食物之外不需要其他知识。他们也不需要公开讨论、追问因果关系。他们只知道一种动物的生活。①

简言之，如同笛卡尔和科尔德穆瓦所言，动物"语言"完全能够运用机械原理解释。很显然，无论是拉·梅特里还是布让都没能解决笛卡尔提出的问题，没能解决语言的创造性问题。人类语言不仅仅提出要求和发出命令，而且是思维工具、思维载体。几代哲学家不懈努力研究并没有得到令人满意的答案。赖尔批判"笛卡尔之谜"时甚至故意避开语言创造性问题。他认为笛卡尔本来应该提出"人类语言行为与动物行为之间区别依据何种标准"而不需要寻找人类语言行为解释依据。② 本质上而言，赖尔的标准问题与科尔德穆瓦试验没有区别，赖尔只是说明"人类语言行为"具有某些属性；笛卡尔的关注点与赖尔不同，笛卡尔因为不能运用机械原理解释人类语言，想找到一种解释理论。即使现在我们也不能确定语言行为特点、语言习得方法以及语言理论和语言结构性质。即使现代语言学也没办法解决笛卡尔问题。布龙菲尔德认为自然语言的组合方式无限，不可能通过重复列举方法解释语言用法，他认为新的语言形式出现是基于对已经听到语言形式的模仿。同样，查尔斯·弗朗西斯·霍凯特（Charles Francis Hockett）也把创造性看作模仿，将语言创造性归因于意义不明确，与语言理论用法无关。模仿类比法与赖尔语言的倾向性观点一样空洞。无论是笛卡尔，还是科尔德穆瓦，或是反对笛卡尔的布让，都认为人类语言不是受到外界刺激的结果，是交流工具，更是思维表征和对实际情境的回应。18世纪和19世纪早期语言的创造性在几个方面得到发展，机器是不是人也得到解释。笛卡尔对人类和动物做出明确区分，认为动物行为是本能反应，

① Bougeant, G. H., *Amusement philosophique sur le langage des bestes*, Vanves：Hachette Livre 1739.

② Ryle, G., *The Concept of Mind*, London：Hutchinson's University Library, 1949.

可以运用机械原理解释。心智能力的发展就是智力逐步提高、本能逐渐减少的过程。正如拉·梅特里所言，心智能力越强，本能反应越少。①

约翰·戈特弗里德·赫尔德（Johann Gottfried Herder）认为笛卡尔语言创造性和语言行为多样性就是一个问题。他与笛卡尔观点一致，认为人类语言与动物语言不同，不是因为人类发音器官优于动物，语言的起源不是对自然的模仿，是人类心智的自然属性。语言不是人类的本能，语言能力也不是自然赋予的。本能程度与生活经历和环境有关。原始社会人类对自然知之甚少，因此，生存本能居多，语言手段有限。正如赫尔德谈到的一般原则：动物的敏感性、能力和创造力与活动范围的广度和深度成正比。② 但是人的能力不受外界刺激限制，变化多样。人类活动不是一成不变的，活动多种多样，即使没有外界刺激，没有内在驱使，也能做出具体回应。如果人类和动物一样依据本能回应，那就没有所谓的人的理性。正是因为人类不是本能动物，具有心智，才能成为会思考会反思的生灵。人能够自由思考、自由臆想、观察事物、区别事物、辨认物体并为事物命名。从这个意义上来说，语言构成人的自然属性，人就是具有语言的生灵。赫尔德认为语言是特定心智的产物，如果"所有松散的目的聚集起来形成的纤维体"就是人，那么人一定就是语言编织起来的。笛卡尔认为人的理性可以运用于各种情况，因此思维自由驰骋，行为不受限制。赫尔德认为理性根本不是心智能力，而是免于外在语言刺激，也就是不受外在语言刺激成为人类发展语言的先天优势。詹姆斯·哈里斯（James Harris）对理性的描述与赫尔德观点一致，他还对理性和本能做出区别。人类理性与动物本能之间的区别如下：动物本能是每一物种的唯一目的，不需要感知也不需要约束，也不容易改变，只有一个方向。相反，理性人不具有确定方向，可以转化为多重目的，具有不确定性，他们热爱科学艺术，因为科学艺术不仅使人类超越动物，还使人可以超越同类，并教会人类如何运用语言以外的其他能力。人是理性动物，人可以不受本能限制。弗里德里希

---

① Mettrie, J. O., de. L'homme-machine, 1747 (Critical Edition), edited by Vartanian, A., Princeton, N. J.: Princeton University Press, 1960.

② Herder, J. G., Abhandlung über den Ursprung der Sprache, 1772, reprinted in part in Heintel, E., ed., Herder's Sprachphilosophie, Hamburg: Felix Meiner Verlag, 1960.

·冯·施莱格尔（Friedrich von Schlegel）谈到语言性质时，认为语言不仅指向外界事物，词语可能会在会话者心智中产生对目标客体的想象，尽管不是直接联系。除了人类语言不受外界刺激约束外，施莱格尔认为语言还可以表征内在心智。①从这个意义上，我们很容易把语言的创造性与艺术的创造性联系起来。施莱格尔还将语言看作人类诗歌源源不断之源泉。诗歌就是语言创造性的一个很好体现。语言的诗性特点主要由于语言不是简单模拟感知的物质世界，而是有创造性地表征物质世界。语言的种种特点——表征无界限、自由意志也是笛卡尔及其追随者们强调的一个重要方面。施莱格尔把诗歌作为艺术的独特形式，具有创造性，也是诗歌载体语言的创造性的体现。施莱格尔对人类语言和动物语言的区分与笛卡尔一样，因此，他指出人类语言能力不能归因于语言器官。我们不能将人类和动物画等号。动物生活在事件状态世界，与人类具有语言能力不同，动物语言的机械性使得它们不能自主运用语言，无法对语境做出适当反应。人类语言首先是思维之器官、思维之载体，其次才是传递信息之工具。笛卡尔语言创造性在洪堡特语言理论中也得到充分体现。洪堡特认为语言具有生成性，不是无生命力的产物，这也是理性主义语言观、浪漫主义语言观和美学理论观，生成过程不具有确定性，语言的物质材料就是声音和意义，而意义就是概念形成之前的自觉心理行为。语言形式是系统结构，语言单位不是孤立成分，是通过心智活动表征出来的相互联系的形式。语言机制以及语言系统以及心智表征必须符合心智过程条件。语言创造性就是必然的语言机制到偶然的语言形式过程，语言形式偶然性主要体现为语言形式的不确定性，也就是"有限形式的无限运用"。

## 第二节　深层表征形式与表层表征形式

语言的创造性主要基于语言与心智过程是同一过程的假设。作为思维载体，语言可以自由表达思维情感，也是我们想象的源头。语法研究是笛

---

① Schlegel, F., *Geschichte der alten und neuen Literatur*, 1812, La Vergne, T. N.：Nabu Press, 2012.

卡尔语言学的基础，同样也基于假设。波尔·罗亚尔语法，始于句法研究，基于心智三种机制：感知、判断以及推理。我们对世界的认识经验形成各种概念，各种概念综合形成判断。语法结构主要是思维的表征形式，是自然形式的延伸。因此，普遍语法也是沿着同一主线形成的图式语法。詹姆斯·哈里斯普遍语法的哲学研究没有受到波尔·罗亚尔语法的影响，虽然18世纪语法大多都是波尔·罗亚尔语法影响的结果，是心智过程与语言结构之间的映射过程。哈里斯认为，一般而言，人的话语就是心智能力的外在表征。心智的感知能力，包括感官与智能、意志、热情和欲望，所有这些都表征为语言这一外在行为。因此，语言行为也相应表现为两种，一种是与智能有关的对感觉器官的感知行为，一种是与自由意志有关的询问、命令、祈祷或者愿望。第一种句子结构表征为认识世界。自己的认知转化为对世界的认识，是从我到他的过程，是将语言符号指向物质世界的过程。第二种句子结构主要表征为劝导他人满足某种需求。自由意志句子结构还可以依据具有感知性还是自由意志而进一步区分为两种，一种与我们感知世界需求有关，另一种与自由意志有关，感知世界是我们对世界发问，自由意志诉求需要我们分析为命令式或祈求式，主要取决于是对下属还是对上级。研究这些类别结构的框架就是对心理过程的一种分析。

在心身区别研究过程中，《笛卡尔语言学》认为语言有两个方面。一方面，语言符号可以是符号的语音形式，也可以是表征符号形式；另一方面，其还可以是符号与逻辑世界连接的意义，甚至可以是表征思想的语言实体。正如科尔德穆瓦所言，言语借助于语言符号，但语言是心智的衍生。[①] 伯纳德·拉米（Bernard Lamy）的《修辞》开篇也区分了心智之词与实体之词，即语词的"心身"差异。实体之词就是人类与动物之间的共通之处，而心智之词是人类特有现象。[②]

简言之，语言具有内在和外在两个方面，也即句子实体可以通过两个

---

① Cordemoy, G., *Discours physique de la parole*, 1666；2nd Edition, 1677；English trans., 1668.

② Lamy, B., *La rhétorique ou l'art de parler*, Paris：Presses Universitaires de France（PUF），1998.

层面研究，一种是心智层面，一种是结构形式层面。结构形式可以通过句法语义以及声音实体解读，或者用乔姆斯基的术语"深层结构"和"表层结构"来区分语言的两个表征方面。深层结构决定如何对句式结构进行语义解读，表层结构主要是语言单位的表层组织形式，确定语音解读以及与话语相关的物理形式，并与心智形式相连接。笛卡尔语言学区分深层结构和表层结构，认为深层结构和表层结构是两种完全不同的表征形式。深层结构与语义解读相关，表层结构的短语成分以及成分顺序不一定能够说明语义。

波尔·罗亚尔语法是笛卡尔语言观发展的体现，首次说明两种结构——深层结构和表层结构。思维是深层形式，也是主要形式但不是唯一形式，是一种判断，用于判断事物以及事物状态。表层形式主要体现为命题：主体是确认方，谓词即"如此这般需要说明的客体"。例如对于句法结构"看不见的上帝创造了可以看得见的世界"，至少存在几种判断，依据不同判断可以分析为多个命题。依据三种判断出现三个命题，当然，三个命题地位不均等，其中以第二个命题为主要命题，第一个命题和第三个命题处于从属地位。

（1）上帝看不到。

（2）上帝创造了世界。

（3）世界看得见。

换句话说，深层结构包含三个次抽象命题，每一个命题都是一种简单判断，表层结构主要都由主体以及主体属性构成；深层结构蕴含于表层结构，没有通过语音形式明确表达出来，只能通过心智表征出来。有时候深层结构也可能通过关系句、同位句明确表述出来，表征一种心智实在。因此，深层结构由一系列命题构成，不一定要与实在以一一对应的形式表征出来，有时候甚至要运用一些语法转换规则。深层结构意义表征具有普遍性，适用于各种语言，但是，表层结构和转换规则随语言变化而变化。通过转换规则输出的表层结构（如短语和词）与意义表征没有直接关系。深层结构是所有语言共有的结构，就像普遍语法，是思维形式的表征，而转换规则由于个别语言的句法规则不同也存在差异。多数表层结构不直接表征词语之间的意义关系，话语的深层结构就是心智表征，表征句子的语义内容。深层结构与实际句子直接相关，因为构成句子的每一个抽象命题都表征一种命题判断。例如，对非限定关系句与限定关系句的区别问题，早在波尔·罗亚尔逻辑中就有解释，这一区分是基于对句子的理解和延伸。理解就是一系列与实体相关的基本属性，可以定义实体；而延伸就是所指的一系列物体。这也就是语义学中意义和指称的区别，是哲学中内涵与外延的区别。[①] 对于非限定关系句，其深层结构就是关系句表征的判断，其关系词被先行词所取代，因此，非限定关系句就是连词的基本属性，也是先行词的基本属性。另外，对于限制关系句则不同。限定关系句只能明确所指称实体，确定实体。换言之，非限定关系句确定实体属性，而限定关系句确定实体。既包含非限定关系句又包含限定关系句的句子则是命题体系，抽象实体构成句子意义；对于非限定句而言实体属性得到确认，而限定关系句中由于运用先行词取代关系代词形成的命题没有得到确定，因此，与先行词一起构成复杂思想系统。

这些现象还要顺应到转换生成语法中，转换规则将深层结构具体化，将深层结构和表层结构相联系，并关注适用于深层结构和表层结构的语义规则和音系规则解读。乔姆斯基转换生成语法是对波尔·罗亚尔语法的继承与发展。波尔·罗亚尔语法认为句子的深层结构是思维的表征，是心智表征；句子的表层结构是语音形式表征，是物理表征。深层结构和表层结构同时表征，形式和语音的物理形成过程就是思维表征过程。深层结构是一系列命题，主要命题由简单论元与谓词构成。深层结构与表层结构还包括递归性——"有限形式的无限运用"，通过增加论元—谓词完整结构延展深层结构，因此删除、合并、省略等转换规则不能形成新的语言结构。语言的句法观可以依据两个规则系统描述：一种是生成深层结构的基础系统；一种是操作系统，将深层结构转化为表层结构。基础系统由生成短语结构语法的规则构成，生成深层语法关系；转换规则由删除规则、名词化、省略等构成。深层结构通过转换规则生成问题句和命令句，深层结构

---

① Michael, J. S., *General and Rational Grammar: The Port Royal Grammar*, edited by Amauld, Antoine and Lancelot, Claude and translated with an Introduction and Notes by Rieux, J. and Rollin, B. E., *Modern Schoolman* 55 (1), 1977.

表征相应的心智行为。短语结构概念源于波尔·罗亚尔语法，不足以用来表征句法结构，与乔姆斯基转换生成语法很相似。

波尔·罗亚尔从分析语法结构一般概念转而注重研究具体语法分析，深层结构表层结构就是很好的体现。例如副词以及副词短语主要就是人类简化语篇的结果，是介词—名词构式的简略形式。同样，谓词就是隐含一个联系动词表征命题的确认。因此，由于思维表征的简化要求，有些命题表征为短语或者小句。谓词主要的作用就是确认或者表征，也即表明运用这个谓词的语篇不仅是一个思维的表征、心智表征，还是判断是确认；确认我们思维实体，确认名词。含有及物性动词表征的命题更抽象，是两种命题的结合体，因为谓词涉及两个实体，同时表征实体—谓词以及谓词—实体关系。语言创造性还强调深层结构蕴含表层结构，这与语义如何通过语言结构表征关系很大。实体—谓词以及谓词—实体关系是多数语言结构的表征形式，也是思维结构的表征形式。因此，各种关系以及所有思想观点之间的关系都是依据维和心智状态得以建构的。哲学语法没有说明语言的格系统，但是运用曲折机制表征各种关系；语法家运用经典格术语却不用曲折形式做出解释说明。深层结构在所有语言中都一样，尽管表征形式不同。[①] 波尔罗·亚尔理论认为副词就是深层结构，是一个命题，是一种深层结构，表征一个介词和名词构成的命题。副词本身可以看作判断或者确认实体信息。祈使句和疑问句也是深层结构，可以通过省略转换规则还原为"我命令你来看我"或者"我请求你来看我"的表层结

---

① 如布龙菲尔德批判传统语言学，传统语言学也就是传统语法，他将所有语言研究都强限于拉丁语法研究范畴，因此，各语言之间的结构特点不清楚。如果真是这样，我们应该看到，他的《语言》中并没有说明哲学语法与拉丁语法之间的关系，也没有说明现代语言学将潜在的语法关系研究作为实际的语言假设。我们还应该注意到布龙菲尔德所说的传统语言学不可靠。他的历史研究只不过是一些零星偶然评论，而且他所说的 18 世纪学者对语言的了解也不准确，例如他谈到 19 世纪之前，语言学家没有看到语音形式，将语音形式与字母的书面符号相混淆。一般语法家们认为拉丁语法优于其他语言语法，是逻辑的主要原理，但是他们没有指出这个时期语法研究的特点。其实这个时期的语音分析值得单独讨论一番；现在的语言学研究都包含语音分析，似乎有些随意。这里提到的大部分语言研究都包含语音研究，而且亚里士多德也说明口语是心智的表征符号，书面语则是口语的表征符号。乔姆斯基也在 20 世纪五六十年代对心智和语音学提出观点，他认为语音就是心智中的语音，还在《语言和心智》一书中重申这一观点。

构。问句"谁发现新大陆"则表征为"我询问谁发现新大陆"。以此类推，对"如何"的分析推演出知道"某种方式"以及某种方式相关从句。"我知道哥伦布如何发现新大陆"表征的意义是"我知道哥伦布借助于哪种方式发现新大陆"。这样，深层结构以及深层结构包含的命题可以表征出来。

## 第三节 杜·马塞斯的构式—语法理论

杜·马塞斯（Du Marsais）就是沿着深层结构命题表征研究的一员。他认为构式就是词语构成语篇的过程，句法就是词语彼此之间的关系。结构不同的句子，如果词语句法关系一样，可以表征同一种心智状态意义。他把句法进一步定义为"借助于我们的语言知识输出我们心智需要表征意义的词语……符号知识就是建立我们心智可以理解的语言"，表征形式的句法就是我们所谓的深层结构，输出的结构就是表层结构。[①] 区别两者的框架——心智行为就是单个结构单位。对于儿童而言，命题"糖很甜"不可分析，这个心智行为就是一种经验；对大人而言，"糖很甜"表征的心智状态是单个实体。语言可以用于分析实体。语言是思维的外衣，可感知，可分割，可分析——可以与他人进行详细刻画。因此，思维就是一个整体，只有借助于语音形成词语进行分析切割分布。同样，语言感知就是确定思维与词语组合顺序的统一。思维过程就是感知语言过程，感知语言过程就是思维表征的过程。心智首先需要确定词语之间的句法，然后确定意义，并充分刻画深层结构，确定思维。心智表征分析就是将所有词语相联系，并建立一种句法关系。何种词语先出现，何种词语后出现，是一种自然的简单结构。意义表征过程是心智重构词语顺序的过程。整个语句的理解不仅需要理解各个词项，还要搞清楚各个词项之间的内在关系。因此，除非心智将所有词语以及词语关系表征出来，否则我们不可能理解语句。简单结构的意义表征与各个构成部分直接相关，表层结构的表征与深层结构表征就是同一个过程，具有普遍性。隐喻结构则不同，其声音与形

---

① Du Marsais, C. C., *Veritableo principes de la grammaire* (1729 – 1756): *Et autres textes*, Paris: Fayard, 1987: 230.

式的结合体不足以使我们理解表征的意义，心智需要通过我们的背景知识、世界经验以及社会文化等因素的协助才能完成识解过程。隐喻结构的转换规则主要是省略和重组。句法的最根本规则就是省略和重组必须由心智重新发现，只有心智可以重新发现，简单结构的形而上顺序才能适用。当然这种发现具有可行性，否则心智不可能识解我们赖以生存的隐喻。这似乎就是一种还原论，即深层结构还原为表层结构的过程。因此，对于句子"Who said it?"（谁说的这件事情？）还原为表层结构就是"The one who said it is which person?"（说这件事情的那个人是哪个人？）① 对于句子"Being loved as much as lovers, you are not forced to shed tears"（相爱如恋人，不需要泪流满面）可以还原为增加一个连接词的表层结构"Since you are loved as much as you are lovers, ..."（既然爱你就像你们是恋人一样……）；句子"It is better to be just than to be rich, to be reasonable than to be wise"（公正比富裕好，理性比明智强）则可还原为四个命题——两个否定命题、两个肯定命题：我们不追求富足生活，我们要维护公平正义，我们不强调聪明才智，我们要有理性思维。②

杜·马塞斯在分析句法时，还提出深层结构和表层结构的另一个区别。例如，对"我有一个主意"（我有想法/恐惧、疑虑）句子的分析，我们不应该将该结构看作与"I have a book"（我有书）和"I have a diamond/watch"（我有钻石/手表）一样的结构，因为前面结构中的思想、恐惧和疑虑是心智状态，看不到摸不着，而书、钻石和手表是实在实体。"我有思想"相当于"我在思考"或者我以某种方式感知到如此这般的事物。因此，诸如"思想"、"概念"、"意象"、"疼痛"和"害怕"并不预设实在实体，更不用说是可感知物体。杜·马塞斯认为这种表征形式是一种错误类比。他的结构句法理论在经院语法和文艺复兴语法观时期就已经萌芽。③ 对于深层结构和表

---

① Sahlin, G., *César Chesneau du Marsais et son rôle dans l'évolution de la grammairegénérale*, Paris: Presses-Univer sitaires, 1928: 99.

② Sahlin, G., *César Chesneau du Marsais et son rôle dans l'évolution de la grammairegénérale*, Paris: Presses-Univer sitaires, 1928: 109.

③ 波尔·罗亚尔语言理论，除了溯源于笛卡尔理论，区分深层结构和表层结构，还可以追溯到经院哲学和文艺复兴语法，尤其是省略理论和"理想类型"得到充分发展。

层结构，他沿袭了波尔·罗亚尔语法观，认为深层结构和表层结构就是一种心理学理论，不仅可以说明结构形式并用于分析文本，还可用于语言感知、语言输出的假想性说明。与波尔·罗亚尔理论一样，他认为深层结构就是听到话语输出时在心智中的表征形式，是一种心智表征。所有以上种种可以说明哲学语法的语法理论特点和研究维度，深层结构和表层结构与语言的创造性直接相关。

揭示深层结构和表层结构特点并通过转换规则将两种结构相联系，从现代语言学角度而言，似乎很荒谬，似乎没有重视表层结构，更没有关注语言事实。表层结构和语言的物理属性才应该是语言研究关注的对象，现代语言学家研究作为思维的载体语言，而不是研究作为思维表征形式的语言。即使语言学家触及深层结构和表层结构，也只是一些有限的零星的研究，尤其是作为语音意义结合体，语言只能依据表层结构表征。这也就是为什么笛卡尔语言学和早期语言学家们现在还有研究价值，还可以进入我们的视野，对深层结构进行一种全面刻画，即使深层结构与我们看到的语言没有直接关系。无论是研究语义内容还是研究语音，传统语法都有缺点，但是，现代语言学不接受传统语法不是因为研究范围不同，而是因为传统语法只关注书面语，不重视口语，无法解决实际话语问题。

## 第四节　普遍语法——语言刻画与解读

在笛卡尔语言学框架中，语法描述主要关注语音和意义，即对于每一个句子，深层结构确定语义内容，表层结构确定语音与拼写形式。语法可以通过有限规则生成无限句子，语言使用者运用有限手段表征无限心智状态和心智行为。然而，笛卡尔语言学不仅仅研究描述性语法，而且研究普遍语法，即研究语言结构的普遍理论，进而区别什么是普遍语法、什么是个别语法。杜·马塞斯描述如下：普遍语法适用于各种语言。例如，每一种语言发音和字母就是这些声音的符号，词语按照一定顺序组合才能形成意义。除了语言共性外，语言还有一些个体差异，这些个体差异构成个别语法，个别语法是个别语言特有的现象。因此，普遍语法具有语言普遍性，是一种理性科学理论；个别语法是一种艺术，具有任意性，与一种语言的社会规约性相关。普遍语法被界定为科学，研究对象是对所有语言普遍原理的理性假设；语法科学先于各种语言，语法理论预设语言的可能性，预设人类心智运行机制相同。简而言之，语法科学理论是永恒真理；个别语法则不同，仅适用于特定语言，原理基于语言现象观察得以确定。

因此，哲学家的任务是普遍语法研究。只有心智才能达到普遍语法规则的高层次研究。首先心智需要认知普遍原理，形成普遍语法。普遍原理对个别语言具有部分解释功能，普遍性特点本身还要通过假设人类心智过程或者语言现象偶然性做出解释。笛卡尔语言学旨在发展一种具有解释力的一般语法。波尔·罗亚尔语法以及之后语法各派别的发展，部分原因都是不赞同当时流行的语法。克劳德·法夫尔·德·沃日拉（Claude Favre de Vaugelas）的语法著作《法语评论》在前言中说明法语语法就是描述公认的标准语言用法。"评述一词的运用说明他只是一位语言观察员"，他并没有打算解释语言现象或者发现语言现象背后的理论。他对语言的评论并不仅限于表层结构。① 例如，他指出词义不能通过积极意义或者消极意义确定，更不会由于歧义而确定。他的研究也存在不足之处：他没有意识到语言具有创造性。他的语言观尤其是结构语言观与索绪尔和布龙菲尔德一致，认为语言的创新就是类比的结果，就是替换同一结构中的同范畴词。

哲学语法不反对描述语法，但反对止步于纯粹描述语法。波尔·罗亚尔语法将沃日拉语法看作一种语言规范，所有语言必须接受，即使不符合规则也要生搬硬套。杜·马塞斯认为哲学语法在研究某种个别语言时，还要考虑语言本身特点，而不是与另一种语言相对比。因此，哲学语法的任务不是改进语言，而是发现深层次理论并解释个别语言现象。沃日拉语法也用来区分关系从句的先行词，先行词没有冠词则不会出现关系从句。波

---

① 语言研究限于对语言的描述而不是对语言现象的解释，并不是说语言研究仅限于对表层结构的研究。与维特根斯坦《蓝皮书》和《哲学研究》的纯粹描述相较，解释的局限性更甚。有意思的是，乔姆斯基与维特根斯坦一样，认为不可能建构一种语言实际使用的科学，原因与语言创造性相关。当然，乔姆斯基认为可以建立一种语言科学（普遍语法科学），这一点与维特根斯坦观点不同。Vaugelas, C. F., *Remarques sur la langue françoise*, Paris：Classiques Garnier, 2018.

尔·罗亚尔语法指出关系从句的特殊情况，提出一般解释原则既可以解释沃日拉语法规则，又可以解释不符合规则的特殊情况。①这个一般解释原则主要以区分"意义"和"指称"为基础。对于普通名词，除了歧义和比喻义外，意义是固定的，具有规约性，但是指称不同，取决于名词或代词出现的上下文。一个特定名词不具有确定意义，尤其是当我们不能指出该名词是规约意义还是具有特定语境意义时。沃日拉的规则重申名词的确定性："根据现在法语用法普通名词后面不能跟'qui'（相当于英语中的关系代词），除非名词本身前面出现限定冠词。"② 接下来我们分析一些不是由冠词确定的普通名词反例情况。该分析基于深层结构假设，语言学家如何通过解释语言事实，逐步深入科学真理。如果语法能够变成哲学，我们有必要举一个范例合理解释这一现象。

与沃日拉语法以及杜·马塞斯等语法规则相联系，普遍语法提出的解释具有某种实质与语言内容。一般而言，语言材料都很空洞，需要借助于假设，假设存在一种心智实体。事实上，哲学语法的批判没有依据，过度夸大理性和先验论而且不予考虑语言事实解释。还有一种批评的声音，认为哲学语法传统仅仅局限于语言描述，哲学语法理性考虑不足。乔姆斯基认为这两种批评都不甚妥当，哲学语法存在的问题恰恰与这两种批判相反。哲学语法研究了大量特例，语法学家们想要说明表层结构中蕴含的深层结构表征各成分之间的关系以及表层结构的整体意义。从这个意义上而言，哲学语法如同现代语言学一样具有描述性。但是，乔姆斯基认为当代语言学更具有局限性，当代语言学的研究对象是描述构成特定话语的表层语言单位，各层次语言单位如何构成词语，词语如何构成短语，以及结构短语之间的句法关系。哲学语法分析主要把握全句特点。深层结构表征语义内容，但对形式选择一般不做解释。即使深层结构的例子说明深层结构假设具有可行性，也同样存在问题。

哲学语法没有认识到深层结构和表层结构相联系的复杂机制，也没有

---

① 如果说沃日拉没有注意到反例似乎对他而言不公平，但他本人也提到一个反例——呼格，而且，他还尝试解释他提出的规则问题。

② 见 Arnauld, A. & Lancelot, C., *General and Rational Grammar: The Port-Royal Grammar*, translated by Rieux, J. and Rollin, B. E., The Hague：Mouton, 1975：109。

对句子形式本身和句子的深层结构进行区分，最多也就是假设深层结构由句子形式通过一系列转换规则构成，有些深层结构是句子通过省略规则、倒装规则、插入规则以及动词名词化规则构成的。杜·马塞斯的结构与句法理论可以说明这一点。①深层结构就是简单句子的假想组合，笛卡尔假设思维和感知取决于自省和意识。哲学语法理论存在很多问题，但是笛卡尔语言学对语法结构的贡献还是值得一提的，抛开先验局限性，笛卡尔研究对语言学研究影响巨大。无论是波尔·罗亚尔语法、沃日拉语法、杜·马塞斯语法，还是洪堡特语言观以及乔姆斯基转换生成语法，都是笛卡尔理性主义语言观的发扬光大，有批判，有借鉴，有继承，有发展。17世纪、18世纪普遍语法强调普遍原理和语言事实的理性解读将语言研究方向从自然历史转变为自然哲学。

## 第五节　语言习得机制与语言能力

笛卡尔理性语言观及其发展主要是从笛卡尔时期到洪堡特语言生成观点的发展。语言理性研究是抛开心智的理性主义理论背景，出现诸如语言习得理论以及语言运用理论。尤其是随着乔姆斯基转换语法中心思想逐渐发展，语言习得理论也渐渐形成。笛卡尔语言学的主要假设是语法结构的一般特点，是所有语言共有的，是心智某种基本属性的表征。这个假设促使哲学语法研究对象关注"一般语法"而不是强调"个别语言语法"。洪堡特的深层次分析说明在各种语言中蕴含一种共同"语言形式"，也说明这一观点。语言普遍性对人类语言设置某些限制，决定各种语言的普遍条件就是"一般语法"。这些一般语法不是人们通过学习获得，而是生而有之的某种内在原理机制，具备这种机制才可能学习语言。这种机制把语言事实内化为知识。笛卡尔把这种机制归因于心智，认为这是一种心智内在

---

① 波尔·罗亚尔语法如果只停留在解读表面，不可能发现实际句子的潜在深层结构，因此，从概念上来讲，与转换生成语法相似，转换规则适用于复杂的深层形式，而不是句子形式。转换规则首先是由詹姆斯·哈里斯提出并发展的，是生成语法框架之外的理论，的确将转换看作实际句子之间的关系。事实上，转换规则与杜·马塞斯概念相近。详见于 Chomsky，N.，*Current Issues in Linguistic Theory*，The Hague：Mouton，1964。

属性，因此，我们可以运用这个心智机制解释语言使用者还没有学到的语言知识。

笛卡尔没有研究语言习得和语言普遍性，笛卡尔语言学是 17 世纪理性心理学关注心智的结果，将心智归于人类知识。最早研究这一思想并将这一思想发展为整个 17 世纪重要课题的是赫伯特，[1] 他认为"某种原理和概念根植于心智"而且"我们将这些原理和概念带到物体中，是一种自然的馈赠，是自然本能规则"。尽管这些普遍概念"被物体模仿"，然而，"无人可以想象这些概念是物体本身表征的结果"。心智原理概念对物体的辨认以及物体相关属性和关系理解很重要，尽管由普遍概念构成的"知识真值"似乎只有物体存在时才能存在，一旦物体消失也自行消失，但"知识真值"对自然界实在物体很重要，物体对"知识真值"也同等重要。只有借助于客观存在的自然物体，"知识真值"才能确定我们是否了解物体，拥有物体的确切知识。我们运用根植于心智自然馈赠的知识真值，可以对比个人感知并依据自然物体及其物体属性和我们参与的事件解释经验。显然，解释理论不可能全部通过经验获得，有时候甚至独立于经验。

赫伯特认为，知识真理并不是通过经验和观察获得，因为有一些知识我们根本没有体验到或者没有能力体验到观察到。如果知识不是根植于心智，我们应该深入物体性质（而且我们也不能命令物体）；如果我们没有普遍概念，我们绝不可能区别各种事物，区分各种物体，也不可能掌握物体的一般性质。空位、海市蜃楼以及恐怖意象也会偶尔进入我们的思维，以概念形式存在于我们心智中。我们有对比能力，可以对比善良与邪恶，可以对比美与丑，可以对比真与假。我们还可以通过何种方式获取知识？在何种程度上处于心智之外的物体能够促成我们对物体的正确认知？谁可以预估我们对认知物体做了什么？或者发现是某种未知知识源，[2] 或者是受到心智内在影响，也或者是由于某种因素，指向某种理论。我们不仅在

---

[1]　Herbert, C., *De Veritate*, 1624, trans. by Carré, M. H., "On Truth," *University of Bristol Studies*, 1937, (6).

[2]　Herbert, C., *De Veritate*, 1624, trans. by Carré, M. H., "On Truth," *University of Bristol Studies*, 1937, (6).

善恶选择、趋利避害时会听从心智的声音，在区分真假时我们也诉诸心智思维。我们拥有心智能力，会对外界物体做出反应。

　　只有运用内在能力，我们才能确定主观能力是否影响到感知。本能赋予我们各种心智状态、命题态度、希望甚至欲望。我们需谨慎确定普遍概念、内在机制和概念。赫伯特认为，本能的标准就是人人都认可，没有异议。无异议的首要条件就是"正常人"，这就要排除不能正常思维的人以及患心理疾病的人。我们不是说这些人没有内在能力感知，只是希望得到正常理性以及头脑清醒者认可。第二个条件就是要有适当经验可以激发内在能力。从这个意义上而言，内在能力就是看的能力、听的能力、爱的能力以及希望的能力，我们生而具备，但只有条件具备才能激发。如同父母之爱，只有在见到婴儿的一刹那才能充分得到激发，习得此类语言。有时候，我们过多强调普遍概念，或许会走向另一个极端，认为心智就是一张白纸，好像我们获得的能力来自物体本身、来自外部世界。

　　普遍概念紧密联系构成体系，无数物体唤醒无限心智能力，普遍概念可以通过命题形式理解。普遍概念体系不能等同于理性。普遍概念体系只是知识的一部分，我们生而有之，我们应该记住天性本身没有理智、不具理性、不能预测。理性就是运用普遍概念表征世界的过程，理性就是运用语言表征世界的过程。

　　内在解释理论是经验和知识的前提条件，需要外在刺激才能激发自省，赫伯特的心理学理论无不蕴含笛卡尔思想，他的认知思想是笛卡尔也是后来柏拉图主义者、莱布尼茨和康德所倡导的认知思想。

　　理性心理学就是柏拉图主义。莱布尼茨明确提出理性心理学。他认为如果我们的心智没有这些思想，我们不可能学会任何知识，他还提到柏拉图在《美诺篇》对奴隶男孩的实验，以此来说明心智知道诸如几何原理等那些事情，只是需要提醒去认知真理。因此，心智至少拥有真理赖以生存的思想，或许真理已经存在于心智，真理就是这些思想之间的关系。

　　当然，潜伏于心智的普遍概念可能需要外界物体刺激才能激活，决定思维和经验的内在论是无意识运用的。莱布尼茨在《人类理解新论》中尤其多次强调：语言理论和自然逻辑都是无意识知识，至多也就是语言习得的前提条件，与笛卡尔认为训练为主要前提的观点不同。<sup>①</sup> 科尔德穆瓦认为语言习得过程中"训练"是积极因素，但是他也发现儿童习得语言过程并不完全依赖语言训练；语言学习的前提是具备"充分发展的理性"，因为理性学习就是辨别与推理的结果。理性主义观点又一次与浪漫主义观点复现。因此。施莱格尔认为推理可以比作一种可燃烧的物质，但是如果没有导火索不会自燃：心智需要火花激活。<sup>②</sup> 唤醒心智理性需要与已知知识互动，外界事物刺激的作用是将内在机制唤醒。语言习得的前提条件就是语言的创造性。从这个意义而言，语言具有内在性，是人类所特有的，即哲学语法观认为理性具有内在性，只能通过人的行为激发唤醒。<sup>③</sup>施莱格尔与洪堡特等柏拉图主义者对语言习得的观点一致。洪堡特认为，学习就是生成语言过程。不管语言形式如何，语言不可能通过外在因素学会，只能通过心智唤醒，因此，语言就是个人的自我创造和自我生成过程。<sup>④</sup>

儿童语言学习不是通过字词句的死记硬背储存于记忆中，而是语言能力随年龄增长而逐渐增加累积的过程。儿童不是具有学习语言能力，而是在发展语言能力，人类的心智认知能力发展主要集中于某个阶段，无论儿童条件是否相同，只要他们生活在同一语言社区，讲同一种语言，他们的说话能力和理解能力仅仅在某一时间段可能有所差别，但终究都会习得语言。语言习得就是在外界条件下各种能力的培养和逐渐成熟过程。语言形式习得同样取决于内在因素，是人类语言的基本规律，也是人类都具有的心智，与地域无关，与语言种类也没有关系。语言能力在心智发展过程中某个"关键期"最优，这种情况适用于所有儿童。

17 世纪理性心理学强调理性学习观的重要性，尤其是语言学习不是教条主义。知识学习零星呈现，学习的系统性特点并不取决于语言素材本身。语言习得和语言知识主要归因于心智，语言能力构成经验的前提条件。一方

---

① Leibniz, G. W., *New Essays on Human Understanding*, trans. by Remnant, Peter and Bennett, Jonathan, Cambridge：Cambridge University Press, 1981.

② Schlegel, A. W., *Die Kunstlehre*, 1801, Stuttgart：W. Kohlhammer Verlag, 1963.

③ Schlegel, A. W., *Die Kunstlehre*, 1801, Stuttgart：W. Kohlhammer Verlag, 1963.

④ Humboldt, W., "Humanist without Portfolio," *Ideen zu einem Versuch die Grenzen der Wirksamkeit des Staats zu bestimmen*, 1792, trans. in part in Marianne, C., Detroit：Wayne State University Press, 1963.

面，理性主义认为语言学习主要依靠所谓的习得机制，理性输入语言输出语言。另一方面，经验主义认为语言学习是基于联想和强化或者是归纳法，他们没有考虑到输出与学习之间的不一致现象。经验论也好教条论也罢，都反对理性心理学和心智哲学，但是，经验论不能解决语言习得问题。

理性心理学提倡内在心智结构假设，排除了感知理论与学习理论之间的对立。事实上，感知理论和学习理论都是同一心智过程，是共同概念对感知材料的解释。外界经验激活心智普遍概念与普遍概念决定经验的观点不同。换言之，普遍概念潜伏于心智，激活后可以促进感知能力的发展。正如艺术家的灵感是一种心智潜能，可以解释艺术作品，解释感知材料；又如音乐家可以依据内在对称性、和谐关系来解释音符。如果我们搞清楚学习和感知之间的区别，从理性主义观点来看，认知过程权重就会超过表面区别。我们谈到的心智过程是感知还是习得，界限似乎就没有那么清晰了。

如果我们记住感知范围和思维能力，我们必须承认呈现在我们面前的物体的思想与我们在思维中形成的形式一样。我们思想中的所有一切都具有心智内在性，都是我们的思维能力，唯一的例外就是与经验相联系的情况，比如我们运用心智思想判断并指称外部事物。我们做出判断不是因为这些事物可以通过感官传达到心智，而是由于这些事物在适当的时机传递时，心智得到机会通过内在能力形成这些思想。除了身体运动外没有其他事物可以通过感官达到心智。无论是身体运动还是数字图形，我们感知到的与心智感知到的不完全相同。因此，运动和数字都具有心智内在性。疼痛、颜色、声音等都具有心智内在属性，某种身体运动情况下，心智能够表征这些身体运动，因为身体运动与思考身体运动不一样。如果我们认为心智的普遍概念源于身体运动，普遍概念的存在依赖于身体运动，那是不是没有身体运动就没有普遍概念？身体运动能够形成普遍概念，这一命题的主要意思是，如果两个事物都等同于第三个事物那么这两个事物相同。正如数字，两个数字与第三个数字相等，那么这两个数字相等。尽管所有运动都具有个别性，而一般概念具有普遍性，与个别身体运动无关。①

---

① Descartes, R., *The Philosophical Writings of Descartes* (2 Vols.), trans. by Cottingham, John, Stoothoff, Robert and Murdoch, Dugald, Cambridge: Cambridge University Press, 1985.

拉尔夫·卡德沃斯（Ralph Cudworth）也提出类似观点。[1] 他区分消极官能和积极官能（辨别力），因为积极官能或者辨别力是指人类能够运用感官做出判断或者理解事物。"辨别力"不仅仅是思想储存器，还是对事物概念和思想有判断力的能力。[2] 感觉器官负责将某种物体呈献给心智，是心智表征物体或者认知行为发生的契机。因此，当我们在大街上，或者在电视屏幕上看到人物行走时，我们不仅仅要依靠感觉器官——看到他的穿着打扮，还要诉诸我们的心智来理解认知。正如卡德沃斯所言，我们心智所理解和认知的事物，绝不仅仅是被动地留在我们心智记忆中的印记，而且是经过心智计算心智表征的结果。因此，我们已经拥有的先验知识在决定我们看到对象时起到了重要作用，似乎是我们在熙熙攘攘人群中见到一张张熟悉的面孔，一幅幅熟悉的画面一般。我们用理性思想感知事物，理性知识抽象感知事物，与物质本身不同，比起我们了解的具体物质更准确、更形象。[3] 卡德沃斯还用几何图形概念类比来说明。我们看到的三角形似乎都不规则，如果存在不规则和不完美的三角形，我们感官是知觉不到的。但是我们的理性思维可以依据规则图形做出判断，我们心智中已经储存有规则图形概念。三角形概念或者任意一种符合比例的形状和对称图形不是后天学习到的，而是听到这个概念时触发了心智依据大脑中储存的概念表征图形，就像完美事物和畸形物体一样，几何图形的先验知识不是感官赋予的而是通过一种内在"辨别力"产生的，是内在思维促成的。心智可以认知并指导所有个别事物。

笛卡尔也用类似术语谈到同一个问题。如果儿童时代碰巧在纸上看到一个三角图形，并不是他看到的图形告诉他如何感知科学家们研究的真正图形，因为图形中的真正三角形就像是积木堆成的模型一样，我们心智中已经形成几何图形的概念，心智中的真正三角形比纸上绘出的三角形更容

---

[1] Lamprecht, S. P., "The Role of Descartes in Seventeenth-Century England," *Studies in the History of Ideas*, 1935（3）.

[2] Cudworth, R., *A Treatise Concerning Eternal and Immutable Morality*, edited by Hutton, S., Cambridge: Cambridge University Press, 1996.

[3] Cudworth, R., *A Treatise Concerning Eternal and Immutable Morality*, edited by Hutton, S., Cambridge: Cambridge University Press, 1996.

易感知。我们看到纸上的三角形，我们理解的也不是具体的三角形图形，而是抽象的三角形概念。①

　　卡德沃斯认为，对于人造事物以及合成的自然事物而言，依据物体以及物体之间的关系，依据因果，依据部分整体关系形状比例或者功能解读感官材料就是心智表征心智计算的过程。物体的统一性也如此，就像是狭义望远镜，只能逐个连续提供视角，而心智可以给出一种整体思想，既包括了各个构成部分，又包括各部分之间关系、比例以及格式塔式整体观。我们对于物体形成的理性观点不是物体在心智留下的印迹，而是激发心智理性观点并形成普遍概念的契机。感知的理性观在笛卡尔时代很普遍，但是，后来由于经验主义的盛行而被抛到一边，尤其是康德和浪漫主义。②

　　例如，塞缪尔·泰勒·柯勒律治（Samuel Taylor Coleridge）在感知过程中评论：心智对实例的了解激活心智能力，心智具有知识，感官也具有知识。这既适用于心智也适用于感觉器官。如果心智具备这种能力，具有先验知识，当一种声音或者一种物体触及感觉器官时我们就可以理解这种声音，可以感知这种物体。然而，如果心智没有这种辨别力，即使声音和物体触及感觉器官，也无法感知。所有语言对于母语使用者而言可以鉴别，但对于初学者而言不能理解、无法鉴别。

　　自然存在的物体触及我们的感官时，是不是可以激活我们心智概念的契机呢？自然把物体展示给我们时其是不是一种完美状态？如果我们具有认知能力，我们不仅知道物体的具体形状和大小，还能够确定物体的本质属性，确定我们应该关注的问题。③洪堡特将理性观点明确运用到语言的感知和解读层面，认为语言的感知和未曾发出的声音的感知存在区别。主要区别在于，对于未发出的声音，动物感官能力足以感知。但是，人类语

---

① Descartes, R., *The Philosophical Writings of Descartes* (2 Vols.), trans. by Cottingham, John, Stoothoffand, Robert and Murdoch, Dugald, Cambridge：Cambridge University Press, 1985.

② 进一步了解浪漫主义美学认知过程理论的重要性，及其起源和早期思想，尤其是普洛丁（Plotinus）思想。普洛丁明确拒绝接受感知概念是在心智留下的印记或者印象，而且还取代了心智观点就是一种将能力映射于感官物体的观点。详见 Abrams, M. H., *The Mirror and the Lamp*, Fair Lawn, N. J.：Oxford University Press, 1953。

③ Snyder, A. D., *Coleridge on Logic and Learning*, New Haven：Yale University Press, 1929.

言感知不仅仅是发出声音并指向物体。① 一方面，词不是物体本身的印记，而是心智中产生的意象概念；另一方面，语言感知要求依据深层结构对输入信号进行分析，而深层结构就是语言输出的创造性行为，因此，要求激活负责输出的生成系统，因为语言依据语言成分以及成分之间关系的固定句法规则输出。生成规则对语言感知意义重大。如果我们没有掌握这些规则知识，如果我们没有通过外界刺激激活规则知识，心智不可能处理语言输出机制，就像盲人没有办法感知色彩，聋哑人没办法感知声音一样。因此，感知机制和语言输出机制必须充分利用深层结构生成规则系统，正是规则系统的存在，谈话人和听话人的交际才会发生，而且双方共有一种规则系统，最终构成人的统一性。②简而言之，心智除了心智事件本身，别无他物，理解能力和言语能力是语言能力在心智中表征的结果。双方一起谈话与物质传递不同。听话方与谈话方一样，同样的谈话内容必定是双方内在能力的表征形式，听话方接收到的讯号就是语言刺激，激发心智辨别力和理解力。因此，整个语言系统内化于每个人的语言能力中，每个人都具备一种由语言能力支配的激发点，在恰当时机想要呈现出所有语言或者理解所有言语。

理解能力绝不是基于自发性，要求听话方和谈话方具有同一种语言，不仅仅是激发听话方的语言能力。即使单个词语的感知也要激活生成规则系统。如果只是假设谈话方和听话方共享一种语言，形成所有谈话内容的

---

① Humboldt, W., *On Language: The Diversity of Human Language Construction and Its Influence on the Mental Development of the Human Species* (2nd Edition), ed. by Lomansky, M., trans. by Heath, P. L., Cambridge: Cambridge University Press, 1999.

② 洪堡特的中心思想就是"如果人们不是原先已经具有某种思想，那么非外在思想以一种什么方式进入人的肉体，而且外界影响如何成为一种经验刺激激发内在能力和心智？这种内在的深层次就是所有诗歌和哲学的唯一源头，也是人类所有思想和伟大创造力的源泉，这个源泉，也是语言产生的源头"。洪堡特、詹姆斯·哈里斯都认为"后天训练"很荒谬，就好像把水倒入中枢神经一样，把科学知识注入心智……知识的发展如果果实的生长过程，即使外在的阳光、水分以及环境可能会起到一些作用，但最终还是在内在因素——果树本身的特性决定果实的成熟度。详见 Humboldt, W., *On Language: The Diversity of Human Language Construction and Its Influence on the Mental Development of the Human Species* (2nd Edition), ed. by Lomansky, M., trans. by Heath, P. L., Cambridge: Cambridge University Press, 1999. 或者见于 Steinthal, H., *Grammatik*, *Logik und Psychologie*, 1855, Berlin: Gedächtnissrede auf Humboldt an seinem hundertjahrigen Geburtstage, 1867.

内在概念也还是不够。感知到的声音促使心智形成与声音相应的概念并指向物体：言者听者双方能够理解彼此，不是因为他们互换语言符号，也不是因为彼此同时触发相同的概念，他们只不过是触及彼此理性思维链中的同一个链接并激发内在概念而已。因此，语言感知不仅需要符号表征的内在生成，还要求语义内容表征的内在生成规则。感知研究转向研究内在图式表征，开始研究更深层次的内容，不仅要研究感知过程中的图式，还要研究生成图式的规则系统。表层结构研究语言符号，以及符号表征，已经不能满足当前语言机制习得的要求，深层结构的内在转换规则系统是心智语言能力的体现，也是语言创造性、理性语言观形成的内因。

# 小　结

　　语言学和认知心理学也把研究重点从语言结构转向心智过程计算表征，《笛卡尔语言学》可以说明这一点。语言的创造性成为语言的主要研究对象，普遍语法理论也在转换生成语法理论中得以复苏。这是乔姆斯基转换生成语法的初衷——撇开简单的语言事实，研究语言使用者的语言能力，这种语言能力不是通过学习获得，而且语言行为也不能通过行为主义的条件反射和语言刺激解释，概括和类比不能解释清楚语言行为，句型操练和常用结构同样不能解释语言行为。因此，乔姆斯基认为，现在是我们重新审视语言的时候，我们不仅需要研究语言结构，更要研究语言习得的先天条件以及语言规则知识的复杂系统。笛卡尔的理性主义语言观是具有前瞻性的观点，值得我们思考。

　　这里的语言创造性研究主要是笛卡尔理性主义的体现，阐述语言理性观只是想说明某些观点直至今天仍然值得我们系统研究。语言学理论的研究，语言发展研究绝不能断章取义，这样不利于语言学理论的系统研究。经典语言学理论的周详考察，并兼顾心智表征理论还有待深入探索思考。

# 第三章　心智计算论：心智表征的
# 自然主义追问

自然主义是认知科学研究的一种主流范式。它认为自然科学本体论和方法论足以解释实在世界，心智表征现象也可以纳入自然科学研究范畴，因为表征对心智和语言的自然化过程意义重大。乔姆斯基在研究语言与心智时正是采纳了方法论自然主义，因而他为方法论自然主义辩护。他认为内在论有利于对心智现象和语言现象做出解释，但心智与语言的某些方面，尤其是意向性和语言运用方面，可能不属于自然主义研究的范畴。显然，乔姆斯基没有看到表征内容在计算模型中起到的作用，因此低估了自然主义对意向性解释的潜能。事实上，心智表征的自然主义追问都是无法避开的问题，无论论它是否解读意向性和语言使用现象，尤其是需要关注自然主义研究与计算主义描述的相关性问题。

## 第一节　方法论自然主义：乔姆斯基
## 心智研究的方法论

在哲学中，自然主义是与超自然或者精神相对而言的，是指物质世界中的自然规律和自然力量，主张将每一事物都看作自然世界的一部分，都可以用自然科学的方法加以研究。自然主义本质上是一种外在论，因为它是根据主体人之外的自然世界给出世界包括精神世界和现象世界的解释。根据自然主义，自然规律就是宇宙世界各种行为或者结构的运行规则，每一个阶段宇宙的变化都是这些规律运行的结果。① 乔姆斯基将自然主义分

① "Naturalism：Philosophy," https://www.britannica.com/topic/naturalism-philosophy.

为形而上学自然主义和方法论自然主义两类。形而上学自然主义又称本体论自然主义或者哲学自然主义，它是一种本体论观点，根据这一观点，世界万事万物具有物质性，不存在超物质的实体、属性以及事件。方法论自然主义并非一种观点，而是一种科学方法论，也是一种承诺——科学方法、经验方法可以运用到心智和语言以及其他自然现象研究，其最终结果则是对这些现象的解释并将其统一到"核心"自然科学的范畴。① 自然主义方法并不妨碍我们认识世界的其他方法，而且这一方法提供一种解读现象的特定形式，或者是我们所谓的"理论解读"。这种方法与我们阅读小说和神话故事得到的解读世界的方式不同，与我们在共有概念研究中获得的世界解读方法也存在差别，即乔姆斯基所谓的"民族学"。②

许多心智和语言理论家都提倡自然主义。然而，乔姆斯基认为，自从笛卡尔物理学在早期由牛顿力学取代之后，形而上学自然主义缺乏统一说明。正如乔姆斯基所言，"牛顿为机器驱魔，以此来消除'机器中的幽灵'问题，但魔鬼依然存在，未受影响"，③因此，除非给"身体"或者"物质"或者"物理的"提供一种新概念，否则我们除了方法论自然主义以外没有其他自然主义的概念。④"物理的"这一术语，按照现在用法，只能提供一种指称我们大致理解的自然现象。⑤

相对而言，方法论自然主义似乎不存在任何争议。⑥ 乔姆斯基指出，尽管人们普遍接受方法论自然主义这种外在论，但是对心智和语言各方面的解释理论不断受到非自然主义的严重挑战。例如，认知能力的计算解释

---

① Chomsky, N., "Naturalism and Dualism in the Study of Language and Mind," *International Journal of Philosophical Studies*, 1994, 2 (2).

② Chomsky, N., "Naturalism and Dualism in the Study of Language and Mind," *International Journal of Philosophical Studies*, 1994, 2 (2).

③ Chomsky, N., "Naturalism and Dualism in the Study of Language and Mind," *International Journal of Philosophical Studies*, 1994, 2 (2): 189.

④ Chomsky, N., "Language and Nature," *Mind*, 1995, 104 (413).

⑤ Chomsky, N., "Naturalism and Dualism in the Study of Language and Mind," *International Journal of Philosophical Studies*, 1994, 2 (2).

⑥ 当然也不是完全没有争议，例如，托马斯·内格尔就不赞同方法论自然主义，他认为方法论自然主义旨在客观研究，因此其不能解释心智的重要特点，即主体自身的观点。Nagel, T., *The View from Nowhere*, Oxford: Oxford University Press, 1986.

存在的问题：这些解释没能满足解释心智现象特有的某些充足条件，例如要求任何主体的知识必须可以理解，至少是理论层面的理解，或者这些计算解读没有根据常识分类。这些应该被看作方法论二元论的表现形式。心智和语言的研究与其他领域研究不同，应该被看作独立的"哲学"标准。内在论正是这样一种哲学标准，它在解释心智与语言现象方面有独特优势，尽管受到种种攻击。

## 第二节  内在论：心智理论的范式

内在论与外在论是两种截然不同的解释方法，包括动机、知识、确证、意义和真言。内在论通常是指对于主体的解读只能诉诸该主体的内在或者是该主体的心智状态。相反，外在论认为心智状态通过指称主体环境特点或者社会语境特点而具体化。信念证明以及意义确定等要依据我们所处的环境。最典型的就是内在论否认外在特点具有任何具体化意义，无论它们的语境怎样，同一内在状态则是同一心智状态。从这个意义上讲，内在论的具体性具有"狭隘性"。

与内在论相比，外在论更为普遍。[①] 正如普特南的语义外在论所主张的"意义不在脑中"，至少不完全在脑中。他使用"孪生地球"思想实验来说明语境对意义的确定作用很大。孪生地球的湖泊、河流以及海洋由 XYZ 构成，而地球的湖泊、河流和海洋由 $H_2O$ 构成，其他诸多方面"孪生地球"与地球完全相同。因此，地球人使用的地球上的"水"一词与"孪生地球"人使用的"水"一词意义不同。由于他们使用的词意义不同，因此，意义就不能通过他们的大脑确定。而伯格的外在论观点更加极端，他甚至认为心智内容具有外在性，受到周围环境影响，是与周边环境相互作用的结果。伯格运用同样实验说明社会机构对信念内容和思维内容的确定至关重要。[②] 乔姆斯基认为，尽管自然主义并不蕴含内在论方法，但是

---

① Millikan, R., *Language*, *Thought and Other Biological Categories*, Cambridge, Massachusetts: The MIT Press, 1984.

② Burge, T., "Individualism and Psychology," *The Philosophical Review*, 1986, 95 (1).

"自然主义似乎也不存在其他选择"。① 尽管常识解释可能预设了外在的具体化机制，但这些解释被囊括入民族学的研究范畴，不属于自然主义研究。对于科学本体而言，心智和语言解释理论总体来讲属于内在论，它们描述的状态和过程的具体化不依赖于周边环境或者语境。那些人认为科学心理学是外在论是因为科学家们对科学实践轻描淡写并受到误导，没能对实践投入更多精力来关注。②

在近期的语言研究方面，乔姆斯基认为内化语言概念非常重要。内化语言是生成语言表达的机制或步骤，准确而言，是语言表达的结构描述。③内化语言通过一种语法得到描述。因此，乔姆斯基将普遍语法作为人类内化语言理论，普遍语法是源于人类生物学遗传禀赋的条件系统，这种生物禀赋确认内化语言就是在正常情况下人类可以理解的语言。重要的是，内化语言是大脑的一种描述属性，不依赖于周边环境。的确，内化语言可以算作物体同一类型，只是该语言在主体大脑中存在方式不同。内化语言与语言理解和语言输出所涉及的各种语言运用系统一样，是语言能力的一部分。内化语言只有与语言行为系统相结合，这种大脑状态才能称得上是一种语言。理论上而言，某个其他机体也可能具有同类内化语言（大脑状态），也被置入行为系统并通过使用来激活。④ 因此，内化语言是一种抽象描述机制或者程序，本身不一定是语言能力的一部分。乔姆斯基对内化语言的概念持一种内在论观点，而且是一种激进内在论观点，因为这种内在论既不依赖外在环境，也不依赖机体内部环境。

同时，乔姆斯基对语义学外在论提出严厉批评，认为普特南的"孪生地球"思想实验是以外在论意义断言为基础的，该实验对于指称、外延、

---

① Chomsky, N., "Language and Nature," *Mind*, 1995, 104 (413): 49.

② 乔姆斯基引用视觉理论家大卫·马尔（David Marr）和塞缪尔·厄尔曼（Shimon Ullman）研究的解释为例说明问题。见 Chomsky, N., "Language and Nature," *Mind*, 1995 (104)。他们的非形式说明暗示一种外在论观点，但是仔细考察理论本身却并非如此。对于同一论断的辩护，见 Egan, F., "Computation and Content," *The Philosophical Review*, 1995, 104 (413)。

③ 内化语言不等于通过程序生成的语言表达集合。乔姆斯基注意到，不同的内化语言理论上讲都可以生成同一个语言表达集合。详见 Chomsky, N., "Explaining Language Use," *Philosophical Topics*, 1992, 20 (1)。

④ Chomsky, N., "Explaining Language Use," *Philosophical Topics*, 1992, 20 (1).

意义以及真言等概念诉诸谈话者直觉，而这些概念对谈话者而言不可能存在中性直觉。① 这个思想实验利用人们的直觉来说明，如果一种液体现象上完全与水一样，是否算作水，乔姆斯基注意到谈话者直觉受到语境因素影响。如果改变"孪生地球"的语境或者语用预设，判断也会发生相应变化。② 正如乔姆斯基所言，"从自然语言和指称的常识概念出发，我们不能提取话语与实际世界事物之间的对等或者指称关系，而且当我们开始接近实际用法和思维时，外在论结论就站不住脚了"。③ 对于语言和思维的外在论其他方面，伯格主要强调遵守社会规范。④ 然而乔姆斯基反对这一观点，认为"就我所知，对于意义和语言的外在方面，没有什么方法可以弄清楚，或者对于意义理论和依赖于意义理论的语言哲学研究而言也讲不明白"。⑤ 但是他反对外在论语义学不仅仅限于该语义学与日常用法的直觉冲突，他甚至假设普特南和伯格的思想实验外在论直觉为真，但乔姆斯基否认该实验与心智和语言的自然主义研究相关联：

　　假设我们接受这些直觉观点，那么这些观点会告诉我们什么样的语言、信念和思维呢？至多，有时候我们依据他人信念和意图将信念归因于某个认知主体，但是这些只适用于简单的一般情况。而且，对于我们对信念随语境变化以及归因方法变化的研究是语言学、语义学以及民族学研究的课题，研究人们如何达到认知状态，如何相互作用等等则属于不同学科。⑥

　　乔姆斯基反对外在论语义学的核心是反对"共享公共语言"（shared public language）概念。这个概念是外在论的核心。思想实验的寓意在个体谈话人大脑中的语言不足以解释术语的意义，也不足以解读运用术语表达

①　Putnam, H. , "The Meaning of 'Meaning'," in Language, Mind and Knowledge: Minnesota Studies in the Philosophy of Science (7), edited by Stainton, R. J. , Minneapolis: University of Minnesota Press, 1975.

②　Chomsky, N. , "Explaining Language Use," Philosophical Topics, 1992, 20 (1).

③　Chomsky, N. , "Language and Nature," Mind, 1995, 104 (413): 44.

④　Burge, T. , "Individualism and Psychology," The Philosophical Review, 1986, 95 (1).

⑤　Burge, T. , "Individualism and Psychology," The Philosophical Review, 1986, 95 (1): 49.

⑥　Chomsky, N. , "Language and Nature," Mind, 1995, 104 (413): 47.

的信念内容，但是它们可以通过语境指称解读术语的意义，并解释术语的信念内容。乔姆斯基怀疑常识会像指称一样承诺什么，比如承诺一种"共享公共语言"，而且他认为即使常识可以承诺，这些概念也不具有任何理论和解释意义。对他而言，任何这种"共享公共语言"概念只能通过不同主体内化语言的相似性来解释，换句话说，则是通过纯粹内在论概念来解释。①

## 第三节　意向性：自然主义研究的天敌？

意向性（intentionality）就是表征事物、属性以及事件状态的心智能力，它构成心智哲学和语言哲学的界面。该词源于中世纪经院哲学，19世纪末由布伦塔诺再度引入当代哲学，约翰·塞尔则将其发展为意向性的语言学理论。②

乔姆斯基主要关注语言的意向性问题，认为意向性包括语言使用中的意向性问题，因此意向性的一般问题不可能都纳入自然主义研究。③ 有时他用强势术语强调这一点，认为"自然研究不能适用于意向性研究"。④ 在乔姆斯基的研究中可以看到为什么意向性研究和语言使用研究被置于自然主义研究领域之外。首先，很多概念都涉及意向性和语言使用现象，例如信念、欲望和意义都是事物常识概念的一部分。这些概念的研究主要属于人种学科学领域："与主体相关的意向性现象以及主体所做事情主要是从主体角度出发，因此不会纳入自然主义研究，因为自然主义主要将这些因素排除在外。"⑤ 我们可能想知道为什么我们对自身常识性理解以及我们看待世界的观点会涉及意向性现象，蕴含这些意向性的现象不能通过科学的客观方法进行研究。很明显，这是说现实中无人能够解释涉及意向性现象

---

① Chomsky, N., "Language and Nature," *Mind*, 1995, 104 (413).
② Searle J., *Intentionality: An Essay in the Philosophy of Mind* (1st Edition), Cambridge：Cambridge University Press, 2008.
③ Searle J., *Intentionality: An Essay in the Philosophy of Mind* (1st Edition), Cambridge：Cambridge University Press, 2008.
④ Chomsky, N., "Explaining Language Use," *Philosophical Topics*, 1992, 20 (1)：229.
⑤ Chomsky, N., "Explaining Language Use," *Philosophical Topics*, 1992, 20 (1)：208.

的常识概念，即没有什么实在现象需要解释。

在其他文章中乔姆斯基对该现象的陈述更加赤裸："对于一个词指什么，可以有各种各样的答案。但这个问题没有确切的意义。'book'就是一个典型的例子。……一般而言，一个词，即使是那种最简单的词，并不挑选世界或'信念空间'中的实体。"① 乔姆斯基并不否认自然主义语义理论的存在，或者该理论的确具有解释力，因为该理论的目的就是依据语言表达和实在实体之间关系来解释某些事实。依据这一理论，"伦敦"一词与"在泰晤士河的城市"之间具有某种关系，因此将词语（如"伦敦"）与世界实体（如"在泰晤士河边的城市"，或者"英国首都"）解读为一种指称关系，或者解释为一种表征关系就是很自然的事情。但是乔姆斯基认为，这并没有为我们提供任何其他解释目的，因为这种指称关系或者表征关系不清楚，最好把所谓的语义理论看作对句法中一个层面的描述，将该理论的术语概念看作由普遍语法假设的结构描述的指称问题。他还指出，信息就是语言能力和认知系统之间的界面，包括感觉运动系统。对于这个思想我们将在下一节计算理论语境中探讨。

对于自然主义语义学分属于句法学的观点，乔姆斯基在谈到的具体例子中并没有完全解释清楚。对于这个观点，他认为最好的例子即代词在不同语境中的不同用法，既可以用于回指，又可以用来统辖解释。② 这些回指和统辖理论假设存在一种关系 R，我们可以将 R 解释为互指，但是 R 的解释并不预设语言表达和非语言实体之间的任何关系。但是对于如何理解乔姆斯基认为内在语义学是句法学的一种形式不太清楚。

让我们看一个具体句子："约翰在把房子涂成棕色（John is painting the house brown）。"对于这个句子，乔姆斯基认为，其语义特性就是最后两个词语——house brown——可以用于指称某类事物，而其他词语则是表征该类事物的一个属性，③ 但是，如果乔姆斯基所谓的"指称关系"就是语言表征实在世界实体的观点，那么如何解释词语指称事物类别并表征一种属

---

① Chomsky, N., "New Horizons in the Study of Language and Mind," in *The Essential Chomsky*, edited by Anthony, A., New York: The New Press, 2008: 298.

② Chomsky, N., "Explaining Language Use," *Philosophical Topics*, 1992, 20 (1).

③ Chomsky, N., "Explaining Language Use," *Philosophical Topics*, 1992, 20 (1).

性？他认为词语之间的形式关系可以依据事物属性表述，例如，当我们表征"房子"和"建筑物"之间的关系时，就可以说所有房子都是建筑物，两种事物类别之间存在一种蕴含关系。"房子"是一种"建筑物"，但是这种蕴含关系不可逆，因为"建筑物"不一定是"房子"的一种。或者从语义关系角度而言，"房子"和"建筑物"构成一种包含关系。"房子"是下义词，而"建筑物"为上义词。这种蕴含关系意义主要是由于内化语言植入行为系统，而行为系统运用这些规范各种人类语言行为。这与逻辑角度对该例子的句法表征完全不同。在形式主义句法中，我们可以用树形结构或者括号法来表示。对于句子的逻辑描述，主要用到分体论，将该例子看作事件以及事件的集合。对例句"约翰在把房子涂成棕色"而言，就是三个事件的集合：第一个事件是主体约翰实施动作，第二个事件是客体房子承受主体所做事件，第三个事件则是客体房子承受事件的结果——变成棕色。这种分体论表征似乎还不够，因为分体论主要体现部分与整体的关系，句子的事件关系也表示这种包含关系。因此对于这三个相关事件，第二个事件发生在第一个事件之后，第三个事件发生于第二个事件之后。第一个事件包含其他两个事件。当然事件的包含关系主要是与各个事件发生的时间相关联，因此这种事件关系同样可以表征时间的包含关系。

乔姆斯基对外在论语义学的批判以及表征世界的基本思想，似乎在语义学与语言研究之间划了界限。同样在视觉感知中讨论马尔和赫伯特·西蒙（Hebert Simon）的工作时，他认为对于一个人在试验条件下看到"方块"的内在表征"内容"没有意义，或者对于青蛙而言，一只苍蝇或许在青蛙视觉标准试验中的移动轨迹内容没有意义。因为不存在诸如此类的"内容"或者对事物的"表征"，也不存在理论内的图像，因此对于它们的性质更是一无所知。马尔认为视觉是"一种表征到另外一种表征的映射……"，这里"表征"不应该被理解为一种关系，而是"对事物的表征"。①

正如语言的自然主义研究，乔姆斯基认为在知觉系统研究中谈到的"表征"应该解读为假设的内在结构，这种内在结构从理论上而言，其重要属性具有形式性或者句法性。对于这些结构表征什么从这些语义学理论

① Chomsky, N., "Language and Nature," *Mind*, 1995, 104 (413)：53.

中找不到答案，表征概念以及与之相关的错误表征在这些理论中也不起作用。自然主义理论仅仅关注这些结构得以派生的过程以及由行为系统对这些结构的实际应用。如果乔姆斯基没错，那么对于由视觉机制"解决的问题"的计算视觉理论解释者之间的争论，或者是否假设结构具有宽内容还是窄内容则是一种误导。这些争议体现的是哲学领域的问题，不属于自然主义研究内容。

乔姆斯基还提出意向性问题没有涵盖自然主义研究的另一个原因。心智问题的充分理解还包括意识如何从神经结构出现，因为这个问题可能处于生物学决定的认知能力之外，而且可能对我们而言还是不解之谜。① 这也不足为奇，如果我们不能回答所有问题，那么认为语言和心智各个重要问题的解释差异是由我们认知能力的局限性引起的，得出这一结论则为时过早，因为这也可能是由人为因素造成的，即对方法论二元论无法解释的心智现象存在不合理限制条件。

总之，我们认为乔姆斯基运用自然主义方法研究心智和语言基本上不存在问题，至少在以下几个方面不存在问题：一是蕴含于我们认知能力中的计算机制研究属于内在论；二是自然主义研究中总体假设是赞同内在论，或者是更窄一点的具体方案；② 三是计算认知理论这些机制的描述在很多重要层面是非语义的。然而，我们认为表征内容在计算模型中的作用非常重要，但是由于没有认识到表征内容的重要性，乔姆斯基低估了自然主义研究对意向性的解释意义。

## 第四节　计算与内容：心智表征的实质

一般而言，主体认知能力的意向性描述要求解释意向性内在状态。但是这一观点不适用于以下情况，即计算认知理论提供的解释涉及不具有意向性的状态和过程。换句话说，计算状态和过程不是通过参照语义指称而得以确定的，一种给定计算状态在某种反例中表示不同语义内容，或者根

---

① Chomsky, N., "Language and Nature," *Mind*, 1995, 104 (413).

② Egan, F., "In Defence of Narrow Mindedness," *Mind and Language*, 1999, (14).

本没有表示任何语义内容，但却可以具有相同计算状态。然而，真正具有解释性的计算理论描述状态和内容的确具有表征内容，而且表征内容对计算理论具有重要解释作用。

关于计算理论的具体化是否能够通过语义术语来描述状态的争论，运用马尔所谓的"计算理论"的描述层面应该如何解释？他的这种计算理论提供了一种通过计算机制计算函数的权威描述。① 权威描述指的是对问题的具体化或者具体分类具有决定性的描述特性。马尔的视觉理论解释接受作为语义描述的视觉系统，其各个成分计算函数的权威描述，尽管他们对到底何为正确的语义描述还没有达成一致，而且对语义描述是不是永恒的也意见不一。②

马尔经常用语义学术语描述视觉系统。他认为视觉系统就是"探测边缘"以及对"视觉世界客观事物的表征"。但是乔姆斯基指出，我们不应该完全接受理论学家所说的具体描述对所有事物都重要的观点。我们认为对计算描述机制计算的函数而言，其权威描述就是一种数学描述。例如，马尔描述图像初始处理的视觉过滤时，尽管存在很多方法对视觉过滤进行形式描述，但是马尔从计算角度出发，认为最重要的描述就是数学描述：该模型计算高斯函数的拉普拉斯算子③。该装置模型在眼膜图像点将光强度值作为输入并计算图像强度变化值。但是就该装置模型的计算描述而言，是否由输入值表征光线强度而输出值表征光强度变化值无关紧要。计算理论将视觉过滤描述为一类很好理解的数学装置但与光传导没有关系。

---

① 马尔解释层级性的其他两个层面分别是演算和执行。演算主要是通过计算理论描述的一种规则计算函数，而执行主要是对机制的物理描述。

② "任何你能做的事情，我都能做得更好"是一种普通的内在论限制，详见 Egan, F., "Individualism, Computation, and Perceptual Content," *Mind*, 1992, 101 (403)。而外在论拒绝承认这一论断，参见 Burge, T., "Individualism and Psychology," *The Philosophical Review*, 1986, 95 (1)。

③ 拉普拉斯算子是一种优秀的边缘检测算子，在边缘检测中得到了广泛的应用。该方法主要通过求图像的二阶倒数的零交叉点来实现边缘检测。由于拉普拉斯算子是通过对图像进行微分操作实现边缘检测，所以对离散点和噪声比较敏感。于是，首先对图像进行高斯卷积滤波进行降噪处理，再采用拉普拉斯算子进行边缘检测，就可以降低算子对噪声和离散点的敏感性，如此，拉普拉斯高斯算子 Log（Laplace of Gaussian）就诞生了。详见 Marr, D., *Vision*, New York：Freeman, 1982。

当然，计算装置的权威描述并非语义描述。假设权威描述通过装置计算确定为数学函数，那么该描述就是一种语义描述。但是，当理论家们谈到"装置的语义解读"时，数学描述并不是理论家们通常所想的那样。视觉机制的语义解读是将视觉内容指派给该机制描述的视觉状态。例如，这个机制可能将某些结构解读为表征场景中的可视边缘。正如切分理论指定恰当的语义内容，将某些结构解读为名词短语，将其他结构解读为动词短语、形容词以及副词短语。权威描述不考虑这些内容，而是将计算机制识解为对数学物体的表征，不是解读为场景或者语言实体的可感知属性。

我们现在回到马尔描述的视觉过滤。如果将这种视觉过滤看作一种计算机制，那么过滤计算数学函数正如计算机计算一样，不管是不是属于视觉或听觉系统，都独立于语境，甚至独立于它所在的内部环境。事实上，假设每一种感官模态具有一种计算机制是合理的，因为这种感官模态仅计算一种弧线平滑函数，先对原始图像做最佳平滑，再探测其边缘。

乔姆斯基的激进内在论则通过计算实践而得到确认。计算机制的具体化过程独立于环境，甚至不依赖于内部机体环境。根据乔姆斯基的观点，一种给定内化语言，则是一种机制生成特别的结构描述，根本上讲不是一种语言实体。这种内化语言算作语言只是由于它在涉及语言理解和语言输出中融入行为系统。同样，上面提到的过滤也是一种视觉机制，只是因为过滤嵌入的系统涉及光传导而已。同样的机制可能在听觉或者触觉感知中也起到重要作用。

类似研究似乎也可以支持乔姆斯基的观点。计算模型假设的结构内容问题没有引起理论家们的兴趣，这里我们还是谨慎为妙。计算理论就是对某种内在结构派生过程的一种解释，而且事实是表征内容在计算理论中起不到具体化作用，但是这并不能得出表征内容在计算理论中起不到解释作用的结论。如果问哪些内在结构是一种计算视觉理论尤其要描述以及建构这些结构对机体有什么作用也是很合理的问题，那么这些问题不能仅仅通过句法或者形式概念来解决。

上文已经指出，计算描述机制不是基本的语言系统或者视觉系统。我们可以通过考察认知函数如何嵌入周围环境（也包括内在环境）来确定由计算机制推动的认知函数（与数学函数相反）。那么哪些内在结构是计算视觉理论主要描述的问题？答案是那些与可视属性标记一起变化的结构，例如在直接环境中随着深层和表层方向不同而发生变化的结构，通过传导光探测到这些属性的机体，就是我们可以看见的机体。

从计算描述观点看，给定计算机制建构可以追踪可视属性记号的结构是完全偶然的事情。因为这些结构并不能追踪所有可能世界的同一属性。通过这种计算理论确定的函数，并由此建构的结构，在不同的环境下，可能追踪不同属性，并非所有属性都是机体探测到的显性属性或者有用属性。当然，我们假设计算机制具有顺应性。机体具有这种机制是因为计算机制在它们的环境中提高了适应性，但是适应环境本身也是计算机制的偶然特点。

计算机制的语义解释明确说明，如果计算机制在正常（内在或者外在）环境中运作正常，它就假定结构追踪那些属性。计算系统的解读是通过解读功能确定系统物理状态类型与某些领域的成分对等匹配，然后将装置解读为切分，就是确定该装置的状态与诸如名词短语和动词短语的句法项之间的映射关系；将装置解读为视觉系统，则是确定这种装置的状态与场景中深度变化之类的视觉属性记号之间形成的映射关系。准确来讲，因为计算描述的机制不会在所有环境中追踪这些属性，也不会将其具体确定下来，然而，语义解释使我们能够确定计算机制的认知功能，并将其描述为一种计算深度，或者描述为句子的句法结构。没有语义解释，我们无法看到或者无法说明这个装置能够发挥何种作用，在何种意义上对认知理论有用。语义解释要求解释在给定语境下，形式描述过程如何构成认知能力，例如探测深度或者切分句子。

然而，计算机制不依赖外界和内部环境而具体确定，确定内容的条件通常取决于环境特点。对于知觉的计算模型，该装置的结构和状态赋予的内容，就是外在论具体说明内部结构记号跟踪的远距离属性。例如，马尔称作"边"的一种结构是在出现析取远距离属性时追踪的，即这种边的结构是一种深层变化，通过表层定向进行说明。内容部分由外在论决定。因此不能期望这些结构追踪并表征每一种可能环境中的属性。在反事实语境中，这些结构可能不会追踪显性属性或者易于描述的属性，因此，结构不能表征远距离属性这种情况同样适用于计算语言机制。①
由切分建构的特定结构可以被正确解读为名词短语，部分取决于这种机制
是如何嵌入机体，例如该结构还取决于与之相联系的行为系统。语义解释
的条件包括环境的几个方面。如果一种计算描述状态或者结构意义不是意
义的基本属性，那么计算理论或者科学心理学的内在论观点也会招致
责难。

规范表征主义者反对内容不是计算状态或者计算结构的基本属性。我
们看不到任何其他方法可以使计算主义与意向性心理学相符，或者具体
为，主体的认知能力或者意向性描述的主体能力要求参照具有表征内容的
内在状态解释。然而计算描述的结构不是通过语义方式得以确定的，这些
结构的确定条件是由实际功能设定的，这个实际功能将物理状态类别等同
于一种符号系统元素。② 这些结构运行的计算过程对解释功能赋予结构的
任何内容都不敏感，因为计算过程仅仅非语义或者我们所说的实现功能赋
予结构的"物理"特性敏感。这种要求被称为形式条件。③ 一种表征的语
义属性就是该属性与世界之间的关系，例如对某事物表征为真的属性，或
者对某物体进行描述的属性。表征本身具有的属性就是形式属性。福多通
过"表征不是什么"对表征的形式属性进行界定，认为"形式属性就是可
以不用参照诸如真言指称以及意义来具体说明的属性"。④ 他强调形式属性
不是句法属性，表征可以具有形式属性，而且过程也可以通过形式属性进
行，但表征却不必具有形式属性比如图像、文字等。对于心智的计算理论
而言，蕴含心智的过程只能触到表征的形式属性。计算过程不会涉及语义
属性，即接触不到与时间的表征关系。因此依据表征操作的过程不能以表
征是什么，或者表征是否正确来进行，只能通过表征本身的特点进行，即

---

① 它们仍然表征网膜图像特点。对该问题的详细说明见 Egan, F.,"Computation and Content," *The Philosophical Review*, 1995, 104 (2).

② 计算模型非语义具体化同样适用于联结主义模型，尽管计算模型没有任何符号。

③ 表征的语义属性就是表征本身与世界之间的关系，例如真言是某事物的一种表征，或者是对某一物体的描述。表征本身具有的属性是其形式属性。"The Formality Condition," http://www.bcp.psych.ualberta.ca/~mike/Pearl_Street/Dictionary/contents/F/formality.html.

④ Fodor, J., "A Methodological Solipsism Considered as a Research Strategy in Cognitive Psychology," *Behavior and Brain Sciences*, 1980, 3 (1): 67.

表征本身的"形式"操作。

准确来说，计算心理学满足心智的计算模型形式条件，主要是心智的计算模型对物理主义心智哲学的一种承诺。如果我们把心智过程识解为形式（即非语义）过程，那么，计算模型说明心智状态如何既具有因果属性又具有表征属性，如何既具有物理实在性又遵循理性准则。但是这样一来，又出现问题：如果心理过程对语义属性不敏感，如果语义属性只是计算模型中的副现象，那么语义属性在计算模型中到底能起到什么作用呢？这可能会导致心智状态的取消主义。

事实上，这并不会简单招致取消主义。内容在计算模型中的副现象性，并不会削弱内容在常识心理学中的不可或缺性观点，不会削弱内容是信念、欲望的具体化，而这些状态诉诸行为的常识解释。但是这对于承诺自然主义的意向论者而言没有什么值得欣慰的，或者准确而言，是承诺科学研究最终揭示我们行为的意向状态性质。常识心理学描述的命题态度以及计算模型描述的心智状态区别如下：与命题态度不同，计算状态具有自主性独立性（非语义），是准确说明这些状态在系统中行为以及能力起作用的基础。常识心理学根据内容将信念归入预测和解释类别。如果没有意向状态的独立性，内容才起到明确作用。但是，意向状态的独立性说明自然主义意向论者对科学的最终期待。当然，这也是乔姆斯基的物质观。

但是根据上述说明，心智状态具有独立性并不是说内容不起作用。内容在计算模型中的解释作用无可取代，即使内容的作用既非具体化又非因果性。计算机制的语义解读对解释具有必然性，尤其是解释形式描述过程在某种语境中（如果与某种行为系统相联系或者置于某种外在环境中）构成一种认知能力的运行，例如计算场景的深度，或者计算声学输入的句法结构等等。认知能力的解释通过意向术语说明，在图像表征中，则是将二维图像恢复为三维结构，或者增加输入链，或者切分输入链。为了解释意向性任务，建构的内在结构必须解释为表征可视远距离属性，或者计算总和，或者增加名词短语等等。这样，语义描述就成为理论解释与形式描述之间的桥梁，也就构成理论的解释支柱。

# 第五节　自然主义意向性问题解读的可行性

乔姆斯基对计算主义和意向心理学所关注问题之间的妥协不感兴趣。就像奎因一样，乔姆斯基对心智状态持取消主义态度，认为在合法科学中心智状态没有地位。在谈到内容在计算心理模型中的作用问题时，乔姆斯基曾对伊根的如下观点做出评论："如果机体计算认知功能的条件没有满足，那么机体就无法表征语境。"[①] 但是那种"表征失败"是我们描述某种人类强加目的的方法，这种强加的原因与自然研究无关，而且与正常环境中"表征"的考察也不相关，因为正常语境下的表征允许我们将分析系统与视觉的非形式描述功能相联系。科学的任务不是符合直觉范畴，不是去确定在非正常环境中是不是依然"可视"……知觉研究自然始于非形式化"认知任务"，但是很少关注在科学进程中是否发现了相似之物。[②]

我们已经谈到机制的语义描述允许我们回答有关机制行为和机制能力问题，然而这些问题我们不能以形式的计算描述来回答。例如，视觉系统建构结构，而结构随着在场景中的深层和表层定向发生变化，因此表征这些远距离属性，解释机体在与环境互动时取得进步。有时，机体在远距离属性没有出现时对结构做出标记，而该结构要通过映射这个远距离属性得到合理解释，那么我们可以说机体对其生存环境做出错误表征，也即机体表征犯了错误。当然，这是对机制行为的一种规范描述。正如乔姆斯基指出，描述机器出错主要是由于我们将期望强加于机器，因此我们得出结论认为这种描述在自然主义研究中没有地位。但是错误属性也有助于解释机体与环境之间的相互作用，在执行某些任务时机体可能发生错误的情况对该机体自身生存意义重大。诸如表征、错误表征或者错误在计算模型中可以重新建构，从自然主义观点来看，这本身没有害处。因为在认知能力的计算描述中不存在非外在表征关系如内在意向性。内容属性只是一种解释，而这种解释根植于计算机制如何与内在和外在环境相联系。计算认知

---

① Egan, F., "Computation and Content," *The Philosophical Review*, 1995 (104): 183.

② Chomsky, N., "Language and Nature," *Mind*, 1995, 104 (413).

科学对于理解这些诸如表征、错误表征和错误心智现象已经取得长足进步。某种程度而言，计算模型得到确认，并对这些心智现象提出自然主义说明。计算理论不会假定描述的机制意向性为理所当然，而是旨在为意向性提供真实解释。该计算理论对我们用意向性术语描述的前理论过程与能力给出形式描述，解释某种自然过程，也即我们描述为看见、增加或者切分输入链的活动的潜在过程，究竟是与理性约束相符还是偶尔也会违背理性约束。

乔姆斯基对科学理论应该关注待解释事物的观点提出严厉批评。但是这对于科学理论可接受性而言是一种合理限制条件，因为该理论对该科学领域现象和其他竞争理论一样具有解释力，而且不要求理论必须保留前理论的直觉范畴。一种可能蕴含实在世界的新理论不能对旧范畴做出回应，就像哥白尼和开普勒宇宙模型蕴含任何星球不存在退行运动（即地球的相对运动效应）。但是如果该理论的确蕴含旧理论无法解释的自然现象，至少这个理论为该现象的出现提供了一种"解释基础"①，就好像哥白尼—开普勒模型的确存在退行现象。然而，乔姆斯基的看法刚好相反，他认为计算理论旨在提供一种人类视觉说明，而这种视觉如果不能解释我们有能力囊括出现在我们眼前场景的空间属性，会受到批判。我们认为理论不能满足这种解释目的，除非该理论解释的某些状态被解释为属性的表征。从更深层次说，该理论假设具有意向性状态，就像常识心理学假设的状态，或者在可能世界算作视觉状态，或者是具有"内在意向性"的状态，这是用来说明乔姆斯基所谓的"方法论二元论"立场的。心智研究，不像其他领域的科学研究，应该具有独立性，而这种二元性立场就是"哲学"标准。② 我们赞同乔姆斯基，因为他认为这些观点没有合法基础。

---

① 这里的"解释基础"主要指该理论可能包含解释的词语，或者完全解释可能诉诸理论的背景假设或事实。

② "内在意向性"与"派生意向性"之间的区别是方法论二元论的一个结果。内在意向性仅是不可分析的意向性；而派生意向性，即计算机制具有的一种意向性，是一种我们可以通过自然主义解释的意向性。这种区别说明我们理解存在的偏差，不是世界本身存在的区别。这种差别是计算理论可以弥补的。

# 小　结

内容属性具有权益性、暂时性，有朝一日我们可以用自然主义解释心智而不需要诉诸内容属性。只要我们能够将自身和他人看作理性主体，内容就是我们对自身理解不可缺少的成分。乔姆斯基暗示这些就是自然界的二元论描述的常识部分，因此自然主义应该不予考虑。他甚至认为对于我们了解自身应该交给小说或者趣闻轶事。但是无论这些兴趣的根源是什么，自然主义的承诺并不是认可这些兴趣并在科学领域得以满足。正如我们谈到，计算理论负责解释这些事情。认知科学想要了解我们人类的心智以及我们在这个世界上的地位，生物科学也想了解。从基础物理角度来看，生命与非生命物质之间的区别与理性和谬误之间的区别一样具有偶然性。我们没有理由认为科学的研究对象不是我们的心智状态，即使最终传达给我们的信息不够精确，甚至出现错误，但是，这毕竟是我们的科学。

# 第四章　意向性理论：心智表征
# 问题的可行性论证

　　乔姆斯基生成语言学研究在心理学界以及其他学界掀起了一场认知革命，心智结构问题开始进入科学研究的视野。语言能力与语言行为是乔姆斯基做出的重要语言学区分之一。语言能力是理想语言使用者内化的语言规则，相对稳定；语言行为是语言能力的具体表征形式，会随着语境变化而变化，随着语言使用者的变化而变化。语言能力由一系列语法规则构成，是心智表征的结果。语法能力结构复杂，表征形式呈现多样化。

　　乔姆斯基承诺方法论自然主义，运用科学方法研究心智和语言，并期待心智与语言的研究最终可以纳入核心科学研究框架。因此，心智与其他物质实体一样，是构成物质世界的一个方面。乔姆斯基的自然主义路径对心智研究与其他自然现象研究无二。反观乔姆斯基心智观，我们看到五个核心问题：第一，乔姆斯基对思维计算表征的承诺问题；第二，思维计算表征存在的问题；第三，表征是否具有意向性的问题；第四，表征出现的问题是否是术语问题所致；第五，乔姆斯基理论是否需要意向性的问题。

## 第一节　乔姆斯基对思维计算表征的承诺

　　乔姆斯基的理论主要是以思维计算表征理论为基底，他在《规则和表征》中指出："我知道没有哪种理论尝试研究具有物理属性的语言事实，也明白没有哪种理论曾依据规则体系解释我们的判断和行为，而不是依据发生于心智的规则和表征的计算假设解读。准确而言，人们在研究知觉以及知觉相关问题时必定需要提出假设。"① 他通过与计算机相对比来扩展这一思想，而计算机正是构成思维计算表征理论的基础。他还提及：

> 语言学是某种机制及其发展与成熟的抽象研究。我们可能将存在加之于假设结构的各个阶段，就像将我们的存在加之于一种程序，因为我们认为这种程序是某种表征，或者我们认为可以解释视觉领域三维物体的心智表征。②

具体而言，他将"依据月球轨道规律运行的非认知导弹"与依据这些规律表征计算运行轨道的"认知导弹"进行对照，"认知导弹"从具体任务中抽象出来，理解运行轨道并给出指令，就如同一个正常人理解语言，并依据语言做出行为。

为什么语法能力需要思维计算表征理论？为什么谈话者像"认知导弹"而非"非认知导弹"？乔姆斯基没有作答。他对语言能力的描述涉及思维计算表征理论，但没有详细陈述。例如，乔姆斯基将语言习得过程看作一种推理过程，尤其是一种溯因推理确认过程③。儿童能够习得语言必须具有表征输入符号能力，对符号的结构信息表征和语言结构相匹配做出假设的能力，依据句子蕴含内容确定假设的能力，选择一种假设与语言内容相匹配的能力。

我们为什么需要心智表征理解语法能力？对语法心智的实在性问题，他的回答是：心智实在是区别于某一特定领域的真言？我们看不出有任何区别，也没有理由认为我们描述的理论不是真言。④ 语言学理论的描述具有充分性，语言能力通过生成语法得以表征，生成语法决定每个句子的表征形式。当然，语法范畴的实在论认为规则描述大脑的某种系统，正

---

① Chomsky, N., *Rules and Representations*, New York：Pantheon, 1980：103.

② Chomsky, N., *Rules and Representations*, New York：Pantheon, 1980：188.

③ 溯因推理确认过程主要指语言习得是一种推理过程，因此具有语言能力的儿童必须能够表征语言输入符号；能表征输入符号的结构信息，具有有限的语言结构假设的能力；具有一种确定每一种假设都是依据符号结构做出的假设的方法；具有选择相关假设的策略，选择的策略与主要语言数据相关。

④ Chomsky, N., "Precis of Rules and Representations with Replies to Commentators," *Behavioral and Brain Sciences*, 1980, 65（1）.

如实在论免疫学对身体某个系统的描述，将语法范畴或者规则看作心智实在，或者被心智表征或者通过表征来界定。例如，一个介词短语是一个节点，但是在大脑中却是无表征的树形结构，就像某种分子结构的节点一样。

乔姆斯基认为将理论界定为真言还远远不够。哈曼也指出，假设理论为真言，我们可以追问哪些理论与实在相符，哪些只是人为记号。地理学依据经度纬度说明高山以及河流的具体位置，却没有指出赤道与密西西比河具有某种相同的物理实在性。① 乔姆斯基承认哈曼指出的错误，的确在某一领域除了真言以外还存在物理实在性或者心智实在性问题。② 然而，他仅仅考虑到理论中的一个特例。语法解释的确造成细微差别，我们应该追问哪些表述具有因果性。为什么语言表征具有因果性，即为什么让语法范畴具有心智实在性，而不是所有表征话语为隐喻或者一种"人造符号"？要理解这个问题，我们需要先考察实在论的思维计算表征理论。

## 第二节　思维计算表征理论存在的问题

思维计算表征理论分成两部分：一是计算理论以及计算理论存在的问题；一是表征理论以及表征理论存在的问题。

思维计算表征理论旨在提供一种对心智进行系统科学研究的框架。人类和动物不同行为模式基于一种假设，即人类和动物能够感知、记忆、推理、规划、做出决定。人类用语言表征思想，动物运用其呼叫系统表征。这些思维过程，主要有两类属性：状态转换为理性过程，依据意向性内容运行。因此，人们对思想、规划和行为模式通常运用演绎、归纳以及溯因的方法。这些思想和行为模式参照心智状态的真言内容表征，形式包括"蕴含"、"推理"、"确证"以及"理性"等关系。即使非理性思维和行为也要通过意向性来解读，就像在"赌徒谬误"中，我们通常忽略基本概

---

① Harman, G., "Two Quibbles about Analyticity and Psychological Reality," *Behavioral and Brain Sciences*, 1980, 3 (2).

② Chomsky, N., "Precis of Rules and Representations with Replies to Commentators," *Behavioral and Brain Sciences*, 1980, 65 (1).

率，也不考虑满足将来条件。①

以前人们认为这些属性与一般物理理论毫无相似之处。笛卡尔认为"理性人"不可能从物质中提取出来，必须创造。布伦塔诺也认为意向性不可能通过物理形式理解。然而，推理和计算各种心智状态预设思维计算表征理论（CRTT）。该理论假设存在一种表征形式，通过表征形式定义计算过程，为理性现象。计算和表征在大脑中得以实现，就是笛卡尔认为推理不可能从物质中找到的解决方案。的确，CRTT 提供了一种解读框架：物理事件如何诱发思维，思维如何反作用于物理事件。以视网膜刺激为例，刺激是物理事件，视网膜刺激这一物理事件使人们想到脚下有万丈深渊，这一思维又反过来转化为肾上腺素飙升这一物理事件。同理，物理事件促成表征符号，通过理性计算形式表征；而表征符号又蕴含其他记号，这些记号反过来诱发其他物理事件。"心智实在性"思想通过符号化表征的因果性得到确定。

思维计算表征理论可以提供这样一种解释。与其说思维计算表征是一种理论，倒不如说它是一种研究方案。N. 玻耳（N. Bohr）的"原子"模型假想就是这样一种思维理论：玻耳提出"原子"假说，但不清楚原子的确切属性。这也启发我们提出问题，并通过实验证明。例如，表征媒介的特点是什么？是其表达能力以及需要表征的信息，无论该信息是由句子结构、图像还是模型构成。由这些表征的计算特点又是什么，是否具有序列性、平行性、连接性和动态性，是否具有模块化性和封闭性？如果我们能够发现这些原理和算法，我们就可以了解世界并调整我们自身行为。思维计算表征理论是唯一一种可以提出这些问题的框架。

总之，思维计算表征理论已经广泛运用于诸如视觉、记忆、学习、推理、决策以及自然语言切分等心理学领域。例如，很多感知幻影可以通过假设视觉系统对三维空间做出推断而得到解释。决策理论中，同一决策问题的对立观点可以通过表征盈亏的观点解释，自然语言切分解释涉及声学输入的计算结构描述。计算不必通过内容进行研究，但是内容不可或缺，

---

① Bohr, N., "On the Constitution of Atoms and Molecules," Part I, *Philosophical Magazine*, 1913, 26 (151).

是计算理论的前提。例如，视觉领域中边和面的表征，决策论中选择、亏损和盈余的表征，自然语言切分中名词和动词的表征，甚至图灵机的计算也要通过数词界定。表征的内容与被表征事物之间具有直觉关系。

# 第三节　心智表征问题：意向之因还是选择之果

表征自然现象时，的确会出现无法表征的特殊属性。这不能归咎于计算理论。现在我们再来回顾一下表征基本问题：表征是一种关系吗？如果是，那么表征是什么和什么之间的关系？"宙斯"如何表征不存在的神？"印迹"如何表征一种看不到的句法成分？如何解释同一事物的不同表征形式？如何说明同一形式表征不同事物，要通过推理吗？例如同一颗星因为分别出现在夜间和早晨，被称为晨星和暮星；同一个单词"bridge"既可以表征"桥"，又可以表征"桥牌"。如何解释同一意向状态下不同个体之间的推理作用？例如，几何学具有多种平面理论，语言学具有多种名词理论。动物如何推理？狗不懂解剖学，能否表征骨头？儿童能否表征"成分要求"？如何区别析取内容与合取内容？青蛙看到蜜蜂能否将其正确表征为蜜蜂？这些问题的答案取决于对正常环境的考量吗？

由于意向性缺乏解读理论，这些具体问题似乎更为凸显。布伦塔诺认为意向性不可还原为物理性，意向性和物理性之间是绝缘的：意向性研究无法合并入科学领域。因为意向性不能解释导弹爆炸、玻璃透明现象或者机体生长现象，不能解释任何物理现象。如果两个实体具有同一种意向状态，要表征同一事物，它们必须共有哪些非意向属性？如果表征特定分子结构，或者表征内在结构又需要共有哪些非意向属性？表征某种行为又要共有哪些非意向属性？表征与环境的因果关系又怎样？有些问题不仅具有实验性、科学性，还具有概念性。不了解意向性，不可能明白意向性与自然界之间的关系。飞机是否能够飞行的问题容易解答，但是机器是否可以思维的问题看似简单却不太容易解答，尤其是今日之人工智能，ChatGPT 程序代代更迭，信息技术瞬息万变，也给机器之"思维"问题的回答增加了难度。

运用意向性解释的确方便，它可以在日常语境中成功预测人的心理。意向性对于解释人类和动物行为至关重要。意向性曾普遍用于解释无意识心理状态，因为缺乏客观环境，这种解读只适用于病人或者心理治疗师。儿童无法用语言表达自己，似乎就更需要意向性属性，尤其是弗洛伊德和梅兰妮·克莱因（Melanie Klein）借助意向性解读儿童心理。但是意向性解释运用过度，人们甚至用来解释所有自然现象包括飓风、哈雷彗星、花开花落，这显然不合适，超越意向性解读范围，也不符合意向性解读的条件。① 基于以上种种，乔姆斯基对意向性解读认知过程非常谨慎。

　　意向性问题不仅出现在"指称"、"思维"、"表征"和"信息"方面，而且出现在对犬类或者青蛙或者婴儿的表征中。可能理解动物行为的唯一方法就是假设他们通过表征进行计算。思维计算表征理论现在还不需要考虑意识、感受质以及自由意志等问题。乔姆斯基推崇思维的计算表征理论，可以用于解读整个体系，却不能用于研究意识。思维计算表征理论的一个优点就是可以解读任何正确组织体系，即使这一体系不是由实在"事物"构成的。

　　意向性本身就是个问题。有些意向性问题甚至认为意向性标志着一条重要分支，至少在研究意向性的理论层次上如此，这是沿着布伦塔诺意向性理论路线将"心智"从"物理"中区分开来。对于"mental"，则是一种状态或者过程，或者是状态和过程的产物，该过程和状态属于心智范畴，当且仅当我们追问"有关什么"时。我们这里假设心理范畴概念，无论是笛卡尔还是布伦塔诺的心智观，抑或是韦伯的"理解解读"以及斯金纳和奎因的行为主义心智观在这里都可以讲得通。难题是如何确定意向性解释的特点以及范围问题。心理词汇的使用并不预设意向性，仅仅属于选择问题。

## 第四节　意向性问题：模糊概念之过

　　乔姆斯基认为所谓的意向性问题就是术语问题所致，不应该用于日常语言，他使用所谓术语"认知"。对于这个问题，他没有引入所谓专业术语，因为"认知"（cognize）就是"知道"（know）。如果我们可以认知语

---

① Chomsky, N., *New Horizons in the Study of Language and Mind*, Cambridge, Massachusetts: The MIT Press, 2000.

法规则，那我们是不是也可以认知万有引力定律？认知突触传递？认知新陈代谢？那心智从哪里开始，又为什么开始？

乔姆斯基把"表征"和"内容"本身也看作专业术语。他讨论"宽内容"和"窄内容"的心智表征问题。这些术语意义何在？乔姆斯基没有提供定义。可能术语应该看作理论中蕴含的定义，不必明确界定。具体而言，对于语言表征问题：语音和意义分别是语音层面和语义层面，分别表征语音和意义。这些术语不表征任何实在事物。语音和意义分别表征语音层面和语义层面，因此构成语音表征和语义表征。

语音和语义如何提供信息？语音和意义是不是语音和语义属性呢？信息本身蕴含意向性，可以依据信息提出问题。表征关系不必是声音和实在事物之间的客观关系。因为实在世界还存在某些零位表征或者缺位表征现象，如"孙悟空"以及"维纳斯"在实在世界都不存在实在人物或者事物与之对应。乔姆斯基曾经暗示至少存在两种表征观，一种外在主义表征观，一种内在主义表征观，主要取决于大脑的客观世界是不是表征内容。外在表征观的问题：指示具有传递性，表征不具有传递性。照片接收器指示光，也指示热，但是接收器只表征光，不表征热。乔姆斯基认为不存在与表征现象一致的客观现象，尤其是内化语言，那么这种方法不适合乔姆斯基理论。内在主义表征观指我们通过感官获取信息并对信息进行表征，以此在心智中表征外部世界。

乔姆斯基提倡内在论语义学，与笛卡尔既一脉相承又有所区别。内在论语义学主要指心智表征的假设层面，包括句法和词汇表征、模型表征、图片表征、语篇表征和语境表征等。[①] 心智不仅能够表征具体物体还可以表征抽象情感，也可以表征动词短语、名词短语、印迹理论和成分要求等，这取决于大脑存储的事实材料。事实材料是构成大脑的神经系统，还是实在世界的事物？乔姆斯基认为事实材料就是心智的计算结构，表征输入和输出的计算关系。

然而，表征面临多重解释问题。多数符号可能指称任何事物。两台计算机具有完全相同的内在物理状态和计算状态，可以表征不同事物：一台

---

① Chomsky, N., *Powers and Prospects*, Boston：South End Press, 1996.

表征战争，一台表征游戏。因此乔姆斯基假设内在机制既可表征语法，又可表征递归数学结构集合。内在论语义学是对笛卡尔思想的继承，是"我思故我在"的升华。① 内在论语义学研究心智表征各个层面，既包括句法、"词汇模型"和图片等具体表征，也包括语篇和语境等抽象表征。语篇表征和语境表征更复杂。

内在递归机制主要是心智对语法的处理，这个过程可以看作表征递归数学结构，句法对名词、动词以及补语的表征。至于表征形式具有多重解读性问题，在某些领域可能存在例外情况。如对逻辑算子而言，表征具有单一解读性。表征形式单一性可谓一石二鸟，既对内容归因具有基础解释作用，又削弱了奎因困境和多重解释困境。语法界定所有语言范畴，表征语言习得机制操控的表征内容。因此，当且仅当在他们大脑中存在一种符号可以对名词起到特定计算作用时，儿童能够表征名词短语。

语言学理论中模糊语言现象普遍存在，语法范畴与符号系统意向性交织在一起，语言输出最终要进行语义解读，即语言输出目的就是计算系统或者听者可以解读语言。平克受到乔姆斯基影响，尤其是受到语言习得机制理论影响，认为语言推理机制利用认知能力表征很多概念类型如行为，属性，方式，行为者，原因，工具，目的以及语法上的人、数、性、格等。② 如果语法表征涉及所有范畴内容，前提就是明确界定所有范畴。否则，一种概念具有多种解读，不可能就概念问题达成共识。如果核心认知系统中有争议的概念激增，则再次面临奎因困境，还会涉及越来越多的指称概念如物体，生物度，以及语法上的数、性、格问题，甚至需要排除非意向性解读。

# 第五节　乔姆斯基理论的意向性困境

牛顿将重力奉为理所当然之事。乔姆斯基完全可以把表征概念作为理所当然之事。他没必要讨论内在论"表征"和"认知"理论，也没必要选

---

① Chomsky, N., *Powers and Prospects*, Boston: South End Press, 1996.

② Pinker, S., *Language Learnability and Language Development*, Cambridge, Massachusetts: Harvard University Press, 1984.

择语法，正如牛顿不谈重力，只关注绝对空间。试问：如果乔姆斯基不考虑意向性，结果如何？乔姆斯基是否需要意向性？乔姆斯基谈到取消主义的可能性，看到内容的工具主义观，甚至还刻意回避意向性，索性将语言学还原为生物学甚至意欲同时取消心智表征和意向性。

语言结构是我们可以用计算机表征的程序吗？"语言能力"是一种计算程序吗？计算可以通过机器进行吗？乔姆斯基认为计算机允许处理器选择任何一种语义学，因此机器可能有自然语言语义学，自然语言语义学由计算结构与客观世界之间的关系确定。认知系统将行为看作心智内在机制的证据。行为主义曾经是结构主义语言观的核心问题，现在心智可以解释。心智主义路径将心智现象看作客观实在，认为其与机械、化学、光学以及其他物理现象一样。语言学范畴可以视为认知与社会建构的"虚拟结构"，认知与社会建构可以解释经验的意向性内容，因此语言学研究的对象与马尔研究边缘和轮廓方法如出一辙。物理数学范畴取代意向性就像拉普拉斯高斯函数取代边缘探测器一样，乔姆斯基要么还原要么取消。

乔姆斯基认为语言学直接还原为物理范畴。语言学研究内在语言，就是心理学研究，最终也就是生物学研究。语言机制抽象属性可以合并入自然科学研究。语法理论就是神经元相互作用的结果。[①] 语言学的生物学还原依据似乎是孟德尔遗传学和现代生物化学，并且是一种严格的一一对应还原。然而，还原论不适用于语言研究。语言学范畴无法还原为物理范畴，因为物理范畴本身还存在争议。

既然还原论不适用，那取消论可行否？乔姆斯基提出一个经验问题：学习是所谓的验证"假设"的过程，心智依据规则形成假设，学习过程就是提出"假设"过程。验证假设就是心智状态表征语言结构的过程。[②] 语言学理论强调逻辑形式与概念或意向系统语法的可读性条件，语言习得机制取决于儿童对概念的掌握程度。语言习得机制不是简单的因果论，是受到语言输入刺激，从"具体"到"一般"再到"抽象"。例如在学习

---

① Chomsky, N., *Knowledge of Language*, New York：Praeger, 1986.

② 胡安·乌里阿赫雷卡（Juan Uriagereka）把最简结构看作植物生长体现的斐波那契数列。Uriagereka, J., *Spell-out and the Minimalist Program*, Oxford：Oxford University Press, 2012.

"花"一词时，一般先习得"玫瑰花"然后习得上义词"花"；先认知"西兰花"、"菜花"和"番茄"然后才认知"蔬菜"：遵循具体范畴到一般范畴的过程。这是一种从具体到抽象再从抽象到具体的认知顺序。儿童习得语言总是通过具体听到的语言实例而不是因果路径。如果这些可以充分解释语言学理论，那么思维计算表征理论就是乔姆斯基需要的理论，意向性解读似乎可有可无。

概率逻辑不需要意向性和心智解读，这就是乔姆斯基的取消主义观点。意向性现象和行为要从人类利益角度来看。就像天堂是一种"特别的意向现象"无固定形状，不适合自然科学研究。如果"认知科学"的研究对象是意向性，那么认知科学研究就像文学研究一样，不可能提供任何解释理论或者合并入自然科学研究。①

花草树木、日月星辰以及宇宙万物都不是意向性现象，那么语言能力作为"人的心智尝试描述和解读实在世界，尚未找到什么位置……'共识'概念没有任何经验地位，即使将来科学发现有理由假设存在与思维（信念、希望、期望、想要）一样是实体，也不可能达成这种共识，其更不可能具有经验价值"。② 不存在思维共识，也不可能存在人们认知的普遍语法原则；如果心智或者意向概念对解读实在世界无足轻重，那么对人类语言能力描述也无关紧要。③ 这样语言能力不必通过心智来表征。

# 小 结

乔姆斯基理论困境：语法能力是否需要意向性理论？如果需要，那么

---

① Chomsky, N., *New Horizons in the Study of Language and Mind*, Cambridge, Massachusetts: The MIT Press, 2000.

② Chomsky, N., *Language and Thought*, London: Moyer Bell, 1993: 18.

③ 当然，问题是我们如何应对语言能力之外的人类行为问题，尤其是科学理论的验证与辩驳。乔姆斯基甚至认为取消主义问题重要性也没有讲清楚，因为心身问题与后牛顿科学提出问题——"超距作用"假设问题和"笛卡尔机械论"舍弃问题不一致。但是意向性问题可以通过简单追问意向现象是否可以通过非意向性进行解释而提出，原因只是物理性是我们所了解的唯一一种非意向性术语！若非如此，我们无法解释意向性。但是乔姆斯基认为的确存在可以辨别的"心身问题"，但是图灵机无法解决。我们不清楚他如何思考这个问题，但是需要指出图灵计算可以通过一种局部机械方式实现。

他需要解释清楚诸多术语现象，尤其是许多意向性术语诸如"表征"、"结构描述"、"认知"和"信息"。如果不需要意向性理论，他还需要做出其他解释，即为什么将语言能力看作心智构成，而不是将语言能力看作某种非心智系统。或者他也可将语言学理论看作一种抽象系统化过程，心智对该系统某些方面具有敏感性，因此可以描述、表征，并进行计算，但对其他方面既不能表征也无法计算。语言学理论涉及表征、意向性以及思维的计算表征理论，也许实体和理论不像语言一样问题层出不穷。如果我们不了解心智和大脑之间的关系，"如果我们对此不了解，我们必须保持沉默"。[①] 也许这就是我们应该采取的态度，不去解释我们无法解释的心智现象。

---

① Wittgenstein, L., *Tractatus Logico-Philosophicus*, New York: Barnes & Noble Publishing, 2003: 157.

# 第五章　心智还原论：心智表征的
# 终极方案

　　乔姆斯基最大的贡献就是提出转换生成语法，在语言学界掀起了一场革命，终结了结构主义对语言研究 30 多年的统治。他采纳的自然科学研究方法对语言学与心理学的研究产生了重大影响，他也是最早从认知角度研究语言的先驱。然而，他的生成语言学研究与对物理主义的批判交织在一起，对物理主义的评论则构成对物理主义的系统批判。他抛开行为主义主张的外在论，坚持语言内在论和心灵模块论。由于行为主义秉承物理主义，因此对行为主义的批判渗透着对物理主义的批判。著名哲学家丹尼特在《达尔文的危险主义》一书中则把乔姆斯基归为唯物主义者。①

　　乔姆斯基对物理主义的批判是从一而终的，这也有历史和理论依据可循。他利用了很多领域的发现，包括语言学、神经科学、心理学以及早期现代科学史。这两个依据主要体现为对物理主义批判的两大主题。一大主题就是他对科学进步的解读以及对所谓"牛顿革命"的理解，这也构成他对物理主义批判的历史依据；另一大主题就是人类认知能力理论以及认知能力的生物学基础。乔姆斯基对物理主义的批判始于物理主义概念，因此，分析之前有必要澄清物理主义概念，从而搞清楚乔姆斯基批判物理主义的基点。

——————————

①　丹尼特认为乔姆斯基作为一名科学家，是物理主义者。

# 第一节　心身问题：心智哲学的永恒话题

"物理主义"有时候也称为"唯物主义"，但两个术语又不尽相同。"唯物主义"是一个比较古老的术语，而"物理主义"这一术语是 20 世纪 30 年代维也纳学派重要成员之一的奥图·纽拉特（Otto Neurath）创造的一个词，与"唯物主义"这一术语接近。但有时人们更愿意用"唯物主义"，因为唯物主义与物质的形而上学解读息息相关，而物理主义似乎与语言学解读密不可分。这里我们对物理主义和唯物主义不做区分，但是由于乔姆斯基是在生成语言学中对物理主义进行批判，我们这里主要用到"物理主义"，一些哲学家诸如刘易斯认为两个术语没有区别。① 于我们而言，物理主义就是声称宇宙万事万物包括心智现象本身都是由物质构成的，万事万物要么由物质构成，要么以某种形式还原为物质。乔姆斯基质疑这一观点。

乔姆斯基并没有一开始就完全摒弃物理主义概念，因为他认为只要指出某种实体，其存在具有非物质性，物理主义就可以不攻自破（这一点正如波普尔的证伪性一样，针对"所有天鹅都是白天鹅"这一命题，只要找到一只黑天鹅该命题则不成立）。他也没有发现物理主义观点本身存在任何内在矛盾。乔姆斯基反对物理主义，其原因主要是他认为物理主义概念的内容不明确。他指出："现在回到对唯物主义的批判……唯物主义似乎面临几个重要问题。这种假设的'物质的'或者'物理的'意义不清楚……似乎唯物主义与形而上学自然主义观点不一致，没有涉及取消主义问题，也没有谈及'心身'问题。"② 他认为那些支持物理主义观点的人都是错误的，甚至那些试图证明物理主义错误的人也徒劳无功。因为他们首先认为物理主义概念具有实质内容，否则他们不会求证。对于乔姆斯基而言，物理主义观点中"物理"的概念既是物理主义的一般观点，又是物理

---

① "Physicalism," http://plato. stanford. edu/entries/physicalism/.
② Chomsky, N., "Naturalism and Dualism in the Study of Language and Mind," *International Journal of Philosophical Studies*, 1994, 2 (2): 188.

主义的个别观点，因此不可避免成为物理主义的任何一个特点，内容不清楚。无论我们在自然世界发现什么，"物理的"只是一个占位符而已，对物体的解释不可能存在一种精确概念。物质世界就是我们发现的本来样貌，无论假定它具有何种属性都是为了解释理论本身。任何一种清楚明了的理论，可以真正解释物质世界，都会成为物理科学核心概念，成为解释物质世界的理论，因此成为对物体概念的描述。①

在乔姆斯基看来，这些术语诸如"物理"、"物质"或者"物体"就是在某一时刻对我们大致理解的物体所赋予的符号而已。② 他在《自然的神秘性：隐藏到底有多深？》中写道："自牛顿革命以来，我们谈到物质世界就如同我们谈到真理一般：只是一味强调，并没有添加任何事物。"③ 乔姆斯基还认为这一术语可能具有目的效应，用于表述物质世界并接受自然科学研究方法。一些物理主义者，如杰弗瑞·伯兰蒂（Jeffrey Poland）认为这就足够了，而且他也欣然接受所谓的方法论物理主义。④ 但方法论物理主义不过就是一种观点，并不是对物质世界实在性的说明。正是基于此，大多数物理主义者才觉得观点表达还不够充分，他们赞同戴维·帕皮诺（David Papineau）的观点：现代物理主义是一种本体论观点而不是方法论，它认为宇宙万事万物都由物质构成，并不是说物质世界万事万物都要通过物理科学方法进行研究。⑤

这一本体论观点正是我们要讨论的观点。然而，我们应该指出，乔姆斯基完全接受自然科学研究方法。由于致力于自然科学的研究，他才可能怀疑物理主义存在某种决定性意义。他也更愿意用方法论自然主义来表述科学方法的重要性，因为，他认为这样可以避免帕皮诺物理主义概念造成

① Chomsky, N., *Language and the Problems of Knowledge*, Massachusetts：The MIT Press, 1988.

② Chomsky, N., "Mysteries of Nature：How Deeply Hidden?," *Journal of Philosophy*, 2009, 104 (413).

③ Chomsky, N., "Mysteries of Nature：How Deeply Hidden?," *Journal of Philosophy*, 2009, 104 (413)：185.

④ Poland, J., "Chomsky's Challenge to Physicalism," in *Chomsky and His Critics*, edited by Anthony, L. M. and Hornstein, N., Oxford：Blackwell, 2003.

⑤ Papineau, D., "The Rise of Physicalism," in *Physicalismand Its Discontents*, edited by Gillert, C. and Loewer, B., Cambridge：Cambridge University Press, 2001.

的混乱。乔姆斯基完全是一位自然主义者，他接受科学方法研究的基础性作用，这种科学方法可以用于研究我们自然世界的万事万物并建立我们自然界的本体论，但是他本人却不是物理主义者。

## 第二节　牛顿革命的理解：物理 主义批判的原石

对牛顿革命的理解以及科学史的研究是乔姆斯基语言方法论研究的重要基石，也构成他对物理主义批判的一个重要原因。如果我们把物理主义作为科学的研究对象，尤其是物理学，还有化学和分子生物学，那么我们就能给物理主义一个更加清楚明白的定义，然而大多数人都不赞同。他们认为正是这部分科学给我们提供了其他科学得以还原的基础。乔姆斯基也反对物理主义的决定性内容，他对科学持一种历史发展观点。他认为牛顿通过研究地球万有引力摒弃了科学对自身的最理想理解模式。这种理想理解模式随着物质直觉概念的延伸、不同形状和大小的移动物体，也已经合并到机械论哲学中。机械论者认为物体之间只有诸如推力、抗力、倾斜力或者拆分力等显在作用力才能致使物体移动。

乔姆斯基认为，牛顿引进了另一种科学方法论，超越了物理主义的物质概念，因此现在就不再仅限于接受物质的预定概念，而是假定属性与动力的目的就是能够对自然界的运行机制做出合理解释。牛顿的引力理论揭示了天体运动主要是依据向心力、加速度以及角动量等具体参数进行绕转运行（尽管这一理论也遭到质疑），超越笛卡尔的接触力学原理可以解释的范围。因此科学不再是关乎将自然现象还原的问题，而是建构简单易懂的解释理论，进而引导我们将假设的事物看成一种客观实在，并有望最终与核心科学相统一。当然，这种统一不一定必然体现为还原，还可能是物质概念的延伸，顺应日益发展的客观实在。①

在乔姆斯基看来，通过对物质以及物质运动的实在性不做判断，可能会取得科学进步。正如休谟的术语表达一样，牛顿革命就是一种"温和派

---

① Chomsky, N., "Language and Nature," *Mind*, 1995, 104 (413).

怀疑主义"的具体体现。① 牛顿希望在发现和描述自然界显见规律时取得进步，但同时又不受研究对象的某些预定本质属性限制。正如休谟所言："牛顿似乎解开了某些自然现象的神秘面纱，同时他又揭示了机械哲学的瑕疵，因此又将神秘面纱归还自然，既有所揭示也有所保留。"②

牛顿的怀疑主义主要体现在他不愿意解释重力的运行模式，或者没有解释重力如何起作用：这种立场正是对"大胆假设，小心求证"的科学口号的印证。这种怀疑主义还昭示着一种新型科学观，即科学的目的不再是寻求终极解释而是对经验现象的最佳说明。③ 但是，怀疑主义并非阻碍科学发展，而是坚信科学自由。怀疑主义允许科学家们得出理论解释自然现象，而不必因为遵循直觉预定的物质概念束手束脚、不敢前行。

我们必须摒弃基于想象、理解以及常识的物质与运动概念，科学必须以一种全新模式研究简单的运动现象以及宇宙万物的所有其他方面，包括研究大脑。乔姆斯基认为，牛顿研究物理的新思路，在当时以及后来很长一段时间对科学家们而言是一种思想混乱甚至是一种矛盾，甚至牛顿本人对他的物理学反直觉启示也感到不满意，有时甚至批驳超距离引力是一种"谬论"。④ 牛顿原理提出后几乎有 200 年的时间里，人们都希望机械论、类机械论增加到地球引力原理或者其他力学原理中，更希望某种接近于人们直觉的物理概念能够再度出现。⑤ 但是，尽管存在诸多限制条件，乔姆斯基还是认为牛顿最重要的成果就是提出运动的数学计算法则，不受任何一种预定物理概念的牵绊，堪称科学进步之楷模。

---

① Hume, D., *Enquiries concerning Human Understanding and concerning the Principles of Morals*, section XII, Part III, Cambridge: Cambridge University Press, 1975.

② Hume, D., "History of England," *from The Invasion of Julius Caesar to The Revolution in 1688*, 1983, Vol. 6: 542, http://oll. libertyfund. org/titles/793.

③ Chomsky, N., "Mysteries of Nature: How Deeply Hidden?," *Journal of Philosophy*, 2009, 104 (413).

④ 乔姆斯基引用了 1693 年牛顿给理查德·班德理（Richard Bandley）写的一封信。牛顿在信中写道："超距运动概念不可理解，难以想象，甚至荒谬至极。我认为用哲学物质概念思维的人们不可能接受这一概念。"详见 Chomsky, N., "Mysteries of Nature: How Deeply Hidden?," *Journal of Philosophy*, 2009, 104 (413): 173.

⑤ Chomsky, N., *Language and the Problems of Knowledge*, Massachusetts: The MIT Press, 1988.

# 第三节　心智模块论：怀疑主义
## 与自然主义的交融

乔姆斯基立场的一个突出优点就是他把牛顿物理学的"温和怀疑主义"与心智的自然主义观点相联系看作一种科学观。笛卡尔认为我们人类的理性就是一种可以应对一切偶然性的一般工具。[①] 然而，很少有人支持笛卡尔的非唯物主义本体论，多数人认为人类智力对于笛卡尔所言的自然界存在一定界限。当代哲学认为，理论上而言，我们人类智力认知能力没有界限。乔姆斯基认为这是因为它们没有学到生物学的精髓所在："进化理论将人类置于自然界之中，认为人类是生物机体，与自然界其他物体一样，因此人类能力必然受到限制，包括人类的认知领域。"[②]

正如我们的身体器官允许我们消化、呼吸、感知某些物体一样，我们的心智以及认知能力可以解决一些问题，但对另一些问题束手无策。例如在亚历山大·弗莱明（Alexander Fleming）发现青霉素之前，所有肺结核、肺炎、脑膜炎以及败血症患者无疑等于被宣判了死刑。人类借助科学的力量解决了这些难题。正当人类欢呼雀跃之时，其他更为棘手的问题相继出现：运动神经元病、艾滋病、癌症以及白血病等病症依旧无法治愈。尽管紫杉醇注射液作为一种抗癌药物已经广泛用于诸如卵巢癌、肺癌、乳腺癌以及与卡波济氏肉瘤相关的艾滋病等病症的治疗，但是这种紫杉醇主要从太平洋紫杉树提取，这种树生长周期长达几十年，现在又由于药物提取而濒临灭绝。人类可以通过科学认识紫杉醇，提取紫杉醇注射液，但目前还没有办法做到缩短紫杉树生长周期，避免其濒临灭绝。

乔姆斯基没有接受笛卡尔心智的一般工具观，他对心智观点阐述更为具体。他认为，心智是一系列认知"器官"集。这里的"器官"一词并不是完全字面意义上的器官。乔姆斯基从不认为心智能力蕴含于大脑中的各

---

① Haldane, E., trans., *The Discourse on the Method* (*1637*), Vol. 1, Cambridge: Cambridge University Press, 1931.

② Chomsky, N., "What Kind of Creatures Are We? Dewey Lectures 2013," *Journal of Philosophy*, 2013, 110 (12): 684.

个神经单位，不像肝脏和心脏是我们身体的两个部分。无论它们的结构特性如何，单个心智能力具有一种半自主能力，这种能力以"模块"形式运行。心智的各个模块发展彼此独立，它们的操作过程相互联系并与中枢神经系统联系。这一观点可以用语言能力一例说明。对于病人而言，虽然其他心智模块受到损伤，但是语言能力模块没有受到影响，仍然可以说话。

当然，心智的模块研究绝不是乔姆斯基的专利，也有其他人做过详细研究，尤其是福多。但是，二人观点不同，不能相提并论。乔姆斯基没有将心智研究的模块理论还原为计算系统。而且，福多的模块理论受到诸多因素限制，因为他只关注涉及知觉与回应的永久输入输出机制。乔姆斯基的心智研究范围比福多更广，他还谈到激发科学假说的模块装置，以及做出判断模块研究等。

然而，福多和乔姆斯基对模块做出的认识论结论一致，只不过福多的措辞术语与他不同，用到术语"认知局限"。心智各模块的核心说明某些自然属性容易理解，但其他属性可能超越了我们的认知能力："如同老鼠不能处理素数迷宫问题一样"，某种认知能力可能会认识环境的某些方面，并制定精确模型或者做出合理假设，然而这种能力本身也存在盲点。[1] 福多认为，如果每一种心智器官可以预先调节并解决一种特别结构的计算问题，那么自然也会遇到一些问题缺乏计算资源，心智无法处理。这说明我们心智能力存在内在限制性，与心智的模块理论观点具有完全兼容性，因此科学作为真正能够研究自然界现象的理论也就不是我们可以理解的理论了。[2]

在这一点上，乔姆斯基和福多观点一致，他也认为心智器官或心智模块的能力问题就是被执行的内在结构的产物，没有这一结果，则不存在任何意义上的核心问题。他还进行了一种生物学比较："如果受精卵没有内在基因限制其发展方向，它最多也只能长成一种受到物理规律限制的生灵，就像雪花一样。"[3] 他还指出，如果遗传禀赋没有对机体生长设限，那

---

① Chomsky, N., "Mysteries of Nature: How Deeply Hidden?," *Journal of Philosophy*, 2009, 104 (413): 185.

② Fodor, J., *The Modularity of Mind*, Cambridge, Massachusetts: The MIT Press, 1983.

③ Chomsky, N., "Mysteries of Nature: How Deeply Hidden?," *Journal of Philosophy*, 2009, 104 (413): 185.

么该机体可能会长成变形虫，一种原始环境的产物罢了。正是这些限制条件才让人类胚胎发展成人，而不是一种昆虫，认知领域也是如此。①

如果内在结构对一种心智模块的认知能力设限，那么这一结构同样限制发育能力。因此，内在结构使得一种心智模块具有选择核心与选择方向的功能。例如，孩子在早期习得语言时，语言模块的选择核心期待一种人类语言以及该语言的各种层次句法结构输入，而不可能预期一种非人类语言出现，无论该语言的语法形式有多么独特。

如今，在哲学领域，认识局限早已是老生常谈。洛克和康德两位哲学家在当时已经提出限制我们认知能力的哲学前景。无论是洛克还是康德都认为，这些认识局限性要追溯到哲学思考，可以明确说明人类追问的界限问题。对洛克而言，他的经验主义以及具有简单思想的两个经验源泉限制我们的思想与认识；对康德而言，感性直觉形式以及各种具体范畴决定我们如何感知经验世界，同时限制我们理解自己的内在世界。毫无疑问，乔姆斯基受到康德传统影响，但是在这个问题上他的观点与康德不同。乔姆斯基认为我们不可能将人类认知界限与任何确证事物划清界限。尽管现在科学研究已经向我们宣告我们的认知界限问题，但这并不是终结性论断，而且也不能绝对肯定哪些问题是暂时未解之谜，哪些是永久无解之题。

我们对大脑运作机制了解甚少，因此任何系统地研究认知能力限制问题的行为都是荒谬之举。我们对大脑了解不多是由于大脑模块论尚不足以研究大脑本身。因此，相对于科林·麦克金所用的术语"认知关闭"（Cognitive Closure）来描述认知界限，② 乔姆斯基对认知能力界限问题所持立场较为开放。尽管科林·麦克金是受到乔姆斯基启发提出的观点，但是他的观点趋向于洛克和康德，因为他认为对于排除我们可能解决心身问题的可能性存在一种先验原因。③

---

① Chomsky, N., "What Kind of Creatures Are We? Dewey Lectures 2013," *Journal of Philosophy*, 2013, 110 (12).

② McGinn, C., "Can We Solve the Mind-Body Problem?," *Mind*, New Series, 1989, 98 (391).

③ McGinn, C., "Can We Solve the Mind-Body Problem?," *Mind*, New Series, 1989, 98 (391).

# 第四节　两大主题反对物理主义的一致性

乔姆斯基思想的两大主题观点蕴含了他对物理主义概念的怀疑主义。第一种是对新牛顿革命的理解，即一种开放的科学本体论问题，没有受到传统物质概念的限制。第二种是心智的模块论具有认知局限性，其认知能力只能了解自然的某些方面，解决某些问题，而对自然界的其他方面无能为力。这两大主题观点在乔姆斯基的思想中似乎是平行发展的，又相互支撑，一起构成反对物理主义的坚定立场。

两大主题的一致性通过联系两个观点的主线得到加强。一条主线从乔姆斯基心智模块论贯穿到他对科学的历史解读。他的模块论观点对物理世界的理解存在一种直觉概念，这一概念形成了他对物质世界的常识观点以及早期的科学假想。这也可能是运用生物模块理论对自然界物体进行认识的结果。乔姆斯基认为这一模块论倾向于让我们接受早期机械论科学的物质概念——一种"空间填充物"通过运动接触起作用。这一观点受到牛顿的机械论反对派青睐，而且后来还尝试在乙醚中找到一种类机械论理论支持，所有这些都说明内在认知能力问题。

除此之外，自然科学也没有取得足够进步，没能给我们提供一种对自然运行机制更清楚详细说明的理论，甚至没有尝试解释某种重要的自然现象。所有这些事实都让我们对乔姆斯基的心智模块理论有所期待，毕竟人类科学是通过我们的模块大脑来执行的研究，尽管大脑盲点不可避免，认知限制也在所难免。科学进步的历史，以其核心不均衡性，以及不断发展的块状智能，成为确定乔姆斯基发展心智模块理论的基本动因。乔姆斯基最偏爱的实例问题——运动现象也还没有解决，他反而陷入一种心照不宣承认该现象不可解释的困境。① 他认为也许我们需要一种模块理论来解释这一运动现象。

当然，乔姆斯基也可以通过另一种相反立场来支持他的观点，即他所

---

① Chomsky, N. , "Reply to Poland," in *Chomsky and His Critics*, edited by Anthony, L. M. , Hornstein, N. , Oxford：Blackwell, 2003.

理解的科学进步正是对他的心智模块论的支持。这种模块论观点的重要证据源于他本人对语言的研究。他始终认为人类语言的习得不能通过一般的心智能力解释，即诸如联想或者归纳推理来解释。这种一般的心智能力根本不足以解释孩子的语言发展能力，因为在这个阶段语言刺激比较匮乏，语言输入极其有限，于是乔姆斯基假设人类大脑中存在一种内在机制，这种内在机制才是孩子习得语言的关键所在，即内在天赋论。语言模块还没有植入大脑当中，而且也不能解释进化涌现论，但鉴于语言能力原理以及我们对语法的分析研究，乔姆斯基认为语言模块是一种必然假设。因为语言的模块论还没有成为神经生理学或进化论的研究对象，人们不接受语言的模块论就如同汉诺威主义者（Hanoverian）当时抱怨牛顿重力论与机械物理学相左一样，又恰似当年爱因斯坦相对论不被其他科学家所接受，甚至不能被理解。

当然，这里不是说乔姆斯基否认语言模块论可以依据神经生理学或进化论明确解释语言现象，虽然他也确实需要考虑这种可能性。但是对乔姆斯基而言，这些原理足以说明语言模块理论，而且认知科学也不应该受到其他要求还原的学科理论影响，毕竟，语言模块的首要任务是充分描述语言能力问题，这才是还原的核心问题。

乔姆斯基认为，对于科学赖以存在的物质本质问题，我们还没有一个明确的概念，这是后牛顿主义遗留的问题之一。特殊科学现在已经可以相对自主发展。它们逐渐融入其他科学，而且核心科学呈现出各种形式，或是核心科学的延展，或是核心科学的转化。化学就是一个很好的例子。牛顿理论的发展摒弃了机械论哲学，化学之所以能够作为独立学科发展主要原因就是化学元素无须受到物理科学领域还原论的限制。在量子理论革命之后的200年，化学已经与物理学相统一，而这种统一是物理科学在20世纪30年代通过革命达到的。① 所以，正如实证主义所辩护的"科学统一性"思想一样，其核心思想则是高层次科学可以而且应该还原为低层次科学，而且最终还原为物理学。这一概述使所有"特殊科学"（非物理）形

---

① Chomsky, N., "What Kind of Creatures Are We? Dewey Lectures 2013," *Journal of Philoso-phy*, 2013, 110 (12).

成一种自然等级，高层次科学还原为低层次科学（如图5-1所示）。① 根据图5-1，化学科学也是构成自然科学的"较低"层次，自然科学通过彻底改造自身顺利上升到"较高"层次。换言之，既然较低层次是与物质概念相联系，那么化学是可以还原为物理学的，只是物质概念本身在化学学科中得到发展，不必还原为物理学意义上的物质而已。

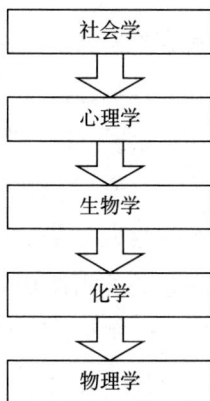

```
┌──────────────┐
│    社会学      │
└──────┬───────┘
       ▽
┌──────────────┐
│    心理学      │
└──────┬───────┘
       ▽
┌──────────────┐
│    生物学      │
└──────┬───────┘
       ▽
┌──────────────┐
│     化学      │
└──────┬───────┘
       ▽
┌──────────────┐
│    物理学      │
└──────────────┘
```

**图5-1 科学的等级**

# 第五节　心智与意识的同一性

心智与意识几十年来备受关注，又极具争议。心智问题是乔姆斯基关注的核心。乔姆斯基认为心智与自然科学关系密切。我们前面谈到，乔姆斯基将心智研究纳入自然科学和生物研究框架当中，但是我们必须另外说明一点，就是他所采纳的方法论假设问题。

乔姆斯基评述斯金纳的《言语行为》时，就对语言学习的行为主义观点进行了批判。在这一评述中，他提出两种对心智研究的基本方法。一种观点被广为推崇。乔姆斯基摒弃斯金纳对认知研究的最简方案法。斯金纳认为，儿童心智就是一个黑箱，只能根据某种原始的普遍心智法则（比如规避或加强）对外部刺激做出回应。乔姆斯基认为这一行为主

---

① Kim, J., "Multiple Realization and the Metaphysics of Reduction," *Philosophy and Phenomenological Research*, 1992, 52 (1).

义理论犯了根本性错误，没有研究儿童对语言学习的贡献。① 他的另一观点则是心智具有一种内部结构，可以处理信息并认知普遍语法。这一点和斯金纳观点一致，他们都认为数据理解可以通过高级心智处理过程得到解释，语言能力则是构成这一心智过程的一部分。乔姆斯基在评论中一开始就指出，斯金纳把外在行为看作心智科学的原始素材完全正确。

这里，乔姆斯基认为有两种合格素材是心智科学的研究基础：一种是大脑以及大脑活动或者是心智以及心智状态，另一种是观察到的显性行为。如果 20 世纪 50 年代缺乏神经生理学数据支持，那么乔姆斯基对斯金纳评述时完全可以接纳斯金纳行为主义观点。在《语言与心智》中，乔姆斯基提到：一个心智健全之人绝不会怀疑行为会为心智科学研究提供这么多证据。

研究心智时强调行为的作用也是乔姆斯基个人的喜好，然而他是在阅读《沉思录》时受到笛卡尔的影响。在这本著作中，乔姆斯基关注的是"语言创造性使人类区别于其他动物与机器"。他认为笛卡尔认识到自己能够用"延伸事物"解释这一创造性，正是基于此，乔姆斯基才假想到非物质实体（res cogitans）的认知。笛卡尔主要是从自然科学角度来看待这一复杂现象。

奇怪的是，这一第三人称心智观通常与物理主义观点相联系。我们不应该把心智现象看作一种特殊现象，"心智"其实与化学、光学或者电子自然现象一样，我们不需要确定化学的真理标准、电子轨迹或者光学界限问题。因此，心智研究也不必追求特殊方法论，心智就是一种自然现象，科学家可以解释，而且这种解释与科学理论相统一，尤其是与核心科学相统一。对心智研究就是对身体以及对身体行为的研究，或者是对大脑的研究。我们用"心智"这一术语来指对身体的研究，特别是对大脑的研究，表明这一种抽象层次的研究。

现在这一假设不仅决定了方法论问题，而且决定了对现象性质研究的方法。第三人称观点研究将感知到的经验排除了，也将主观性排除在外。毕竟，如果研究心智的内在属性即研究自身经验内容，那么感知到的经验，就像"疼痛"，或者是"焦虑"、"怀旧"或者其他情绪的特点，这些

---

① Chomsky, N. ,"A Review of B. F. Skinner's Verbal Behavior," *Language*, 1959, 35 (1).

感觉只能通过主体直接获得。最近几十年人们逐渐关注"意识"问题研究，有时其也被称为"感受质"问题。乔姆斯基也有研究意识现象的苗头，当然这就使得他对心智的第三人称研究无法立足。

承认意识现象就等于承认心智内在属性的存在，作为一种自然现象，它的确具有区别于其他自然现象的独特性。心智与乔姆斯基罗列的化学、光学、电子现象还是不同，因为心智从第一人称角度而言，至少有时是可知的。如果将心智现象置于第三人称研究，那么就等于将感受到的心智属性置于科学领域之内，或者将心智纳入异现象学研究路径，疏忽实验者或者受试者情感，或者把自己的情感当作他人情感。

# 小　结

乔姆斯基对物理主义的批判直接导致他的方法论自然主义，将心智当作普通的自然现象进行研究。但是心智现象在两个方面具有独特性。据我们所知，化学元素、光学以及电子等自然现象没有内在属性，但是心智现象具有内在属性。心智研究不仅可以通过第三人称对心智的外在属性进行科学研究，而且还可以通过第一人称对内在心智状态进行研究。我们只有认识到心智存在的两个方面，才能彻底接受乔姆斯基对"物理主义"的怀疑、对物理主义的批驳，并且可以接受将心智纳入核心科学研究的可能性。

心智的两方面研究并不等同于形而上二元论，因为这两个方面并不是本体上独立的两种物质形式，而是承认以当前科学的发展以及我们所具有的知识水平情况而言，心智现象具有内在和外在两个方面。这一现象可以通过心智的自然主义理论得以解释。如果我们承认这两个方面的存在，那么心智的研究，外在方面就可以纳入自然科学研究，与核心科学研究相统一。这种统一或者是心智现象还原为物理学理论，或者是物理学理论的扩展足以接纳心智现象。这样一来，乔姆斯基的追随者们就不必将心智与自然界割裂开来，也不需要忽视将心智现象融入自然主义体系的难度。与此同时，我们也可以发扬一种"适度怀疑主义精神"，一种对心智现象的适度鉴赏，适度留白，而不必过早做出结论将心智还原为那种最为神秘而又含混不清的实体"物质"。

# 第六章　心智模块论：心智表征
# 解释的难题

　　西方思潮传统将心智看作一种能力。中世纪经院哲学，尤其是神学家阿奎那提出心智功能就是心智的特殊功能和属性。随着认知科学的诞生，计算机成为模拟人类心智的不二选择。计算机模拟人脑，是否能够像人脑一样进行复杂推理，进行计算表征？认知科学也把计算机的计算过程看作人脑的计算过程，计算机信息处理过程如同人类认知过程。从心智—计算机角度而言，特定功能与计算机某个部件相联系，似乎行得通。在日常生活中，各种物体和实体都具有模块性，计算机主机硬件由不同元件组成，构成硬件的模块，各模块相对独立又相互联系，各司其职。心智的计算主义观点是认知科学领域的一种激进观点，其代表人物就是著名的心智哲学家杰瑞·福多。他的心智模块论观点认为：语言就是心智模块论的范例，但是他的观点以语言直觉为依据，似乎站得住脚。

　　福多认为心智模块通过神经系统起作用。一个模块处理一种特定信息，独立于其他模块。因此，如果某一模块损坏，则与模块对应的行为无法继续正常运行。模块处理具体信息，只有特定信息出现需要处理时，相应模块才可能激活。模块激活后，遵循该模块特定功能。这样，我们得到的结论就是心智模块具有内在性。一种模块处理特定信息，机体接收到特定信号，模块激活时，必定已经像计算机预先设计程序一样，已经作为基因成为机体组成部分。内在知识呈现为模块形式，因此，依据福多的观点，语言就是一种心智模块。心智模块论与语言本能说并非巧合。乔姆斯基和福多都赞同心智的计算主义观点。心智模块论不仅如同计算机硬件，也与日常生活物质和实体构成相似，从汽车到玩具，从桌子到书籍，都由多个独立模块构成。但是，上述这些证据并不能说明语言是一种心智模块，也不能说明语言本能观点假设的心智模块。事实上，大量证据说明语言能力和其他认知能力之间的关系极其复杂，心智模块性观点则说明人类认知性质的简单观点，是一种日常生活的常识观，距离科学还有一段距离，不可能正确。这就要求我们重新审视语言构成和性质，解决"语言模块"和其他认知能力之间的关系。

## 第一节　心智模块论——语言本能的结果？

平克认为语言是一种本能，可以算作心智模块之一，是大脑的一个模块，应该是大脑中可以辨别的一部分，甚至是一组特定序列的基因将语言模块定位于某一处。如果这个模块基因或者神经受到损伤，语言模块会受到影响，但不会影响其他模块功能，如果其他模块受损伤语言区完好，那就成为白痴语言天才。[1] 平克还认为，"有很多神经基因受损，失去语言能力但认知完好无损的案例"。[2] 这也说明语言是心智的一个独立模块。当然，语言要想成为独立模块，必须满足三个条件。一是大脑中必须存在一个仅仅与语言各方面相联系的系统。二是语言能力系统与其他认知行为能力相分离，包括其他不具有内在性的语言知识。原因如下：如果一种语言知识可以消失殆尽，其他认知功能不受影响，说明各种知识模块彼此独立，以独立单元形式起作用，就好像核电站的各个核反应堆，分装于不同区域，即使一堆损坏，也不会影响到另一堆，这对于核电站至关重要。三是存在一种明确的参照点说明语法发展于某一个特定时间点，不受其他模块参照点影响。

大脑可以分为左脑和右脑，这是大脑偏侧化的结果，适用于复杂机体。人类与其他灵长类动物不同，偏侧化不具有对称性。法国神经学家保尔·布罗卡（Paul Broca）早在 1877 年就说："所有动物中，人类正常状

---

[1] Pinker, S., *The Language Instinct*, New York: William Morrow, 1994.

[2] Pinker, S., *The Language Instinct*, New York: William Morrow, 1994: 46.

态下的大脑不具有对称性。人类也是一种具有最多习得能力的动物。所有认知能力中，语言能力居于首位。语言能力也是人类与其他动物之间最重要的区别。"① 对人类而言，语言区，即布罗卡氏区，主要见于左脑，即所有惯用右手的情况。左撇子大约占人口的 20%，因此从统计学意义上而言，我们通常认为左脑为语言区。偏手性也是大脑偏侧化的人类所特有的现象，左脑控制右半部分身体，右脑控制左半部分身体。左撇子的语言区在右脑，而且大部分左撇子在大脑的两个区域都有语言区。②

大脑偏侧化是法国神经学家保尔·布罗卡首先发现的，后来德国卡尔·韦尼克（Carl Wernicke）也发现同一现象。二人对语言缺失患者进行分析，布罗卡的病人可以理解语言，但发声区损伤严重无法说话，他的病人只能说一个词"tan"。而韦尼克的病人能输出语言，但听不懂。不管是听不懂语言还是说不出语言都是失语症。布罗卡的病人是表达失语症（又名布罗卡氏失语症），病人由于语言区损伤，不能遣词造句、不能输出语言，即不能表达。如果语言区损伤不严重，布罗卡氏失语症患者能够缓慢费劲输出比较模糊的词句，但病人语法能力有问题，不会运用过去式规则形式。③ 布罗卡的病人还经常落掉诸如介词之类的语法词，言语不连续。相反，韦尼克的病人主要是语言接收失语症，对接收的信息无法理解。

左脑区中布罗卡氏区和韦尼克区分别位于大脑皮层的前面部分和后面部分，如图 6-1 所示。布罗卡氏区不仅仅涉及神经元调节形成话语，还涉及语言处理。如果布罗卡氏区损坏，病人不能理解被动句。如果我们说"玛丽打了某人一耳光"，病人们可能理解为"某人打了玛丽"。那么，是不是如果布罗卡氏区可以输出语法，就能够说明布罗卡氏区是语言模块呢？平克承认"到目前为止人们还没有发现语言器官或者语法基因，但是研究还在进行"。④ 不过，我们至少可以得出布罗卡氏区可能是语言区的结

① Broca, P., "Sur la circonvolution limbique et la scissure limbique," *Bulletins de la Societe d'Anthropologie*, 1877, 12（2）：646–657.

② Chance S. A. and Crow, T. J., "Distinctively Human: Cerebral Lateralisation and Language in Homo Sapiens," *Journal of Anthropological Sciences*, 2007（85）.

③ Caplan, D., "Aphasic Deficits in Syntactic Processing," *Cortex*, 2006, 42（6）.

④ Pinker, S., *The Language Instinct*, New York: William Morrow, 1994：46.

论。病人由于中风或者中弹，可能瞬时语言能力会受到损伤，其他认知能力则丝毫没有受到影响。这也可以说明语言与其他认知能力相互独立，也为语言模块性提供依据。

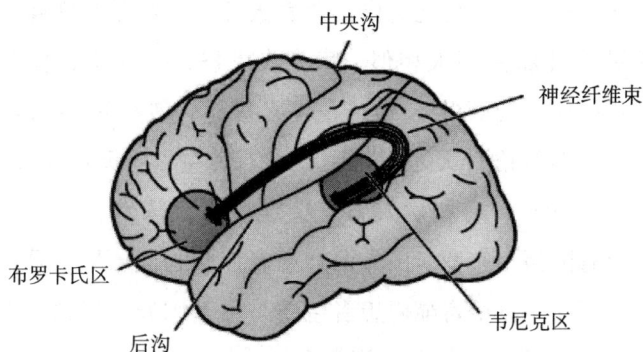

**图6-1　语言区：布罗卡氏区和韦尼克区**

资料来源：Evans, V., *The Language Myth: Why Language Is Not an Instinct*, Cambridge：Cambridge University Press, 2014：137.

对于失语症，认知科学家霍华德·加德纳也指出，语言能力损伤，而其他心智能力丝毫未受影响。他在研究中还说明："病人完全了解自身状况。"其他认知功能与语言关系不大，例如病人可以辨别左右方向，仍然有绘画能力、计算能力，可以辨别地图、设定闹铃以及执行命令。而且，除语言能力外，病人其他认知能力超出常人。[①] 语言模块存在的基因依据呢？在伦敦，曾经有这么一家人，所有人学习语言都有困难。[②] 全家三代，半数约30位成员发音、形态句法都成问题。实验还说明这些成员出现基因变异，影响到一种被称为FOXP2的基因。语言本能论认为语言就是由基因决定的模块。但是，语言要想成为独立模块，必须符合双重分离的条件。首先，语言能力与其他认知能力要分离，与布罗卡氏区情况类似。除此之外，我们还需要另一个分离：其他认知能力受损，语言不受影响。这两种分离就是所谓的双重分离。

---

① Gardner, H., *The Shattered Mind*, New York：Vintage, 1976：62.

② Lai, C. S. L., Fisher, S. E., Hurst, J. A., Vargha-Khadem, F. and Monaco, A. P., "A Fork-Head Gene Is Mutated in a Severe Speech and Language Disorder," *Nature*, 2001 (413).

平克研究中的例子是情况之一，有人患有他所说的喋喋不休症状，所谓的白痴语言天才。这种病人恰恰体现出一种分离。喋喋不休症状病人出现遗传紊乱现象，主要是由 11 号染色体缺陷所致，导致严重智障，但语言没有受到影响，因此平克称之为白痴语言天才，症状就是喋喋不休讲个不停，与患有威廉症状的病人相似。病人尖下巴，宽额头，智力像儿童一样，受到严重损伤，智商低于 50（正常人智商一般在 84～114），但语言能力超出常人。白痴语言天才生活困难，不辨左右，无法完成精细动作。与白痴语言天才相反，有些病人患有特定型语言障碍。这些患者智力正常，但是说话有障碍。布罗卡氏失语症患者症状与此不同，是一种习得性语言缺失症，而特定型语言障碍患者主要是由基因异常所致。上述提到的伦敦家族研究中，所有 FOXP2 基因存在缺陷的成员无一例外全都患有特定型语言障碍。但是它与布罗卡氏失语症对语言的影响不同，伦敦受试病人遭遇的情况如同"游客到了一个陌生的城市"。[1] 他们讲话困难，语法错误频繁出现。例如，他们不会正确使用代词"她"或者"它"。不过病人也有与布罗卡氏失语症相似之处，他们都不会使用正确的曲折词缀，不会正确应用第三人称单数，使用过去式时也频繁出错。

无论是白痴语言天才也好，其他特定型语言障碍也好，都指向语言与智力之间的双重分离。特定型语言障碍情况语言能力受到损伤，但其他认知能力没有受到任何影响；而白痴语言天才的情况不同，语言能力完好无损，但智力受到影响，智力低下。

依据语言本能论，语言内在论关乎语法，特别是所有人类共有的因素，不是人们最终讲的语言。这个因素就是乔姆斯基所谓的"普遍语法"，"对于语言或者其他任何模块而言，其发展涉及一种遗传禀赋将语言数据转换为语言经验并指导语言的一般发展过程，对语言而言，我们可以把遗传禀赋看作人类语言特有的因素"。[2] 对于一般人而言，乔姆斯基理论难以理解；甚至对于语言学家来说，乔姆斯基理论也很难理解。很多认知科学

---

① Pinker, S., *The Language Instinct*, New York: William Morrow, 1994: 49.

② Chomsky, N., "Language and Other Cognitive Systems. What is Special about Language?," *Language Learning and Development*, 2011, (7): 263–278.

家甚至感到震惊，多数英美语言学家（乔姆斯基和福多模块论的追随者们）仍然坚持一种极端观点，认为语言是心智的一个独立模块。尤其是神经科学家们，大都认为模块论过于简单，不足为信，因此，对其不以为然。直至今日，语言本能论还是英美语言学家认可的最大学派，虽然缺乏经验基础，虽然屡屡受到驳斥与挑战，仍然一枝独秀，独占鳌头。对于他们而言，普遍语法错误论绝对不予考虑。

乔姆斯基认为，显而易见，语言就是一个独立的心智模块。语言材料就是语言习得之初儿童接触到的语言，也就是幼儿咿呀学语时接触到的所有词语。依据语言本能观点，语言模块的成熟标志，即普遍语法的成熟标志源于核心词汇，儿童语言由单个词语开始一直到语言发展成熟，可以把单个的无联系的词语通过句法规则连接成句子，输出语言。语言发展一开始可能只有核心词汇，然后是语法词汇，再然后是语法规则，语法表面看似乎是一夜之间就可以学会，事实上，语言发展是经历了从词语的不断累积再到语法知识的累积，再到句法规则的掌握，是一个从点到线、从线到面的逐步发展过程。语言本能观倡导用语音系统、音系来解读语言习得。语音和音系首先出现于幼儿六个月到八个月咿呀学语时，他们不断重复ba、ma、pa、wa等双唇音；十个月到一岁开始输出真正意义上的语言。词汇习得的发展一开始比较缓慢，一岁半以后词汇习得速度迅速加快；大致两岁以后复杂词语组合习得速度加快，语法也开始出现。三岁以后一直到五六岁，基本可以习得大致相当于成人语法的语言，这个过程一直持续到关键期（13岁左右），大部分儿童彼时已经掌握基本的词语组合和语言的句法规则。

这个假设主要是语言习得机制的开启，允许语法出现。神经语言学家洛克曾经提出，"语法分析机制"大约在儿童两岁时运行，语法知识在两岁到三岁时激增。[①] 洛克认为这是由于语法出现之前需要有一定基础的词汇量支撑。咿呀学语阶段词汇学习比较费力，但是一旦语言模块激活，语法出现后，词汇学习就相对容易了，因为"语言是一个模块……学习……

---

① Hambrick, E. P., *Locke, John*, in Goldstein, S., Naglieri, J. A., eds., *Encyclopedia of Child Behavior and Development*, Boston：Springer US, 2011.

与语言发展不相关"。① 因此，普遍语法原理促进语法的快速发展。

## 第二节　语言天才还是智障儿童

模块论认为认知各模块之间相互独立，各司其职。语言模块负责语言输入输出、语言理解。那么，真的存在智力受损的语言天才的案例吗？到底有没有语法遗传基因？是否真有一种语言习得机制会特定时期在儿童大脑中得以激活，促进普遍语法的发展呢？近年来，很多研究质疑语言本能论：究竟有没有普遍语法？是否存在语言习得机制？

首先我们来考察语言分区情况：是否大脑中真的有一块区域属于语言区？布罗卡氏区与语言输出有关，这一发现已有百年之久，但是我们不能因此说明这一区域仅仅是语言区，将其他可能性排除在外。我们也明白布罗卡氏区也出现非语言任务激活的重要层面，这一区域甚至还可以辨认音乐中不和谐的曲调，② 布罗卡氏区的损坏也不能说明语言彻底受损，没有回旋余地。曾有一个案例，计算机工程师从大脑中取出慢性肿瘤，结果布罗卡氏区遭到破坏，引起小范围语言损伤，病人经过数个月大脑恢复后，能够正常交流。③ 还有另一种情况，布罗卡氏区的损坏导致严重语言障碍，一段时间后，该大脑趋于恢复，尤其是儿童失语症情况。这种情况说明语言区域可以转移到大脑中的邻近区域，因此，布罗卡氏区作为语言专区的说法又成为一个疑问。还有实验进一步说明布罗卡氏区不仅仅负责语言输出，还与一系列与语言无关的认知活动相关。例如，布罗卡氏区可以让我们感知甚至解释别人的行为，还是镜像神经元区域，因此，可以对别人的特定行为做出反应，尤其是对别人的手势和手影做出反应。④ 语言极有可能由手势发展而来，布罗卡氏区和语言输出的关系可能就是处理认知手势

① Smith, N., *Chomsky: Ideas and Ideals*, Cambridge: Cambridge University Press, 1999: 26.

② Maess, B., Koelsch, S., Gunter, T. C. & Friederici, A. D., "Musical Syntax Is Processed in Broca's Area: An MEG Study," *Nature Neuro-Science*, 2001, 4 (5).

③ Plaza, M., Gatignol, P., Leroy, M. & Duffau, H., "Speaking without Broca's Area after Tumor Resection," *Neurocase*, 2009, 15 (4).

④ Corballis, M., *From Hand to Mouth: The Origins of Language*, Princeton: Princeton University Press, 2003.

行为的结果。① 虽然这只是猜想，然而布罗卡氏区在大脑中的确切位置至今也没能达成共识，这对语言本能论假设更是致命一击。② 的确，神经学家西奥多·弗里德曼（Theodore Friedmann）曾经报告说语言输出分布广泛，可能遍布于人脑的任何一部分。③

现在我们来探讨一下假设的语法基因 FOXP2。④ 首先，这个语法基因不是语言特有的，还影响到面部和口部肌肉，这个基因还蕴含着一般智力。伦敦家庭受到基因突变影响的成员，平均智商明显比其他成员低。智商只是一般智力的测量，不是语言能力的测量。⑤ FOXP2 基因也存在于其他哺乳动物的基因中，因此，不是人类独有的基因。人的这个基因与大猩猩等其他灵长类大脑的基因相似。⑥ 这个基因对心脏、肠道和肺的发展也很重要。"人类的 FOXP2 基因有助于个体语言的发展，但是基因本身并不是语法特有的蓝图。"⑦

语言与其他认知能力方面的分离也同样站不住脚。双重分离并非如此。威廉症状的患者的确表现出非凡的语言能力，但是，这种能力只是相对于他们缺失的视觉空间认知能力和推理能力而言，并不是绝对意义上的语言能力非凡，因此，我们不可能得出他们是语言天才的结论。⑧ 威廉症状患者智力低于正常儿童、低于同龄人。因此，他们的智商低不足为奇。

---

① Arbib, M. A., *How the Brain Got Language: The Mirror System Hypothesis*, Oxford：Oxford University Press, 2012.

② Uttal, W. R., *The New Phrenology: The Limits of Localizing Cognitive Processes in the Brain*, Cambridge, Massachusetts：The MIT Press, 2001.

③ Pulvermilller, F., "Words in the Brain's Languages," *Behavioral and Brain Sciences*, 1999, (22).

④ Dabrowska, E., *Language, Mind and Brain: Some Psychological and Neurological Constraints on Theories of Grammar*, Edinburgh：Edinburgh University Press, 2004.

⑤ Vargha-Khadem, F., Watkins, K., Alcock, K., Fletcher, P. & Passingham, R., "Praxic and Nonverbal Cognitive Deficits in a Large Family with a Genetically Transmitted Speech and Language Disorder," *Proceedings of the National Academy of Sciences*, 1995, 92 (3).

⑥ Enard, W., Przeworski, M., Fisher, S. E., Lai, C. S., Wiebe, V., Kitano, T., Monaco, A. P. and Paabo, S., "Molecular Evolution of FOXP2, a Gene Involved in Speech and Language," *Nature*, 2002, 418 (6900).

⑦ Dabrowska, E., *Language, Mind and Brain: Some Psychological and Neurological Constraints on Theories of Grammar*, Edinburgh：Edinburgh University Press, 2004：74.

⑧ Bates, E. & Goodman, J., "On the Emergence of Grammar from the Lexicon," in *The Emergence of Language*, edited by MacWhinney, B., N. J.：Lawrence Erlbaum, 1999.

威廉症状患者具有超强的语音记忆能力，但新词和超过心智年龄的新词记忆不及常人，词汇和句子理解以及生成句子的能力低于正常年龄的受试者。[①] 尽管他们最终能够习得语言，但是，与正常儿童相比，在语言输出和语言理解方面都晚于正常儿童。[②] 威廉症状患者能够习得一些晦涩词语，还可以掌握一些复杂语法结构。[③] 这种情况对于低智商人群而言的确不同寻常。然而，他们使用的策略与正常儿童不同。心理学家安妮特·卡米洛夫-斯密斯（Annette Karmiloff-Smith）发现，正常儿童用新词指称整个物体，威廉症状患者并非如此。他们的"新词只指称物体的某个部分，例如，对于新词'杯子'，他们关注杯子把手，因此'杯子'的概念于他们而言就是杯子'把手'"。[④] 除此之外，他们不能判断句子是否符合语法，不能运用复杂语法输出句子。所谓的喋喋不休症状是语言能力存在缺陷，是语言发展不正常的结果。总之，威廉症状患者是语言天才的观点既不准确，也没有依据。

平克指出，威廉症状患者与特定型语言障碍患者不同。特定型语言障碍患者主要在三岁到四岁确诊，正常孩子在四岁之后语言进入发展高峰期。几十年的研究结果说明，特定型语言障碍不是违背语言发展的次标准，而是一种延迟。[⑤] 这可能是由一组中枢神经发育延迟引起的语言障碍，临床表现为说话延迟及言语理解和表达困难，病因可能与脑损伤或感觉及皮层功能失调有关。特定型语言障碍患者与正常语言发展的低龄儿童相

① Capirici, O., Sabbadini, L. & Volterra, V., "Language Development in Williams Syndrome: A Case Study," *Cognitive Neuropsychology*, 1996, 13 (7).

② Naomi, G. Singer, H., Bellugi, U., Bates, E., Jones, W. and Rosen, M. J., "Contrasting Profiles of Language Development in Children with Williams and Down Syndromes," in *Developmental Neuropsychology*, 1997, (1313).

③ Bellugi, U., Wang, P. and Jernigan T. L., "Williams Syndrome: An Unusual Neuropsychological Profile," in *A Typical Cognitive Deficits in Developmental Disorders: Implications for Brain Function Hillsdale*, edited by Broman, S. and Grafman, J., N. J.: Lawrence Erlbaum, 1994.

④ Karmiloff-Smith, A., "Research into Williams Syndrome: The State of the Art," in *Handbook of Developmental Cognitive Neuroscience*, edited by Nelson, C. A. and Luciana, M., Cambridge, Massachusetts: The MIT Press, 2001: 51.

⑤ Bishop, D. V., "What Causes Specific Language Impairment in Children?," *Current Directions in Psychological Science*, 2006, 15 (5); Johnston, J. R., "Cognitive Abilities of Children with Language Impairment," in *Specific Language Impairments in Children Baltimore*, edited by Watkins, R. V. and Rice, M. L., M. D.: Paul H. Brookes Publishing Co., 1994.

当。研究说明特定型语言障碍儿童其他认知能力也晚于同龄儿童，如物体空间想象能力、物体旋转想象能力、①符号表征能力——假设一块积木代表一部电话②以及转移注意力能力。③ 这足以说明特定型语言障碍患者不仅语言能力受到影响，其他认知能力发展也受到不同程度的影响。与语言迟缓相应，特定型语言障碍患者构词能力受到更严重影响，因此，对母语为英语的患者而言，形态学习是他们最为头疼的问题。名词复数也好，动词过去式也好，增加的后缀都是很小的声音单位，在句流中他们听不出来，因此，特定型语言障碍患者不是由于语言问题，而是由于听觉问题，或者是由于音系发展滞后问题难以建立声音和意义组合规则知识。④ 他们面临的困难不仅仅是语法知识问题，更是感知和表征问题。总之，所谓的语言天才并不像上述提到的可以生成复杂语言，特定型语言障碍患者不仅仅是语言存在缺陷，语法能力发展也受到影响。

我们再来考察一下语言习得从词汇到语法出现的跳跃。根据语言本能观点，词汇习得不是普遍语法内在性的结果，词汇必须通过学习获得。20世纪70年代之后，语言习得才开始纵向研究，儿童一开始习得词汇比较慢，一岁半之后语言习得加速，在20个月前后开始习得语法。然而，随着研究的深入进行，儿童语言习得无论在何种语言环境下，语法的习得都是以词汇习得为基础的。现在我们清楚语法习得和词汇习得过程中不具有偶然性。⑤ 语法发展与词汇发展具有连续性，是语言发展过程中的连续体，

① Johnston, J. R., "Cognitive Abilities of Children with Language Impairment," in *Specific Language Impairments in Children Baltimore*, edited by Watkins, R. V. and Rice, M. L., M. D.: Paul H. Brookes Publishing Co., 1994.

② Thal, D. J. and Katich, J., "Predicaments in Early Identification of Specific Language Impairment: Does the Early Bird always Catch the Worm?," in *Assessment of Communication and Language*, edited by Thal, D. J., Cole, K. N. and Phillip, D., M. D.: Brookes Publishing Company, 1996.

③ Townsend, J., Wulfeck, B., Nichols, S. and Koch, L., "Attentional Deficits in Children with Developmental Language Disorder," *Technical Report CND - 9513*, San Diego: Center for Research in Language, University of California at San Diego, 1995.

④ Mody, M., Studdert-Kennedy, M. & Brady, S., "Speech Perception Deficits in Poor Readers: Auditory Processing or Phonological Coding?," *Journal of Experimental Child Psychology*, 1997 (64).

⑤ Bates, E., Dale, P. & Thal, D., "Individual Differences and Their Implications for Theories of Language Development," in *Handbook of Child Language*, edited by Fletcher, P. and Mac-Whinney, B., Oxford: Basil Blackwell, 1995.

而且与词汇习得密切联系。20 个月的儿童和 28 个月的儿童就所知道的词语而言没有太大差别，其掌握的语法结构复杂程度也没有差别。16 个月到 30 个月的时间跨度内语法行为与词汇量相联系。语言本能观点预测我们应该可以发现，一旦词汇的特定阶段达到，词汇与语法就会出现不匹配现象。词汇与语法相关不是由年龄所致，年龄并不能预测儿童 16 个月和 30 个月的词汇和语法情况。如果词汇量恒定不变，那么实验者就需要考察语法复杂性的差异，而年龄差别仅仅能够解释8‰的差异。相反，如果年龄不变，词汇量不同，那么词汇量可以解释 32.3% 的儿童语法复杂程度差异。① 这个发现不仅适用于儿童英语学习，也是其他语言学习的规律。②

所有实验结果说明，语法并不是什么封装知识，语法与词汇习得密切联系并可以通过词汇学习预测。语法并非像本能论者预期的那样是独立的心智模块，因此，语言不是心智模块，语言并非本能。功能词是质疑语言本能论的重要依据。功能词计入词汇量，但也可以算作语法的构成部分。功能词汇学习是词汇习得和语法出现的过渡阶段，即词汇词和功能词是语言中的一种连续体，尤其是在英语和汉语当中，功能词和词汇词出现重合现象。某些词汇词作用兼而有之，有时候表达词汇意义，有时候表达语法功能。如果功能词不算入词汇，那语言非本能论就能站得住脚。如果不涵盖语法词，词汇的发展与伴随词汇出现的语法更容易解释清楚。第二点反对语言非本能论则需要对儿童语言发展各个阶段进行考察，考察个体语言发展轨迹动态而不是儿童不同时期语言发展的平均值。为了说明这一点，研究人员对 28 个一岁到两岁半的儿童进行跟踪研究，仔细观察，做记录并针对他们的语言使用情况录视频，还用到了词汇语法理解的测试形式，结果发现每个个体儿童的词汇发展与语法知识增长密切联系。③

---

① Bates, E. & Goodman, J., "On the Emergence of Grammar from the Lexicon," in *The Emergence of Language*, edited by MacWhinney, B., Mahwah, N. J.: Lawrence Erlbaum, 1999.

② Caselli, M. C., Bates, E., Casadio, P., Fenson, L., Fenson, J., Sanded, L. & Weir, J., "A Ross - Linguistic Study of Early Lexical Development," *Cognitive Development*, 1995, 10 (2).

③ Bates, E. & Goodman, J., "On the Emergence of Grammar from the Lexicon," in *The Emergence of Language*, edited by MacWhinney, B., Mahwah, N. J.: Lawrence Erlbaum, 1999.

那非典型人群情况如何？正常语言发展儿童词汇远远高出同龄儿童或者低于同龄正常儿童情况如何？儿童讲话迟缓主要是词汇量较少的几名儿童受试者（约占10%），但他们并没有患任何疾病。相反，语言习得早的是词汇量统计的前几名儿童（约10%）。心理语言学家伊丽莎白·贝茨（Elizabeth Bates）得出结论，没有证据能够说明词汇与非典型人群的词汇和语法无关。①

简言之，语法知识习得与词汇习得具有连续性：毋庸置疑，词汇与语法联系密切。语法不是心智的一个模块，语法在语言发展的某个特定时间段出现。语法取决于词汇习得，在任何时刻两者绝不会互相分离。

## 第三节　模块论：心智表征的解读困境

心智模块论可谓历史悠久，源于唯物主义传统：心智功能位于大脑的某些特定区域。1784年德国物理学家弗朗兹·约瑟夫·加尔（Franz Joseph Gall）提出性格、思想和情绪也是由大脑特殊部位生成的。他还提出颅相学，认为个性特点与大脑特定区域相联系。颅相学说在19世纪颇为流行，但是现在却被证实为伪科学。② 心智的模块论与颅相学没有直接关系，但同样赞成心智功能与大脑分区之间的对应关系。语言模块论推断出其他认知能力也具有模块特点。平克就是语言本能观点的代言人。他认为"认知就是一系列本能，如同复杂电路，每一模块解决一种亿万年我们生活提出的特定计算问题"。③ 大脑的多重功能形成大脑的多个模块：直觉力学、直觉生物学、数字模块、大块区域的心智地图、栖息地选择、危险确认以及食物污染探测等等。④

---

① Bates, E. & Goodman, J., "On the Inseparability of Grammar and the Lexicon: Evidence from Acquisition, Aphasia and Real-Time Processing," *Language and Cognitive Processes*, 1997, 12 (5 – 6).

② Harrington, A., "Beyond Phrenology: Localization Theory in the Modern Era," in *The Enchanted Loom: Chapters in the History of Neuroscience*, edited by Corsi, P., Oxford: Oxford University Press, 1991.

③ Pinker, S., *The Language Instinct*, New York: William Morrow, 1994: 97.

④ Pinker, S., *The Language Instinct*, New York: William Morrow, 1994.

关于心智完全由不同模块组成的激进观点，所谓的演化论心理学家勒达·科斯米德斯（Leda Cosmides）和约翰·图比（John Tobby）通过《顺应的心智》进行了较为周详的阐述。平克本人倡导模块论，他认为模块论可以解释心智运行机制。① 事实上，这个观点"就像一把瑞士军刀，心智是一种特殊工具集合体，每一种工具设计的目的都是执行某种特定功能"，② 模块也会发展演化，执行不同功能，小到"选择伴侣、选择饮食、看、空间意向以及人脸识别"，大到解读心智状态，把某种心智状态归于他人，以及理解语法。③ 这些模块演化提供演化优势，因此有时候也被称为达尔文模块。

就模块论而言，似乎一切解释都站得住脚。但是也面临一个难题。勒达·科斯米德斯（Leda Cosmides）、图比和平克都认同模块论，认为语言就是模块论最好的例子。然而，我们的观点刚好相反，我们认为正是由于语言，模块论才难以立足。因为其他假想模块我们很难企及。神经系统具有特定区域性，一种系统只能够处理一种特定信息，要么是语言模块，处理语言输入信息；要么是视觉模块，处理视觉输入信息；要么是其他模块，处理其他方面输入信息。我们没有办法找到证据。例如，神经影像研究提议研究心智解读模块。如果受试者在处理他人信念问题，相应的大脑区域发亮：语言处理区域在大脑皮层前的左面，视觉空间区域在头顶骨区域右侧，杏仁体与情绪有关系。简言之，心智解读是利用整个大脑结构网络，不仅仅是某一特定区域。同一大脑结构与其他区域相联系，各种能力认知虽功能各异，却又千丝万缕，欲剪不断、欲缕还乱。④

模块论遭遇同样难题，会做出如下解释："我们的模块，不一定非要具体到大脑某一部位，也没必要封装信息。大脑的模块是功能性的，并不

---

① Pinker, S., *How the Mind Works*, New York: W. W. Norton and Co., 1997.

② Prinz, J., "Is the Mind Really Modular?," in *Contemporary Debates in Cognitive Science*, edited by Stainton, R. J., Malden, Massachusetts: Blackwell Publishing, 2006: 26.

③ Machery, E., "Massive Modularity and Brain Evolution," *Philosophy of Science*, 2007, 74 (5): 827.

④ Prinz, J., "Is the Mind Really Modular?," in *Contemporary Debates in Cognitive Science*, edited by Stainton, R. J., Malden, Massachusetts: Blackwell Publishing, 2006.

是物理模块性的，神经系统可能与其他系统重合，只是演化执行特殊功能而已。"依据这种解释，模块仅仅具有半自主性。其中，最重要的模块之一就是"骗子检测模块"。[1] "骗子检测模块"演化到可以发现与契约或者其他社会规范不符的个体，应该运用到复杂的推理系统。而且，该模块的确对大脑的眶额叶皮层和杏仁体造成破坏，不能对社会规范推理，也不能为假设的骗子检测模块提供证据。[2]

模块论的重要难题是逻辑问题。这个难题是现代心智模块论的重要领军人物杰瑞·福多提出的。他假设存在一种可以辨别人脸的心智模块，一种可以辨认动物脸的模块，所有事物辨认能力都存在于相应模块。如果我们感知到动物脸，我们的动物辨认模块会处理信息；如果我们辨认的是人脸，处理信息的模块就是人脸辨别模块；等等。但问题是，信息进入大脑，心智如何判断由哪一模块处理信息呢？问题还会升级为：心智如何辨别信息类型，并指定相应模块？这是不是还要求有一个元模块，这个元模块已经知道人脸和动物脸之间的区别，以及其他各种信息之间的区别？问题是，既然模块只处理特定类型信息，那么由不同模块构成的心智，怎么可能存在一种中央智力系统将模块连接起来，并确定哪一模块负责处理哪类信息呢？[3] 为解决问题，模块论者提出不是所有智力都具有模块性，可能还存在某种一般处理器解决一般学习问题。例如，驾驶空中客车、计算机编程没有演化为专门模块，这些能力都合并了。

福多认为心智模块只对低层次感知现象起作用，对高层次认知现象无能为力。他认为存在一种中央认知系统，这种系统总体上管理各个心智模块，但是，他的模块论由于信息封闭性而遭遇困境。他认为一种模块只处理一种特定信息，不允许不同模块之间相互交流。然而，无数的实例说明模块之间是相互交流、彼此互动的。

---

[1] Cosmides, L., "The Logic of Social Exchange: Has Natural Selection Shaped How Humans Reason? Studies with the Wason Selection Task," *Cognition*, 1989 (31): 187–276.

[2] Stone, V. E., Cosmides, L., Tooby, J., Kroll, N. & Knight, R. T., "Selective Impairment of Reasoning about Social Exchange in a Patient with Bilateral Limbic System Damage," *PNAS*, 2002, 99 (17).

[3] Prinz, J., "Is the Mind Really Modular?," in *Contemporary Debates in Cognitive Science*, edited by Stainton, R. J., Malden, Massachusetts: Blackwell Publishing, 2006.

　　"麦格克效应"就是典型的案例之一。苏格兰心理学家哈利·麦格克（Harry McGurk）发现，[①] 在语音感知过程中，听觉和视觉之间相互作用，听觉会受到视觉影响，产生误听。例如，受试者看到视频中的声音与音频听到的声音不一致，会感知到另一种声音。在麦格克效应实验中，视频中播放一个人在发一个音，如［p］，而受试者听到的是另一个音如［d］，结果受试者感知到的可能是两种音混合的另一个音，既不是看到的音，也不是听到的那个音。这个实验说明视觉与听觉系统之间互相干扰，因此，心智模块不可能相互独立。

　　另一个例子就是"接触幻觉"。如果受试者被弹手指，他们对手指被弹次数的估计会受到听觉影响。例如，如果弹手指时听到多种声音，可能造成错觉，感觉手指被弹了多下。[②] 而且，模块论者认为信息封装应该不可能，因为不同模块之间可能出现信息干扰。

　　模块论观点建立于内在论观点之上。这个立场源于学习作用和经验的证据。例如，立体视觉，我们能看到的物体的高度、宽度、深度，它们其实是渐次出现的，在某种情况下我们看不到，经验和学习可能在视觉的最初阶段起到一定的作用。平克在《白板》一书中提倡心智的模块论，认为存在一种内在机制，用于规划立体视觉发展。但是，平克自己也承认，这种机制对不能预测的输入做出假设。无论这种基因解释存在何种漏洞，他依然认为立体视觉是基因所致。他还认为"立体视觉与其他现象一样，是基因和环境一起作用的结果"。[③]

　　模块论为演化心理学披上理性主义外衣，但终究误解了达尔文。现代新达尔文主义已经被认为是进化论的正确解释。由于证据确凿，进化生物学家理查德·道金斯（Richard Dawkins）指出进化论不仅是一种理论，而且是一种既定事实。如果我们是理性主义，如何解释现代心智的演化

---

① McGurk, H. and MacDonald, J., "Hearing Lips and Seeing Voices," *Nature*, 1976, 264 (5588).

② Hotting, K., Rosler, F. and Roeder, B., "Altered Multisensory Interaction in Congenitally Blind Humans: An Event-Related Potential Study," *Experimental Brain Research*, 2004, 159 (3).

③ Pinker, S., *The Blank Slate*, New York: Penguin, 2002: 238.

发展？

心智模块概念承认内在论。依据这种与机械论相反的解释，模块论的出现可以追溯到大约 12000 年前，人类历史刚刚出现种植业，人们才居有定所。新的模块由于特定情境应运而生。如很多评论者指出，我们依然难以建构一种可行情境，提出心智模块论。例如，"骗子检测模块"在什么情境下可以激活？

如果模块不具有封闭性，不必占据大脑中的特定位置，那是不是等于人类的智慧足以让我们能够做出正确决定？并不是这么回事。模块论认为模块演化主要是由于某个特定目的。我们可以预测特定模块的神经系统以不同速度演化，与其他模块演化方式不同。如同一床补丁被子，大脑就是不同模块构成的马赛克，而且独立依据不同功能演化发展。

近几十年的研究已然威胁到大规模模块论的预测。神经科学家、哲学家 S. R. 邱亚慈（S. R. Quartz）运用哺乳动物大脑进化结果得出结论，认为大规模模块论误解了达尔文。[①] 哺乳动物大脑研究，包括智人研究说明大脑是协调发展的，并不是马赛克式发展的。[②] 他的研究对象是一名成年人的大脑部件，如小脑、纹状体以及关键的大脑皮层，研究人员发现大脑是整体协调发展，而不是像大规模模块论所说的特定模块发展。研究通过对比大脑各个部分比例，关注大脑容量发展。如果大脑演化是大规模模块论所谓的马赛克式发展模式，那么，大脑部位的比例，相比较而言会发生变化，这也是邱亚慈反驳的原因。

事实并非如此。哺乳动物大脑的组成部分依据大脑容量协调发展演化。邱亚慈认为大脑呈现协调发展而不是呈现马赛克式以不同速度发展。大规模模块论没能发展一种"全面理论……大脑、身体和周围环境的互动"理论，[③] 哲学家马克瑞反对邱亚慈观点，承认"没有争议的进化论模

①　Quartz, S. R. , "Toward a Developmental Evolutionary Psychology: Genes, Development, and the Evolution of the Human Cognitive Architecture," in *Evolutionary Psychology: Alternative Approaches*, edited by Scher, S. and Rauscher, M. , Dordrecht: Kluwer, 2002.

②　Finlay, B. L and Darlington, R. B. , "Linked Regularities in the Development and Evolution of Mammalian Brains," *Science*, 1995, (268).

③　Gibbs, R. W. & Orden, G. Van, "Adaptive Cognition without Massive Modularity," *Language and Cognition*, 2010, 2 (2): 156.

块情况几乎不存在"。①

进化模块论的最后一个问题就是理论经不起科学检验，经不起推敲。模块论观点不可能证伪：人类行为和互动的语境不可能将人类行为归咎为不同的模块。② 例如，欺骗行为检测出现在复杂情境中，涉及社会互动和一些复杂行为，要经过一种立法限制过程才可能进行。情境具有复杂性，我们不可能辨认构成欺骗行为检测模块的不同行为类型。因此，模块概念，无论是福多信息封装模块，还是进化模块论的所谓达尔文模块，都与新达尔文观相悖。心智能力并非模块论所要求的具有领域特定性、处理特定信息，相反，心智能力要求而且必须是大脑各个部位之间共同协调发展，如同瑞士军刀，又类似计算机，增加的部分一定会与其他组成部分相互影响。这才是协调发展。

## 第四节　复杂系统论：模块理论的替代方法

演化是以增值形式进行的，没有预先设计好的蓝图，甚至不受外界驱使。演化是适时进行的，是与其他变化相协调的，是各个组成部分共同演化发展的。因此，我们考察人脑和语言之前，可以首先考察一个简单例子——长颈鹿的脖子。长颈鹿的长脖子造就长颈鹿能够伸到高处的能力。长颈鹿能够到树叶，其他动物够不着。但是，长脖子的发展是与其他变化同时进行的，包括心血管变化，只有心血管变化能够将血液供应到长颈鹿大脑，长颈鹿才有可能具有这种能力。与此同时，这种发展也要求长颈鹿的其他身体部位同时发展：后腿比前腿短，以防长颈鹿摔跤。长颈鹿的咽部神经通道如此进化发展，才能够通过主动脉弓从大脑传输到咽部。这需要大约6米的额外神经才能做到。这与长颈鹿后腿变短不同，是器官共同演化形成的，也就是所谓的"不良"设计。这也说明演化发展就是量变的逐渐积累直至完成质变的过程，硬件可以选择植入大脑，或者从大脑中取出，其他机体也如此。

---

① Machery, E., "Massive Modularity and Brain Evolution," *Philosophy of Science*, 2007, 74 (5): 827.

② Gibbs, R. W. & Orden, G. Van, "Adaptive Cognition without Massive Modularity," *Language and Cognition*, 2010, 2 (2).

语言的情况也如此。共同发展的语音、词汇、语法和意义的量变化导致人脑性质的深层次变化。语言输出除了要求口头语言外，还要求记忆系统发生变化来适应输出合法句子能力：大猩猩短期记忆不好，复杂句子输出困难，只能停留在符号记忆阶段，记住有限的符号。除此之外，还要求一种概念编码系统，把概念、意义与语音符号相匹配，便于认知，同时还要求心智解读能力与语言发展相匹配。的确，人类的阅读技巧源于社会经验和语言训练，[①] 甚至语言区也是由处理其他功能模块演化而来的。布罗卡氏区现在的功能是输出语言，与负责认知手势的大脑中心处于同一位置，因为语言本身可能由早期的手势语发展而来。

进化人类学家特伦斯·迪肯（Terrence Deacon）也认为共同演化促使语言和大脑之间相互依赖，大脑一个构成部分的变化蕴含其他大脑组成的变化。[②] 共同演化就是发展的一种既定模式。例如，蜜蜂与花共同演化彼此汲取精华，变色龙可以通过调节皮肤表面的纳米晶体，改变光的折射产生与环境相适应的皮肤颜色。

复杂系统理论可以用于解释心智问题。科学家可以运用这个理论解释语言和大脑之间的协调发展。复杂理论认为任何一个系统都是自我组织、自我适应的。系统的各个因素可以看作诱因，共同促成系统内部重组现象。例如，公路和高速路的交通现象就是自我组织自我协调的一个好例子。交通的因素有交通信号灯、十字路口、环路等影响并组织交通各种状况。但是还有其他因素也同样重要，如驾驶员经过放在路边的故障车或者撞坏的汽车时，东张西望，造成后面车辆排成长龙，减速观察：这是一种自发组织行为，是故障车这个因素造成的。心理学家雷蒙德·吉布斯（Raymond Gibbs）和盖伊·冯·奥登（Guy Van Orden）提议，共同发展演化，语言和大脑之间的关系可以看作一种自我组织系统、一种复杂适应系统。[③] 我们并不是否认其

---

① Prinz, J., "Is the Mind Really Modular?," in *Contemporary Debates in Cognitive Science*, edited by Stainton, R. J., Malden, Massachusetts: Blackwell Publishing, 2006.

② Deacon, T., *The Symbolic Species: The Co - Evolution of Language and the Brain*, New York: W. W. Norton and Co., 1997.

③ Gibbs, R. W. & Orden, G. Van, "Adaptive Cognition without Massive Modularity," *Language and Cognition*, 2010, 2 (2).

他类型的进化适应现象。例如，语言习得机制说明婴儿具有一种区分音节的内在机制，区别声音信号就是自然发展的结果，是对已经存在的声音辨别能力的进一步专门化发展的结果。规律辨别能力和适应能力不是人类特有的，其他灵长类动物也有。顺应能力还会自我调节回应神经系统的其他特性，语言和其他认知能力也只是神经系统的组成部分。

但是，如果不存在内在预先设定的模块，即使各层次之间存在互动交流，我们仍然需要说明人脑在神经网络中呈现重要的具体化层次。模块论的各种缺陷上文已经提到，我们如何解释布罗卡氏区是专门输出语言的区域，与语言缺损的表达失语症有关系？

心理学家安妮特·卡米洛夫－斯密斯提出，我们大脑不是在刚出生时已经形成模块，福多和乔姆斯基等语言本能论者也赞同这一点，大脑中的神经线路由于执行不同功能而逐渐形成具体模块分工现象。① 他们都认为，模块发展是随着儿童到成人发展过程逐渐演化发展而来，因此，出现大脑功能的具体模块，没必要提出一种不可行的内在模块论。儿童刚出生时，大脑对所接收的信息均衡做出反应。信息在大脑中的激活广泛分布于整个大脑，感知细节，如语言可能逐渐偏向于左脑区。随着时间的推移，特定线路逐渐选择处理特定类型信息。模块化过程、专门化过程是人类大脑发展和管理信息的一种有效方式。重要的是，这个过程受到环境和感知经验的影响。人脑没有呈现模块形式，但是，随着大脑处理的信息种类越来越多，越来越复杂，为了增强信息处理的有效性，信息处理逐渐专门化、具体化，最终某个模块专门处理某种信息。

心智能力也逐渐由混沌状态发展为专业化模块，由全息处理信息到明确分工具体处理不同信息。心智表征的途径形式多样，可以是图片、视频片段、音频片段，还可以通过面部表情、身体语言和手势；可以通过口语和书面语，与书面语相较，口语表征传达的信息更丰富，除语言外，还可以获得一些额外信息，如声音、声调和语调。尤其是，当心智表征形式借

---

① Karmiloff－Smith, A., Klima, E., Bellugi, U., Grant, J. & Baron-Cohen, S., "Is there a Social Module? Language, Face Processing, and Theory of Mind in Individuals with Williams Syndrome," *Journal of Cognitive Neuroscience*, 1995, 7（2）.

助语言表征时，语言形式提供的信息必然具有意向性，要考量语境中的文本信息、谈话者背景以及人际关系等复杂变量。这样，语言不再是一个独立的心智认知系统，而是与其他心智能力系统相互包含、彼此渗透的系统。

# 小 结

大脑是不是具有模块性有什么关系呢？这不应该是我们关注的问题。我们应该认识到我们离不开语言，我们要关心的是语言的性质以及语言和心智之间的关系。模块概念，特别是福多的经典模块论观点就是语言本能论。模块论者如维多利亚·弗罗姆金（Victoria Fromkin）始终坚持语言是一个独立模块，认为语言习得和语言缺损问题的选择性说明内在语言的模块性，语言与其他认知系统相分离，还提供证据说明语言具有模块性。

我们借弗罗姆金的观点是为了说明语言模块论已经成为广为传诵的观点，不容他人质疑、持不同观点。然而，经典模块论最多也还是一种有争议的视角，却已经成为语言科学用于教育我们未来的语言科学家、语言教育者以及语言专家。即使现在，很多语言学家哲学家还将福多的模块论奉为经典。

模块论做出了各种不准确预测，为什么语言本能论观点能够说明心智具有模块性？假定我们现在了解进化与心智发展的关系，那么心智模块根本行不通。人类语言的确与其他动物的交流系统不同，人类心智也有能力洞悉自然界隐匿的问题，但是这能说明我们需要编一个模块论的故事摆脱我们实际遇到的困境吗？如果可以，我们也可以借用一种解释——突然的非连续宏观演化。如果我们认为语言是由于"涌现"而出现，那么我们可不可以再大胆一点，认为所有事物都是专门化专业化的结果。这也导致模块论具有不可证伪性，因此，它是一种不可行的模块论。

# 第七章　乔姆斯基范式：语言研究的
视域拓展还是局限

　　20世纪50年代晚期，乔姆斯基提出一种全新的科学方法，将语言能力研究纳入科学研究领域——转换生成语法研究。他反对布龙菲尔德的结构主义，尤其是行为主义，以批判斯金纳的行为主义开始他的认知主义阵地，他认为行为主义把人看成机器，机械输入输出，不考虑人的心智，不考虑人有思维。刺激—反应学习方法并不能实现语言学习自主，行为主义无法充分解释人类语言行为和人类语言学习。他的观点也为20世纪认知革命注入新鲜血液，直接引起认知科学的革命。①现在，分析哲学家大多都已经欣然接受乔姆斯基的生成理论，认为他的语言科学理论深刻改变了我们对语言的理解，使我们对语言习得有了新的了解。赞同的声音与质疑的声音交织在一起，至今从未间断。一些哲学家和语言学家质疑乔姆斯基语言能力研究范式框架。乔姆斯基不仅对外界的批评积极做出回应，还针对批评家们的心智和语言研究做出评价。乔姆斯基与分析哲学家之间存在分歧：一方面，哲学家们不接受乔姆斯基所谓的"方法论自然主义"；另一方面，即使有些哲学家接受方法论自然主义，本质上与乔姆斯基也不同，因为他们推崇"形而上学自然主义"，乔姆斯基概不接受形而上学自然主义。

---

　　① 有趣的是，认知革命的主要代表人物，心理学家乔治·米勒（George Miller）认为这里谈到的革命并不是对行为主义革命的否定，而是对行为主义否认介于感官输入和行为输入之间的内在心理媒介的回应。见Miller, G. A.，"The Cognitive Revolution：A Historical Perspective," *Trends in Cognitive Sciences*，2003，7（3）。

方法论自然主义和形而上自然主义构成重要的分歧。乔姆斯基对两种自然主义路径做出重要区分：方法论自然主义和形而上学自然主义。首先，作为自然主义者，乔姆斯基认为语言具有生物性、普遍性。他创立的语言研究理论概念框架自然以语言的生物性为基底，他遵循古老的科学传统，秉承科学精神，继承并发扬自伽利略、笛卡尔和牛顿以来的科学思想，重理性语言观，重形式化语言，运用形式的科学手段刻画语言特点。乔姆斯基的生成语言学是语言内在论的复苏，笛卡尔的时代并没有多少人重视内在论，尤其是，乔姆斯基批判行为主义继而探讨其他哲学家对他理论框架的批判，并做出回应。批评家们接受的方法论自然主义，无论是否具有意向性，都与乔姆斯基倡导的方法论自然主义立场不一致。但是，重要的是乔姆斯基与那些倡导形而上学自然主义的人之间有分歧，因为形而上学自然主义要将意向性自然化。乔姆斯基为什么不接受形而上学自然主义？为什么乔姆斯基对意向性自然化持保留观点？

# 第一节　方法论自然主义：科学研究的可行性论证

乔姆斯基认为自然主义研究是对实在物质世界的科学研究，因此，只要是物质世界的组成部分，无论涉及哪些方面，都可以进行科学研究。科学可以研究化学、物理学、生物学，当然也可以研究语言现象，甚至可以研究与语言息息相关的心智现象。对世界的科学研究，就相当于接受斯蒂芬·维恩伯格（Steven Weinberg）所谓的"伽利略模式"，即科学家对自然世界的感知，就是运用理论或者模型，解释物质世界各种现象，就是要制作模型，还原世界本来的样貌，模拟世界，对世界进行模型表征，就像自由落体、水的压强等物理问题的研究。因此，无论涉及自然世界的哪一方面、哪个问题，科学研究的目的就是对自然现象进行理论理解，不涉及人类利益，不考虑人文因素，也与人类关注点没有关系。因为，科学是对自然世界的高度理想化、模型化的解读，需要排除一切不利于构建理论的因素，对自然现象的解读虽然深刻但还是"狭隘"。我们说科学解释"狭隘"主要是因为科学研究不可能涉及自然界的各个层面，而且即使科学理想化也不可能还原世界的本来样貌。①科学研究必定深刻是由于自然界的理论解读主要是发现抽象理论，如基本的物理规律，不是我们的常识知识可以理解的，有时甚至与我们观察到的经验证据相背离，伽利略的自由落体学说就是这样。

乔姆斯基对语言和心智的解读是一种科学解读，主要依托方法论自然主义，是乔姆斯基解读转换生成语法的重要路径。这个理论是否可行，是否正确我们这里姑且不论，不可否认，这个路径贯穿乔姆斯基理论发展的每一个重要阶段，长达70多年。方法论自然主义核心思想与依据则在上文已经提到：语言也好，心智也罢，都是物质世界的一部分，科学可以解释所有物质现象，语言和心智也不例外，语言和心智都可以纳入科学范畴，运用方法论自然主义解读。

我们可以运用科学理论解释物质世界，虽然理论并不是人类解读世界的唯一方法；我们还可以发现物质世界的美好，对物质世界进行美学鉴赏，抒发我们的浪漫主义情怀；我们也可以使用艺术手段大胆再现世界的美好；我们还可以运用语言文学再创造世界之浪漫星空。人类通过艺术想象对天空的鉴赏绝对不是天文学和物理学等科学范畴可以包含的，绝对是人类心智创造性的体现，是天马行空，是我们心智的自由驰骋。②但是，如果我们的目的是对物质世界做出理论解释，科学研究的理想化状态自然必不可少。语言能力的科学研究始于20世纪50年代，是乔姆斯基赋予转换生成语法这个任务，为人类本族语言提供一种可以验证的计算属性刻画。③方法论自然主义是这一科学研究的路径，其主要任务是描述语言的递归过程，刻画语言的层级，表征语言的创造性，运用有限简单语言单位汇聚生成无限复杂之语言表达，其理论基础是德国语言学家洪堡特的"有限形式的无限运用"。我们可以借用乔姆斯基的术语来讲，语言研究与数学研究

---

① 正如乔姆斯基所言，实在世界经验的交际研究就是解读者的研究，但这不是经验研究关注的问题。详见 Chomsky, N., *New Horizons in the Study of Language and Mind*, Cambridge: Cambridge University Press, 2000。

② 乔姆斯基1957年出版的《句法结构》节选自他的里程碑式的著作《语言理论的逻辑结构》。

③ Miller, G. A., "The Cognitive Revolution: A Historical Perspective," *Trends in Cognitive Sciences*, 2003, 7 (3).

一般无二，递归过程促成语言生成并帮助我们理解无限句子，包括我们以前从来没有听过讲到的句子，一种"内在语言能力"通过转换规则转变为外在的语言行为，或者由"内在语言"生成外在语言句子，以此表征内在语言，表征心智。①外在语言因此构成句子表征形式，内在语言由心智结构构成，是语言语法规则总和，也是乔姆斯基所说的普遍语法。生成理论语言学家的任务就是理解内在语言，即语言能力，如何实现对"有限形式的无限运用"，生成无限句子，犹如物理世界原子到分子再到物质形成的过程。乔姆斯基将语言能力的这种特性称为"离散无限性"，此外，还有语言递归性。无论是离散无限性还是语言递归性，都是语言创造性的体现，其原理则是从一到无穷，从有限到无限。生成语法框架下，句法和语义过程的计算模型，将基本成分通过各种转换机制（如动词名词化、被动以及疑问句生成机制）生成复杂表达形式，就是对语言能力的理论解读。生成语法的目的就是发现语言能力的计算属性和生成机制，也称为普遍语法，其基础是：乔姆斯基观察到人们能够理解并输出无限多句子，且不是同义句式的简单重复，具有语言创造性，这个能力进一步提出三个问题。

（1）何为可理解并输出句子的内在知识系统？

（2）内在知识系统如何得以发展并稳固下来成为普遍语法，内化于心智？

（3）如何运用内在知识系统储存的语言规则理解并输出语言？

语言研究说明成年人的内在语言或者语言能力主要是由显性知识和隐性知识构成，是语言内在的语法规则，因为我们大脑中已经预存了大量的句法规则、语言材料和语义成分，② 包括语言中涉及的名词与指称词之间的相互替代、同义词之间的替代。如果我们要回答内在知识系统和语言能力问题，乔姆斯基的生成语法需要寻求我们推断事实的基本计算原则。我们可以利用下面三个例子来说明。

---

① "I"代表"个体"、内在、内涵的，与 E 刚好相反，E 指的是外在或者外延。

② Belletti, A. and Rizzi, L., *On Nature and Language*, Cambridge：Cambridge University Press, 2002.

（1）玛丽说她明天会来。

（2）她说玛丽明天会来。

（3）她女儿说玛丽明天会来。

在句子（1）和（3）中，专有名词"玛丽"和普通名词"女儿"都可以作为代词和物主代词"她"的先行词。如果英语谈话人知道在句子（1）和（3）中的回指照应以及先行词，而在句子（2）中则不存在，那么第二个问题出现了：儿童如何学习这种差异？回答前两个问题涉及认知革命中的转向，从人类行为研究转向认知结构和过程研究。乔姆斯基认为，如果有人认为语言使用问题引发的问题可以通过自然主义路径研究，那就错了。半个多世纪以来他反复强调语言的创造性不可能运用理论解释，也不可能形成科学解释。①但是我们可以对前两个问题进行科学研究。第一个问题的研究可以运用"描述充分性"原则，第二个问题则以"解释充分性"为准则。②第二个问题还有助于我们解释儿童如何通过语言能力构建内在语言。换言之，第二个问题就是要说明我们如何刻画语言能力的初始状态，是不是语言能力使儿童将语言素材转变为一种特定语言的语法知识并形成语言规则内化于心智？

乔姆斯基一直认为原始语言数据就是他所谓的"刺激匮乏论"，即儿童在语言环境中得到的语言刺激，不足以让他们习得语言的各种语言知识和语言规则。因此，也成为能够回答第二个问题的充分条件之一，即内在语言能力是普遍语法，使得儿童在某个时期具有某种习得机制。刺激匮乏论据——成人内在语言大都取决于儿童阶段累积的语言素材还涉及三个前提：第一，语法知识不可能通过学习得到，父母不可能教会婴幼儿如何分析句子构成成分；第二，儿童接触到的话语极其有限，呈现为片断的、零散的，不过是一部分语言词语，不具有系统性；第三，即使儿童习得语法规则，语法知识并非全部源自他接触到的话语，原始语言素材不过是让儿

---

① 乔姆斯基观点与笛卡尔一致。笛卡尔认为，语言创造性就是语言完美论，人类无法解释，理论解释不了，甚至科学也无法企及。Chomsky, N., *Cartesian Linguistics*, New York：Harper and Row, 1966：34.

② 描述充分性和解释充分性之间的区别。详见 Chomsky, N., *Aspects of the Theory of Syntax*, Cambridge, Massachusetts：The MIT Press, 1965：30。

童可以识别某个句子是不是一种特定语言中的一个句子，属于特定语言，①
除此外，语言刺激无法提供更多语言信息。基于刺激匮乏论据，乔姆斯基
得出结论认为儿童不可能习得母语的语法知识，除非他先天就已经具有一
种隐性普遍语法，而且这种知识是一种专门负责语言习得的认知模块。②

## 第二节　方法论二元论问题：心智
## 问题解读之路径

科学哲学家们不会把物理学理论、化学理论或者生物学理论看作由物
质、运动、金木水火土等一般常识概念引导的先验概念支配。当代自然科
学哲学家认为，理论科学概念只有摆脱常识概念限制，科学理论才能发
展，正如牛顿的万有引力理论的确立。多年来生成语法理论在心智哲学家
和语言哲学家之间饱受争议，他认为这些批评的声音有一个主要前提，这
个前提问题是人类语言能力受到某种先验概念分析的限制，而先验概念接
受一般常识概念，如语言概念、知识概念以及心智概念。这些批评的声音
秉持双重标准：在自然科学中，理性标准完全取决于理论是否能够充分解
释自然现象。但是，自然科学中的理性标准应该不能生搬硬套、机械而简
单粗暴地运用到解释人类认知过程中，认知过程的理性标准应该具有独立
地位。乔姆斯基认为这种方法论与方法论自然主义相对立，是方法论二元
论，也是乔姆斯基反对奎因二元论的结果。

内在语言概念也面临两个哲学问题。第一个问题是成人语言使用者是
否了解本族语的语法知识，输出语言是否以语法知识为依据，婴儿是否生
来具有普遍语法。第二个问题就是语言能力或者其他认知能力的计算解释
是否取决于心智现象的常识概念分析，为什么分析哲学家们需要了解语言
使用者是否了解母语语法知识、了解语法规则。这个问题还可以分解为两

---

① 这是"否定证据"问题，详见 Boeckx, C. & Hornstein, N., "Les differents objectifs de la
inguistique theorique", in *Cahier Chomsky*, edited by Bricmont, J. and Franck, J., Paris：
L'herne, 2007。

② Putnam, H., "The Innateness Hypothesis and Explanatory Models in Linguistics," *Synthese*,
1967, (17).

个次问题来说明。（1）某一特定语言中是否的确存在一种语法规则，语言使用者能够依据规则将内在语言能力生成所谓的外在语言句子表征思想。那么，这个问题还要涉及一个重要前提，即外在语言与内在语言相比哪个更重要？（2）仅借助于概念来分析外在语言和语言规则之间的认知关系是否合适。

我们先考察第一个问题。哲学家埃德蒙德·L. 盖提尔（Edmund L. Gettier）1963 年发表了一篇文章，说明个体人 S 具有确定性真信念 P，尽管我们不能从"知道"这个语词的一般意义上来说 S 知道 P。① 多数分析知识论者认为我们应该摒弃传统的知识观，不应该认为"确证的真信念"就是知道命题的充分条件。自盖提尔以来，分析论者也在不断思考，除了真信念以外，命题 P 转化为真知识 P 还要附加什么条件。我们相信命题 P 可以说明我们知道是 P，不需要附加任何其他条件。他们还认为知道命题 P 并不能使我们相信 P，命题 P 不一定为真，我们可以通过一个句子内容说明命题 P，而且认为这个信念为真。既然谈话者不能言明其外在语言的语法规则知识，那么，语言使用者与语法规则不可能构成信念关系，更不可能构成知识关系。

语言能力的科学研究受到知识概念的限制，可以归入方法论二元论范畴研究。分子生物学理论的成功发展使科学哲学家深受启发，DNA 分子的双链模型没有局限于生命的一般概念，生成语法理论的成功同样没有满足知识的一般概念。我们是不是可以因此得到启发，得出如下结论：如果我们的目的是满足语言能力的科学研究要求，那么，一般概念知识则不适合语言能力研究，方法论二元论足以满足该语言能力研究。

分析知识论者的第一个问题：是否外在语言的所有句子都可以看作由语法规则生成，具有独特性并且可以进行验证？奎因在 1972 年提出不同论点反对乔姆斯基的内在语言生成论。②很显然，如果存在一种独特而又得以验证的语法规则，可以生成外在语言的所有句子，但是句子中生成的名词不正确，语言使用者是否了解语法规则知识则无关紧要。为了说明语言使

---

① Gettier, E. L. , "Is Justified True Belief Knowledge?," *Analysis*, 1963, 23 (6).
② 奎因的句法非决定论假设的论点独立于他 1960 年提出的翻译不确定性观点。

用者不是先天具有语法规则的隐性知识，奎因对符合语法规则的语言事实和规则支配的语言行为做出区分。他认为外在语言的句子可以看作人工语言逻辑的"合式公式"。我们不能认为语言使用者的语言行为仅仅受到单一规则系统的支配。他还提出两个假设。第一个假设：语言使用者的语言行为不受到语法规则支配，除非语言使用者能够明确说明该语法规则并遵循规则生成话语句子。第二个假设：假设句子属于外在语言，那么，我们认为生成句子的规则还应该存在其他竞争规则系统。因此，奎因指出，语言学家认为语言使用者的语言行为符合多个规则系统，而不是仅仅符合一种单一规则系统。

乔姆斯基对此做出回应。一方面，乔姆斯基看到，"合式公式"的逻辑概念不适用于自然语言句子；另一方面，语法规则竞争系统之间的相较并不局限于外在对等。转换生成语法的方法论包括弱外在对等和强内在对等之间的区别：如果两种规则系统生成同样的句子，那么两种规则系统则是弱式对等；如果两种规则系统对生成的句子结构描述相同，两种规则系统则是强式对等。

奎因还进一步说明，语言学中严重缺乏经验证据。对于外在语言句子的结构成分，其句法和语义假设证据仅仅限于能够观察到的语言行为。奎因指出："心理学领域其他研究可能不是行为主义，但语言学别无选择。我们每个人通过观察别人的语言行为学习语言，通过观察、强化或者纠正才逐渐形成我们自己的语言行为。我们依赖的就是外在语言行为。"[1] 依据奎因结构主义假设，当然，单一语言使用者的语言行为观察只对该语言的语言使用者有效，例如汉语观察不会对法语或者英语为母语的语言使用者起作用，而且汉语使用者也不可能通过观察、纠正强化语言行为让法语或英语等其他语言为母语的儿童习得汉语。

显然，奎因的经验证据受限论前提是儿童习得母语，语言学家面临同样任务。但是乔姆斯基认为这种假设存在问题。他认为母语习得是一种自发的过程，在习得语言过程中，儿童并非有意识地做出选择。他们只是将

---

[1] Quine, W. V. O., *Pursuit of Truth*, Cambridge, Massachusetts: Harvard University Press, 1990: 37.

认知能力运用到语言素材的生成过程中。另外，语言学家有意识地运用所有相关经验证据，发现与内在语言相关的句式结构。① 语言学家运用的科学论据不适用于儿童语言习得。我们可以借用三个例子说明。首先，人类大脑的神经结构与语言假设相吻合，即适用于语言学家进行研究，但不适合儿童习得语言。其次，语言学家可以系统比对相同词语构成的合法句子和相同词语构成的不合法句子，并构成最小对立句对。语言学家建构的不符合语法句子不可能恰好构成儿童习得语言的原始语言素材。② 最后，乔姆斯基还指出，母语为日语的语言使用者说明他的确具备某种复杂语法原理P，但是我们不能说明儿童在习得日语过程中积累的原始语言素材也是遵循句法理论的结果。③ 如果是这样，那语言学家完全可以认为抽象句法原理就是普遍语法，是语言的初始状态，句法原理知识就是语法知识。普遍语法是所有儿童习得语言共有的一种机制。法语语言使用者也好，英语语言使用者也好，成人语言使用者的句法原理知识源于普遍语法，而不是源于儿童时代接触到的话语。因此，成年英语语言使用者的内在语言解释和法语使用者的语言描述都归因于普遍语法，并取决于他们的个人语言经验，即普遍语法具有必然性，接触哪种语言以及具有哪种语言经验取决于接触的环境以及个人的语言经验，具有偶然性。

除奎因外，塞尔也质疑语言能力和其他认知能力的计算路径解释。④他认为任何一种心智现象解释都必须满足联结理论的限制。如果一种心智状态对于意识主体而言不可能接触到，那就不能算作真正的心智状态。人类认知能力不能通过自省解释，不能通过理性解释，更不能诉诸计算解释。因为，不是所有存在都具有客观性，某些存在具有主观性。因此，人类为了追求真理、认识客观世界，就一定不能掺杂主观偏见，科学无论如何也不能与主观因素相容，很久以来主观客观的认识论和本体论之间的界

① Chomsky, N., *New Horizons in the Study of Language and Mind*, Cambridge: Cambridge University Press, 2000.
② Laurence, S. and Margolis, E., "The Poverty of the Stimulus Argument," *British Journal for the Philosophy of Science*, 2001, 52 (2).
③ Chomsky, N., *New Horizons in the Study of Language and Mind*, Cambridge: Cambridge University Press, 2000.
④ Searle, J., *The Rediscovery of the Mind*, Cambridge, Massachusetts: The MIT Press, 1992.

定都不清楚。这个观点也受到认知科学家们的批判，因为他们认为认知科学的首要任务就是说明心智过程的功能不可能通过自省一种路径而得以解释。

对此我们采用两种方法回应塞尔的质疑。首先，塞尔没有具体说明意识主体怎样才算是接触到某种心智内容。他也没有解释如何能让主体感受到某种无意识心智状态。这里我们举例说明。如果一位盲人生病了，他大脑视觉模块部分受损，丧失了视觉经验，看不到形状、轮廓、物体尺寸、质地以及物体颜色，[1] 那么物体的视觉属性能算作病人可能感知到的意识状态经验吗？病人的这种意识经验与健康主体感知到的完全一样吗？其次，我们再来考察一下潜意识感知，给视觉健康主体瞬时看一个词语，他有时间感知到词，但是如果他不认识这个词，即所谓的视而不见，于他而言，不过是几个字母组合形式而已。又或者他以前知道这个词，但是该次呈现刺激大脑皮层时间过短，意义一时间没有提取出来。在这种情况下，他仍然可以提取这个词的意义，一种无意识处理过程同样可以说明瞬时认知一个词的意义。[2] 如果感知内容呈现时间长一些，意识主体可能会意识到内容，潜意识感知内容可以算作有意识感知吗？塞尔没有具体说明意识主体感知的内容，联结理论似乎也存在排除经验内容的可能性，因此不可辩驳。

另外，乔姆斯基指出，联结理论本身可以回答心智状态标准问题是什么。依据这个标准，意识主体感知可接触性正是意识主体感知到心智现象的途径。物理科学哲学家们认为他们并不想提供一种诸如电子、光子、机械和化学现象之类的构成标准。但是，如果塞尔不能把语言能力受到先验概念影响看作前提，他不可能应用联结理论解释。依据方法论自然主义，乔姆斯基建议运用"心智的"与物理科学家使用的"机械的"、"光子的"、"电子的"和"化学的"相对应，都用于指称世界的不同层面问题，这样就不必预设本体论和形而上学问题，避免出现麻烦。

---

① Weiskrantz, L., *Consciousness Lost and Found*, Oxford: Oxford University Press, 1997.

② Marcel, A., "Conscious and Unconscious Perception: Experiments on Visual Masking and Word Recognition," *Cognitive Psychology*, 1983 (15).

## 第三节　形而上学自然主义：科学
### 语言观视域之局限

　　乔姆斯基的科学语言观是他所有工作中的重要课题，他认为语言学和心理学、物理学和生物学都研究自然界的现象，没有什么区别。因此，他创造了术语"方法论自然主义"路径研究语言和心智，当然，方法论自然主义也可以解释为什么乔姆斯基赞同内在语言研究，语言能力研究和普遍语法是乔姆斯基最重要的研究范式，贯穿于他的研究始终。谈到方法论自然主义，我们必然要提及形而上学自然主义。①乔姆斯基认为各种形而上自然主义都有很大问题，甚至激进地认为这些观点几乎都站不住脚。他认为形而上自然主义与方法论自然主义不同，形而上学只是一种本体论观点。传统的认识论自然主义源于休谟，如果只把形而上学自然主义看作一种心智研究的经验理论，还颇有建树。但是，奎因的"认识论自然主义"也遭到批判。奎因认识论自然主义根基是行为心理学，与科学没有关系，而且，如果我们把认识论自然主义看作一种哲学观点，而不是规范科学，这个观点有可能成为一种自然主义路径。但是，乔姆斯基认为视觉系统找不到一种切实可行的科学方法进行经验研究，心智研究也如此，没有一种科学方法能够对心智进行经验研究。②

　　乔姆斯基认为形而上学自然主义情况更糟。这个原因要追溯到牛顿，尤其是牛顿的发现使牛顿无法接受机械论，因为物质的概念一直在发展，无法确定，或者说牛顿理论只能解释物质运动、天体运动，完全没有把心智考虑在内，根本没有研究心智，甚至有意避开心智问题。对于牛顿而言，心智就是"魔鬼"，笛卡尔机械哲学解释不了，牛顿也没有解释，机械论解释不了。牛顿赶走机械论，机器中的魔鬼也驱散了，结果是魔鬼没

---

①　形而上学自然主义形式多样，主要包括取消物理主义和各种其他形式物理主义，以及奎因的认识论自然主义。详见 Chomsky, N., *New Horizons in the Study of Language and Mind*, Cambridge：Cambridge University Press，2000。

②　Chomsky, N., *New Horizons in the Study of Language and Mind*, Cambridge：Cambridge University Press，2000.

受到任何影响，已然消失的心身问题又苏醒了。①

我们不可能把物理的概念与我们所了解的其他世界客观事物区分开来，因此，任何一种形而上概念立场都是徒劳，取消物理主义也不例外。②认识论自然主义哲学观点相当于视觉自然主义，赞同形而上自然主义就是遵循形而上学一元论，与笛卡尔的身心本体二元论相对立。笛卡尔的本体二元论认为心智实体不是物质实体，是另一种不同于物质实体的实体，因为心智不能还原为物质实体。如果我们坚持物理主义一元论，就要认定所有化学、生物学、心理学、语言学以及文化等等都是物理过程，这些都要遵循基本的物理规律和物理理论。物理主义者认为，心身关系的本体问题就是要找到一种方法将心智实体还原为物质实体。

乔姆斯基希望借助于计算模型解释语言能力，为物理主义本体论辩护。如果心智过程是一种计算过程，如果计算过程可以通过机器模拟操作执行，人类认知能力的计算模型因此可以解释说明遵循物理理论和物理规律的机器可能具有心智和认知能力。这个论点主要是坚持物理主义和自然主义的哲学家们提出的，在乔姆斯基本人的论著中找不到这个观点，更没有发现任何佐证。机器无论从抽象层面还是具体层面而言，与生物实体（乔姆斯基生物基础即他提出的语言能力）都不同，机器就是人类智慧的体现，是人工产物，从根本上而言，其功能还是取决于设计者的意图，这个意图是设计者的心智表征，具有倾向性，具有创造性，也会有些许随机性，这种复杂的心智内容远远超越了科学研究的范畴，绝非冷冰冰的机械可以模拟，更谈不上超越。人工智能也如此。自冯·诺依曼（Von Neumann）、艾伦·麦席森·图灵（Alan Mathison Turing）以来，计算机科技得到长足发展。人机交互、无人驾驶、遥控倒车、虚拟现实以及 2014 年出现的 Pepper 机器人，到阿尔法狗，再到最近备受关注的 ChatGPT 等人工智能发展，在很大程度上已经实现对人脑的模拟，但模拟终究只能是模拟，不是取代，不可能取代，尤其是人类的喜怒哀乐，各种复杂而又细腻的情

① Chomsky, N. , *New Horizons in the Study of Language and Mind*, Cambridge：Cambridge University Press，2000.

② Chomsky, N. , *New Horizons in the Study of Language and Mind*, Cambridge：Cambridge University Press，2000.

感，机器永远不能明了，更不能准确捕捉。人类的心智，机器永远不懂；人类的柔情，机器永远不能比拟。因此，乔姆斯基认为，机器智能模拟人类一部分行为，我们不能以此认为机器可以全方位模拟物质世界，认为机器可以理解语言，更加不能认为机器具备解读语言的能力。因为语言能力结构和功能不依赖于任何设计者的意图。①乔姆斯基没有因为计算理论能够解读语言能力，为物理主义辩护。几百年来，物理主义和物质二元论之间的本体论争论性质已然改变，已经变为两大主题之间的伪问题，没有什么实质内容。况且，物质形式从来没有停止发展，以前是原子，现在是量子，以后呢？人类无法预测物质的终极形式是什么，以什么形式存在。

心身问题在 17 世纪中期笛卡尔时代就已经是一个重要的认识论问题，人们认为，笛卡尔可以运用机械论解释物质世界。笛卡尔看到心智机制（语言的创造性方面）根本不能运用机械论解释，因此，他逐渐转向理性主义，接受本体二元论，认为心智与身体不同、心智实体与物质实体不同、心智和物质不同，心智是一种"思维物质"。然而，机械原理同样也不能解释牛顿的万有引力定律，自此，机械论被搁置一旁。牛顿重力理论成功解决了超距作用问题，万有引力成为天体和地球力学的统一理论。然而，心智问题依然没有得到解决。正如乔姆斯基指出，牛顿力学成功解决了机器问题，但是"魔鬼"还在，没有解决笛卡尔的心智概念，没有解决语言的创造性问题。

笛卡尔的接触力学理论，可以用于解读简单的物体运动概念。② 但是，由于人们摒弃笛卡尔接触力学，理论物理中物体或者物质实体不再存在科学概念。乔姆斯基对物理主义提出真正挑战，如果物质实体的概念表达缺乏科学内容，物理主义和物质二元论之间的本体论争论也没有任何意义。随着每一阶段科学的发展，物质概念在不断延伸，至今物质与物质的各种形态尚无定论。

---

① 这是乔姆斯基观点的一部分，认为对人类行为的意向性解释已经超出自然主义研究的界限。

② 至少，接触力学是常识物理学所期待的物体运动方式。Spelke, E. S., "The Origins of Physical Knowledge," in *Thought without Language*, edited by Weiskrantz, L., Oxford: Oxford University Press, 1988.

当代哲学家赞同物理主义一元论，他们坚持心智实体和物理实体的同一论观点，甚至有些哲学家坚持还原同一论，还有些哲学家坚持非还原同一论，还有一些哲学家赞同心智实体取消论。物质概念在理论物理学中的地位已经没有那么重要，乔姆斯基不接受任何形式的心智还原论，但是他赞同科学理论统一的认识论目标。他认为物理科学史正好说明不同本体层次之间的实体研究指向科学理论的统一、化学中的分子理论以及物理学中的原子理论的统一，生物学中的细胞理论则需要较低层次的原子理论做出调整改变，以便可以顺应较高层次的分子理论。

乔姆斯基的科学统一观还包括较低层次的神经科学理论与较高层次的认知能力的计算理论之间的统一，即大脑各个部分的神经科学解读做出调整顺应人类认知能力的计算模型解读，前提是认知神经科学要经过更大程度上更大范围内的调整才能与计算理论相统一。

如此看来，物理主义一元论是否可以通过降低本体论承诺标准来满足乔姆斯基的科学统一呢？例如，科学是否可以将两类事物之间的物理主义区别最小化，将两类事物都看作物理实体，其中心智具有基于内在结构的复杂性创造性？物理主义有没有可能借助这种最小化区分来满足乔姆斯基的科学统一呢？① 答案是否定的。原因显而易见，即科学使将两类事物心身之间的区别最小化也还是面临困境，除非物理科学能够充分彻底描述实在世界的所有物质现象、所有物质形态、所有事物，否则不能达到乔姆斯基的科学统一。如果物理理论可以充分解读实在世界，那么心智实体就是物理实体，或者还原或者随附于物质，不是哲学家所谓的"魔鬼"或者"含混不清"的物质。如果物理科学不能充分揭示自然界，那么我们仍然搞不清到底什么是物质以及物质的各种形态，物质实体具有何种物理属性。

乔姆斯基科学统一至少提出了三个基本问题：（1）理论统一的认识论是否独立于本体论？（2）物理理论和神经科学理论赋予何种权威来调整认知科学发展提出的本体论争议问题？（3）对于科学物理理论和简单物理理

---

① 索尔·克里普克（Saul Kripke）倡导本体二元论，因此他不可能接受心智属性是大脑中涌现的属性。Kripke, S., *Naming and Necessity*, Oxford：Blackwell, 1982.

论，又赋予何种权威理论来协调争议问题？

用杰弗瑞·伯兰蒂的术语来讲，乔姆斯基的观点就是方法论物理主义，我们应该找到一种可以统一人脑机制的计算路径研究和神经科学研究。伯兰蒂所谓的方法论物理主义依据认识论是否具有合理性？[①] 如果理论的统一和科学的统一是一种可行的研究路径，那这种统一是不是一种纯认识论路径？我们怀疑认识论的目的是寻求不同层次理论的统一，而且层次概念本身就是本体论概念。我们区分分子的化学层次和原子的物理学层次，因为分子由原子构成。神经科学研究人脑构成各部分的功能和结构：生物学研究生物机体，研究细胞，研究生物体的原组织；语言的研究也始于微观语言结构，从语音到语词，再从语词到语义。计算理论研究大脑的"涌现"属性，如视觉感知能力和语言能力。现在，乔姆斯基认为弗农·蒙卡斯尔（Vernon Mountcastle）的观点"心智，或者心智事物，是大脑的一种涌现属性"是公理。[②] 但是，这个观点根本不是公理，这是一个本体论观点，用于解读方法论物理主义，主要是为了说明大脑的运行机制过程是神经科学理论与计算理论之间的认识论统一。

乔姆斯基接受弗农·蒙卡斯尔的本体论观点，认为认知能力就是人类大脑的属性，但是他从来不是还原论者，不承认心智实体具有物理属性，也不认可心智实体可以还原为物理实体。本体二元论反对者们认为认知科学的本体论争论受到理论物理基本概念权威限制是不对的，也是没有根据的。对于物理主义一元论而言，人类认知能力特点取决于人脑的神经组织结构，是人脑的各种结构抽象而来的。他们甚至认为当代基础物理理论依然不能充分解释粒子，我们也没有理由认为基本物理理论的激进修订方案就一定会促成我们对分子运行机制的科学理解，尤其是在神经科学中，神经元的放电现象更为复杂，不仅涉及分子机制，还有神经元之间的信息传递，以及人脑各个模块之间的功能和互动。

---

① Poland, J., "Chomsky's Challenge to Physicalism," in *Chomsky and His Critics*, edited by Antony, L. M. & Hornstein, N., Oxford: Blackwell, 2003.

② Edelman, G. M. and Mountcastle, V., "An Organizing Principle for Cerebral Function: The Unit Module and the Distributed System," in *The Mindful Brain: Cortical Organization and a Selective Theory of Brain Function*, Cambridge, Massachusetts: The MIT Press, 1978.

最后，乔姆斯基对物理主义提出的质疑预设只有科学概念能够解决本体论争论。当然，这里所说的科学概念并不是常识概念。① 物理主义者应该做的事情是：从两个方面重新考察概念的作用，一方面从理论物理学的维度考察；另一方面是从常识角度思考，并对认知科学发展中出现的本体论争论做出裁决。

我们首先考察一下戴维森的物理主义一元论，该理论的非还原论运用的一个前提，他称之为"异常一元论"。依据他的观点，任何心智事件都是一种物理事件，但是没有任何心智概念或者谓词要还原为物理概念或者谓词。一方面，物理定律包含于物理事件关系中；另一方面，心智事件当中包含因果关系，甚至心智事件和物理事件之间也存在因果关系。然而，依据戴维森所谓的"心智异常论"，心智事件之间的因果关系不包括真正的心智法则，而且在心智事件和物理事件的因果关系中不存在真正的心智法则，更不遵循心智理论。戴维森认为，心智异常论是对严格意义上的物理定律和心智关系中的自明之理之间反差的思考。②

乔姆斯基认为常识心理学的异常论基础也构成常识物理学的基础。理论物理学和常识心理学之间的差异也构成理论物理学和常识物理学之间的差异。理论物理学概念和常识心理学概念之间没有可以嫁接两者的桥梁法则。作为非还原论物理主义提倡者，戴维森认为心智概念和物理概念之间的关系是一个认识论问题，这个问题在常识物理学和理论物理学概念关系中没有出现。但是，如果戴维森不接受方法论二元论，那"心智异常论"则迫使他不得不接受常识物理学。③

简言之，我们可以通过以下五点说明乔姆斯基所持的立场。（1）后牛顿理论物理学以来，我们已经没有探讨"物质"概念的余地。（2）根据乔

---

① 乔姆斯基认为，任何科学研究，包括基础物理学以上层次的科学，创设的概念都与常识的一般概念没有连续性。详见 Chomsky, N., *New Horizons in the Study of Language and Mind*, Cambridge：Cambridge University Press，2000。

② Davidson, D., "Mental Events," in *Essays on Actions and Events*, Oxford：Clarendon Press, 1980.

③ 常识心理学提出了一个常识物理学没有提出的问题。这两个学科与理论物理学的定律不同，两者都是在其他条件不变的情况下，承认例外情况。而且戴维森指出，常识物理学的概念应用与常识心理学概念应用不同，心智概念的应用以理性主义为前提。

姆斯基观点，目前研究人类认知能力的可行方案就是，人类认知能力的计算理论与研究人脑功能和结构的神经科学理论相统一。（3）人类认知能力是人脑的涌现属性。（4）本体论观点的接受为科学理论统一奠定了基础。（5）即使"物质"概念在基础理论物理的科学理论中已经没有研究余地，但物体概念仍然在常识物理学中起到重要作用，而且笛卡尔理性哲学原理对科学发展很重要。

"物质"概念和心智实体概念不构成实在世界研究的成分，因此，有关物体和心智实体关系本质的本体论争论也不是科学研究的对象。但是，物体概念和心智实体的研究依然分属于常识物理学和常识心理学研究范畴。乔姆斯基称之为"民族学"，主要研究常识概念根源问题，研究不同文化中的人们如何通过常识概念形成对世界的非科学表征。如果我们对世界的概念表征是由于常识而形成的，那么常识概念表征构成人脑的特点，因此，常识概念表征本身也构成世界的一部分。如果常识概念表征是世界的构成部分，那么民族学就是世界科学研究的一个分支。心智实体和物体概念关系研究也就是对世界概念表征系统的自然主义研究，也是运用常识概念表征世界的研究。

## 第四节　方法论自然主义：意向性研究视域拓展

意向性就是一种心智能力，是对事物、物体以及事件状态和属性的表征。意向性构成语言哲学和心智哲学的界面。意向性与现象学关系密切，构成现象学核心学说的依据。现象学认为，我们执行的每一种行为、话语以及经验，都具有意向性。正如胡塞尔所言，意向性是意识的根本特性，每一种显性我思的本质都是主体对某些事物的意识，即意识就是具体情况下主体对某事物的认识程度，关乎意识客体，更关乎意识主体。意识就是有关意识对象的意识，事物的确显现于我们的大脑中，我们确实能够揭示事物的存在，自此，我们将内在世界心智与外在世界构建了一座桥梁，突破笛卡尔的自我中心困境论，从此心智不再是魔鬼，开始一点点被揭开面纱，为我们所认识，尽管我们还不能完全揭开心智的神秘面纱。

意向性术语本身源于中世纪经院哲学。19 世纪晚期，布伦塔诺重新引入意向性概念，他认为意向性包含以下三点：（1）意向性概念构成意向性，因为意向性存在于各种心智行为与心智状态中，正如心智行为如爱、恨、欲望、希望、信念、判断、感知以及其他种种，这些心智行为都指向外在世界客体。（2）心智意向性指向的所谓物体具有布伦塔诺所谓的"意向内在性"（intentional inexistence）。他的"内在性"（inexistence）概念曾经引起学界的热议：有人认为布伦塔诺的意思是"不存在"，还有人认为其存在于心智内部，甚至还有一些哲学家认为两种意思都存在。① （3）意向性是心智的标记：所有心智行为和心智状态都具有意向性，或者是只有心智行为和心智状态才具有意向性。

　　假设我们接受布伦塔诺的第一个论点，即如果不存在爱、恨和希望的对象，那么我们就不能说爱、恨和希望，这是意向性的构成要素。如果具有意向内在性指向的物体不存在，那么意向性本身也无法例示。但是，"爱""恨""羡慕""渴望"则不仅指向具体事物，还指向抽象物体如数字、方程和函数等数学概念，神话人物如"嫦娥"以及小说塑造人物"哈利·波特"，无论神话人物也好，小说创造的人物形象也好，都不存在。人类甚至还会想到一些不可能存在的数字和几何图形，如最大的质数、偶数和最大值、最小值，如方形的圆圈，等等。因此，如果我们接受布伦塔诺的前两个意向观点，我们要面临哲学逻辑中的一系列本体论问题。首先，实在世界是否存在意向物体？意向性现象的认知是否要求我们假设意向性物体的本体范畴？可能存在不能存在的物体吗，如"飞马"和"金山"？这些问题反过来也只是分析哲学中的一大分歧。一般情况下，我们得到的回应还是否定的。但是，也有哲学家赞同意向对象理论，他们认为答案是肯定的，的确有些事物不存在。然而意向物体理论也有反对声音，认为不存在这样的意向物体。②

　　心智语言哲学家奉行外在论意向性心智状态，也对布伦塔诺做出回应。外在论认为意向性不是认知系统的一种内在属性，而是认知系统与环

---

① Jacob, P., "Stanford Encylopaedia of Philosophy," http://plato. stanford. edu/.

② 罗素的描述理论和奎因的本体论承诺理论都反对意向性物体，也有些哲学家赞同迈农的不存在的意向性物体理论。详见 Jacob, P., "Stanford Encylopaedia of Philosophy," http:// plato. stanford. edu/。

境之间的关系。换句话说，个体的心智状态内容源于个体心智状态和环境赋予属性之间的关系。外在论心智哲学家赞同斯科特·索姆斯（Scott Soames）的解释：所谓的"运用语言的基本语义事实表征世界"，预设人类认知的功能就是表征世界。① 简而言之，我们可以区分两种外在论：一种是规范外在论，一种是描述外在论。规范外在论意向性认为意向性源于语言社区形成的规范。乔姆斯基反对任何一种外在论意向性。

规范外在论认为，外在语言表达形式通过所有语言使用者的语言实践形成。依据这个观点，个体的内在认知系统不足以确定词的意义和指称，也不能通过话语确定表征的信念内容。如果个体不属于某个语言社区，那么他的心智状态也不能说明意向性。语言外在论规范观认为，外在共享语言表达的意义和指称与内在语言构建的意义和指称相比具有先决权，原因是共享语言表征的意义和指称源于语言社区的规范，因此，意义和指称具有规范性。

规范外在论与乔姆斯基方法论自然主义不一致。这种不一致的观点主要体现为三方面：（1）乔姆斯基认为，外在语言表达形式源于内在的心智建构语言，该心智建构属于言者内化的内在语言。相反，规范外在论认为与言者的心智表征相比，外在语言具有理论先决权。（2）规范外在论认为如果不存在外在语言，人类交际不可能发生，外在语言表达形式是所有言者都理解的一种独有的公共语言意义。乔姆斯基不接受规范外在论对言语交际的解释，反而认为言语交际是一种可错的推理过程，内在语言的外在产物足以进行言语交际。②（3）乔姆斯基为了驳斥规范外在论的不合理性，为了说明语言语词和非语言实体之间不存在固定的指称关系，创造了很多例示句子。③下面几个例子可以很好地说明指称关系不能满足科学语义研究。

（1）The bank **burn**ed down and then it **move**d across the street.

---

① Soames, S., "Semantics and Semantic Competence," *Philosophical Perspectives*, 1989（3）：579.

② Sperber, D. and Wilson, D., *Relevance, Communication and Cognition*, Oxford：Blackwell, 1986.

③ 乔姆斯基认为，弗雷格的指称概念是一个语义专业术语，只能满足逻辑要求，用于弗雷格形式语言符号将算术还原为逻辑的情况。详见 Chomsky, N., *New Horizons in the Study of Language and Mind*, Cambridge：Cambridge University Press, 2000。

（2）The **book** that he is planning will weigh at least five pounds if he ever writes it.

（3）**London** is so unhappy, ugly, and polluted that **it** should destroyed and rebuilt 100 miles away.

句（1）中的动词 burn 隐含的主语主要指称一种具体的建筑，而 move 的明确主语则指称一种抽象概念机构，还可以具体为集中具体结构。这个句子中主语"the bank"一方面指称具体建筑，而另一方面又用于指称抽象事物"机构"。类似这样的词有很多，例如"学校""医院""餐厅"等等。句（2）中，"book"一词也可以解读为不同的事物。首先"book"可以解读为"write"的宾语，做宾语时，"book"指称一种抽象内容；然而"book"也可以指称具体事物，例如"book"作为具体事物，与一般物体一样，有形状、大小、厚薄以及轻重，因此可以作为"weigh"的主语出现于句首。句（3）中，无论是"London"也好，还是后面出现的"it"也好，这里都指称这个城市，是一种抽象实体，当然这两个词还可以指称所有居民、所有建筑、所有机构以及处所等具体事物。

乔姆斯基举出这些例子不是为了说明非实在论形而上观点，即唯心主义观点默认世界可以还原为语言或者心智现象。这些例子主要说明指称是人们使用语言执行的一种语言行为，或者言者运用语言表征世界，词语本身不指称任何事物或者语言可以指称实在世界多种事物。同一话语中，代词和代词指代的名词可以将指称转变为言者的意图，我们很容易理解这些指称。如果指称意图一直变化，那么在言者和听者之间指称则变成一个谜，言者不确定所指，听者不理解所指。

乔姆斯基认为，与人类语言知识相比，语言行为必定是一个谜。转换生成语法说明语言知识的科学理解方法和路径，语言知识就是语言能力。语言能力研究面临的问题以及解释意向行为时遇到的问题是一种认识上的差异。尽管乔姆斯基不赞同本体二元论，然而，他接受笛卡尔的自由意志论，认为人类意向行为与任何其他行为都不同，因为，人类意向行为具有非决定性、不确定性，人类可以自由选择不同的行为模式。我们可能会鼓动他人做出某种特定行为，做出某种决定，但是他还有可能做出不一样的行为，甚至相反的极端的行为。飞蛾扑火、跳入火坑都是对意向行为的描述。我们运用诸如"词"以及其他语言单位指称形式指称事物时，必定会涉及我们的心智状态，属于意向行为。因此，指称行为也是一种语言行为，具有意向性，指向意向客体，同时也蕴含意向主体，并涉及意向主体的自由意志，是一种认识论问题，不属于科学问题，借用笛卡尔的术语，即指称行为就是"语言的创造性"，是自由意志问题。

大多数哲学家赞同描述外在论，支持形而上学自然主义。描述外在论的主要目的就是运用意向性解读认知科学心理学，说明意向性可以"自然化"，或者换句话说，意向性也遵循物质世界的自然规律。因此，意向性自然化理论面临两个任务：说明意向性既具有因也具有果。如果哲学家们赞同意向性自然化理论，那么他们可能还会认为计算模型可以用来解释语言能力，可以运用计算表征理论解释心智现象。当然，作为心智的一部分，语言能力因此可以运用计算表征理论解读。针对这一点，乔姆斯基持否定态度。下面我们可以考察心智的计算表征理论特点。

首先，依据计算表征理论，所有认知过程都是计算过程。计算过程将表征看作输入，并依据纯粹形式规则转换为另一种表征形式。心智的计算表征理论还有一个前提，心智语言存在预设，存在一种"心智语言"，该心智语言由一系列具有句法和语义特点的符号构成，即心智语言的原始符号。心智语言的原始符号借助于句法特点形成组合表征形式，然后再形成抽象表征。① 福多认为，心智语言的原初语言应该具有"原初意向性"，并以此而生成其他各种符号的意向性，尤其是源于外在语言的语言符号意向性。

计算表征理论主要是就心智语言符号意向性与语言表达形式的意向性相对比而言，优先研究心智语言，这是哲学家和语言学家要做的事情。这个观点与规范外在论观点截然相反。规范外在论认为表征心智内容的外在语言或者语言行为具有先行权。心智语言意向性先于外在语言表征形式，不是一开始就与乔姆斯基反对指称符号的科学研究观点一致。假设我们听到猫叫声，那么这种听觉刺激使我们想到猫，想到猫的叫声。心智计算表征理论认为，声音刺激的感知过程激发了心智语言符号的出现，这个符号

---

① 思维语言符号被称为一种原始符号，因为它不是依据句法规则组合起来的符号形式。

就是我们对猫形成的概念表征：我们大脑中形成猫的意象，出现与猫相关的心智符号信息。

心智计算表征理论认为，并非所有思维都是意向行为。例如，通过听觉感知刺激的认知过程会转化为对猫的概念表征，这个认知过程不属于意向行为。如果认知行为是由刺激感知所致，也即听到心智符号刺激所致，那么我们对动物猫的概念表征不依赖于任何指向猫的意图。[①] 如果真是这样，心智符号指称的心智计算表征理论路径不能解释新笛卡尔自由意志问题。人类认知不需要借助外界刺激形成概念。人类具有自由意志，任思想驰骋，不必拘于过去，不必囿于现在，不必限于将来。

其次，福多赞同心智计算表征理论，思维语言原初符号的语义内容是心智符号的符号属性在具体环境下具体实例之间的规范关系所致。[②] 因此，原初概念符号通过与环境共变中"猫"的属性相结合进而提取该表征的语义内容。一般而言，原初概念意向性是通过认知系统和环境参数之间的心智物理相互关系派生而来的。[③]

再次，心智计算表征理论认为，心理学理论解释既具有意向性又具有规范性。一种行为是否具有意向性主要取决于意向性内容、信念内容和欲望。心智解读具有意向性，是由于一种行为的心理学解释把行为纳入包括人类意图、信念和欲望在内的内在心智状态。

最后，心智计算表征理论认为，心理学解读之所以成为因果关系解读主要是因为心理学原理通过计算机制得到补充。依据思维语言假设，信念和欲望内容还原为思维语言符号的语义内容，但是计算机制将心智符号转化为语音词汇并通过句法规则表征意义。

心智计算表征理论将意向性看作因果能力解释，因此，在常识心理学和认知科学计算模型之间架起一座桥梁。乔姆斯基就是做出最大贡献的一

---

① Jacob, P., *What Minds Can Do*, Cambridge：Cambridge University Press, 1997.

② 这个结论由心智内容的信息语义观点得出，福多在 1994～1998 年持这种观点。Fodor, J. A., *The Elm and the Expert*, Cambridge, Massachusetts：The MIT Press, 1994.

③ 福多坚持概念内容的原子主义观点，他认为每一种原始概念都不依赖于其他原初概念内容。Fodor, J. A., *The Elm and the Expert*, Cambridge, Massachusetts：The MIT Press, 1994.

位，他促成认知科学的计算解释。但是他并不赞同心智计算表征理论，他认为这个理论模型是形而上学课题，不属于科学研究的范畴，方法论自然主义无能为力。一方面，乔姆斯基接受笛卡尔观点，反对人类意向行为的因果解释，认为人类意向行为是自由意志的结果，不可能用因果解释说明。另一方面，人类行为如果依赖意向性，如果可以运用因果论解释，那么，也可以运用计算模型解释，因为计算模型理论可以解释人类认知能力，当然可以解释意向行为。

因果关系解释人类意向行为属于原始科学理论，不属于真正的科学理论，因为笛卡尔的自由意志概念属于常识心理学。因此，乔姆斯基理论出现问题：源于自由意志的新笛卡尔论点是不是方法二元论的个例，人类行为的原始科学心理学理论解释受到一种先验哲学思考支配，受自由的常识概念支配。

乔姆斯基认为认知科学和物理科学一样都是科学，伽利略模式适用于物理科学研究而且取得成效，成果颇丰，这个模式也可以运用到认知科学研究。认知科学研究，就目前科学发展状况而言，除了认知能力的计算理论路径外，没有其他方法可以对心智进行真正的科学研究。而且，心智的计算表征理论观点不能说明意向性具有明确的因，也不能说明意向性存在明显的果。

20 世纪哲学历程验证，布伦塔诺意向性概念出现逻辑困境，也面临本体论拷问，这些问题造成哲学逻辑学新问题层出不穷，重新思考审视意向性迫在眉睫。布伦塔诺意向性观点评估的结果如下：意向性是心智状态和心智行为的标准，这样很大程度上界定了现代心智哲学的范畴，界定了心智哲学中的一些重要概念以及各种概念之间的区别，如意向性概念和意识概念。自然科学家认为信息理论与哲学意向性之间存在重大差别，避而不谈意向性。哲学家就像一座桥梁，建立自然主义意向观，适时将意向性概念与信息概念连通。

意向性概念与自然科学概念相联系，揭示两种概念之间的重要联系。意向性得到形而上自然主义认可是一回事，这个层面已然实现，但是说明意向性概念是计算理论的构成部分，可以解读心智能力、可以进行科学实验研究是另一回事。乔姆斯基对基于意向性的人类认知能力科学研究秉持怀疑态度，而且，他也不赞同福多的观点，认为人类心智能力的科学研究与常识心理学一致。因为，常识心理学具有意向性，源于先验概念思考，不能通过实验验证，也不可能通过实验证伪。

福多赞同心智计算表征理论观点，他在解释该观点时，赞同一种计算语义观点，认为心智符号之间的语言关系是计算过程的特点之一。"大致来讲，计算过程就是符号之间的因果关系，这些符号关系都具有语义属性，问题是解释思维如何能够保存真言，图灵的思维计算观解释如何具体说明心智符号之间的因果关系，因为心智符号就是真言保存过程。"① 心智表征过程就是计算过程中内容加载的形式，这种内容就是意向性。如果这个观点成立，那么认知过程中的计算理论的解释力远远不够，因为认知过程面临这样一个问题：计算过程操控的心智符号究竟表征什么？

与福多不同，乔姆斯基不赞同计算的语义概念观点，他认为计算过程根本不需要考虑心智符号在语义解读时面临的问题。乔姆斯基提出内在论，认为内在论不要求确定计算过程使用的心智符号内容。② 他的内在论观点是一种对称理论，这个理论与他的最简方案理论一致。依据对称理论，内在语言句法生成心智表征，表征过程中，音系解读和语义解读同时进行。因此，由句法生成的心智表征构成双重表征，一重表征是语言声音的输出与感知，由大脑感官运动系统控制；一重表征是控制推理的概念系统。③

假设我们用字母符号 MR 代表与专有名词"北京"相关的心智表征，其由心智内在语言句法生成。对称理论认为，心智表征 MR 涉及非心智实体两种关系。其中一种，MR 可以被视作一种内在结构，可以让发声系统通过发声器官发出"北京"的音，因此 MR 与声音相关，发出的声音属于物理范畴，通过声波在言者和听者之间传递。另一种，MR 还与非心智实

① 匹考克和伊根也提出语言能力理论和视觉的计算理论，详见 Peacocke, C., "Content, Computation, and Externalism," *Mind and Language*, 1994, 9 (3): 234。

② G. 乌斯贝蒂 (G. Usberti) 用一种反实在主义理论发展了乔姆斯基的内在主义，一部分源于达米特的建构论，一部分源于迈农的意向物体理论。Usberti, G., *Internalism and Anti-Realism: A Proposal*, Mimeo, 2002.

③ Belletti, A. and Rizzi, L., *On Nature and Language*, Cambridge: Cambridge University Press, 2002.

体的实在世界构成一种指称关系，指称一座城市，使语言符号这个能指在实在世界与所指的"一座城市"相对应，是符号与实体之间的逻辑指称关系。① 乔姆斯基认为，如果实体性质没有得到界定，非心智实体也不可能存在任何确定概念，声音和所指称事物之间的关系同样不能确定。理论语言学认为声音和实体性质之间的关系界定没有科学意义，具有社会约定俗成性，具有任意性。作为内在论者，乔姆斯基反对语言的外在论观点，认为心智表征与非心智实体之间的外在关系无法通过科学方法得以界定，不具有科学性。

# 小　结

句法表征的语义解释和音系解释具有对称性，可以运用计算原理解释，由此乔姆斯基区分两种概念表征：一种是前理论的关系概念②，一种是理论的非关系概念。关系概念就是布伦塔诺提出的意向性意义，即任何一种表征都是某种事物的表征。前理论概念在计算理论的非形式表征中起到辅助作用，但不属于计算理论本身。前理论概念对计算理论的作用就是明确说明表征的形式概念，也可以说完全是一种句法概念，要符合计算机制的各种定律。乔姆斯基赞同内在论，赞成计算主义的逻辑句法观点，这也是他与其他哲学家之间的分歧。多数哲学家赞同布伦塔诺意向性观点，因此也支持索姆斯观点，认为语言的最本质属性就是表征实在世界。

---

① Chomsky, N., "Reply to Poland," in *Chomsky and His Critics*, edited by Anthony, L. M., Hornstein, N., Oxford: Blackwell, 2003.

② 前理论概念在这里主要是指乔姆斯基的内在论概念，即语言取决于心智概念。这些内在论概念构成语言能力的基础，还形成事物与事件的基本命题态度，这些基本命题态度就是前理论信念。

# 结　语

乔姆斯基著书立说，到目前为止他的学术著作至少百部，文章几百篇，讲座上千场，访谈上千场，信件无数，指导不同主题的博士、硕士学位论文数百篇，录制视频几百部。他的认知革命击溃结构主义几十年的主导理论地位，他的贡献主要是语言学、心智哲学和政治学，他的理论范式对其他学科诸如心理学、人类学和计算机科学产生了很大影响，人工智能逐渐进入千家万户，计算机和手机，曾经的奢侈品变成了生活必需品。乔姆斯基的研究绝对不是区区十几万字可以研究清楚、阐述透彻的。研究乔姆斯基是一个大课题，他是一个时代、一种范式、一种现象。他将语言学理论带到科学研究的范畴，是与物理学、生物学等基础学科一样的科学研究，他的语言能力研究、他的普遍语法研究以及他的心智研究至今既是前沿，又是热点。有人说乔姆斯基像笛卡尔，像伽利略，像休谟，又像罗素，既是科学家，又是哲学家。他的哲学与他的科学融为一体，他的科学与他的哲学相互渗透。他的科学语言观和科学心智观是对人类本质的探索，也是对人类知识和行为的研究。他的政治观点又像霍布斯和卢梭，努力找到一种解释人类本质的科学基础。但是，乔姆斯基与霍布斯和卢梭还有区别，乔姆斯基发展了这样一种理论范式，而霍布斯受到误导要建构一种人类行为的因果理论，卢梭幻想试验一种"自然状态"，都不切实际。乔姆斯基与这些前辈不同，与多数现代政治理论家也不一样，因为他的政治观点不受任何权力欲望的驱使，他的语言观、心智观、政治观一样，都是对人性的探索，对人性的解读。本书的研究仅仅关注到乔姆斯基心智表征研究，涉及他的主要理论，但对于他的政治观点、政治著作几乎没有提到。因此，本书也只是管中窥豹，略见一斑。

# 一 回放心智表征研究的过去

乔姆斯基首先注意到笛卡尔的问题——语言的创造性问题。日常语言，因人而异，因语境而变化，不受外界刺激限制，不受内心驱使。这个问题历来勾起无数人的兴趣，原本是笛卡尔的"心身问题"所致，因为笛卡尔创立的机械论解决了很多物理问题，唯独对语言创造性无能为力。乔姆斯基提出普遍语法方法解释语言创造性问题。他运用洪堡特的"有限形式的无限运用"作为生成语法的基础，区分语言能力和语言行为，把语言能力作为语言研究的对象。他的科学家身份也促成他运用方法论自然主义解释语言能力，解释心智表征的内在运行机制。他的心智计算表征观也遇到难题、受到质疑、陷入困境，尤其是意向性理论的方法论自然主义问题，面临责难，受到挑战。意向性很难归入科学的范畴，很难运用科学方法计算，需要诉诸主体对客体的主观感受，而方法论自然主义可以解决电子、光子、细胞以及其他粒子的计算问题，但心智毕竟与那些自然现象有区别，何以计算？何以表征？哲学家们都认为乔姆斯基是科学家，所以也自然认为他坚持物理主义观点，坚持还原论。事实上，乔姆斯基从不主张还原论，他不是物理主义者，也不是经验论者。他认为物质的概念不清楚，无法还原。正如笛卡尔接触力学认为，物体之间彼此接触产生推力或者拉力，才可能引起物质运动，但是牛顿的万有引力说明接触力学是错误的，因此，机械哲学宣告破产。所以物质是什么？物质的概念一直在发展、在延伸，至今尚未有定论，那么还原似乎不可能了。是不是乔姆斯基从未坚持过还原论呢？似乎也不是。在他的理论初期，尤其是语言研究，他认为语言学属于心理学的范畴，认为语言研究就是生物语言学研究，就是大脑神经元的研究，这就是为什么他强调语言的生物学基础。当然，这种还原也一度将语言学理论推入困境，使其几乎陷入绝境，遭到学界的批判。转换生成语法的确定，是一种还原论，将语言研究还原为语法研究，认为语言最终只能通过语言能力解释，通过普遍语法解释。为此，他的理论经历了几个阶段几十个春秋才最终确立下来，乔姆斯基范式才逐步形成，尤其是他的模块论——语言本能论。他认为语言是心智的一个独立模块，与其他认知能力之间是一种双分离的关系：语言模块不受其他模块影响，其他模块受损，语言模块完好；语言模块受损，其他心智能力不会受到影响。他的语言模块论受到很多行为科学家的批判，他们争先实验说明语言模块与其他认知模块之间相互作用、相互影响，而且语言模块受损，语言区还可能在别的区域得到恢复。

乔姆斯基理论能够屹立于学界长达约 60 年，其优势就在于通过假设普遍语法，通过假设语言能力，通过句法来解释心智的运行机制。他认为句法的深层结构就是心智的计算过程，是心智通过信念、欲望等命题态度表征为句子的过程。诚然，他的理论有优势也存在劣势，他最大的理论漏洞就是认为每一个句子都有主语，即认知主体，认知主体表述其命题态度。这个观点与弗雷格和罗素观点不同。弗雷格和罗素认为句子是述谓结构，通过谓词表征论元之间的关系。另一个问题就是意识问题。乔姆斯基也研究意识问题，认为意识要诉诸意识主体，具有意向性，需要诉诸第一人称研究，而不是科学研究，这也同样将乔姆斯基理论推向风口浪尖，其自相矛盾。对于乔姆斯基理论，我们也要发扬一点"适度怀疑精神"，取其精华为我所用，既要借鉴，也要发扬，更要批判。乔姆斯基的理论存在问题，不等于说我们可以放弃他的理论，放弃他的普遍语法理论，放弃他的心智表征研究。每一种理论都不是完美的，都有这样那样的问题。我们做到扬其长避其短即可。

## 二　展望心智表征研究的未来

我们用两个问题来开始心智表征的前景研究。心智表征涉及何种物理运行机制？是语言习得过程还是知识使用过程？要回答这两个问题，我们必须回到意识形态领域找到一些类似的例子，与实在世界完全剥离。首先，我们回到笛卡尔问题——语言的创造性问题。我们已经谈到笛卡尔本人没有解决这个问题，他的机械哲学无法解释；同样，牛顿万有引力定律解释了很多笛卡尔解决不了的问题，但是语言创造性以及心智这个"魔鬼"它同样不得其解。我们通过内省知道自己具有"心智"，因为"我思故我在"，但是我们如何确定他人"心智"，如何理解"他思故他在"？笛卡尔提议我们可以设计实验确定人类行为具有区别于其他动物的特征——语言就是一个例子。因为人类语言与机器不同，"鹦鹉学舌"不过是人类语言的重复罢了，没有创造性，只能人云亦云，因此，鹦鹉与我们不一样。如果其他人与我们一样具有语言能力，说明他们和我们一样具有心智。笛卡尔提出用"另一种物质"来指称心智，他认为我们"智力有限"，还不足以解释心智本质问题。他认为心智就是"一种普遍工具"，具有局限性，但是他的"普遍工具"也成为语言能力和其他认知系统最早的说法。康德在他的基础上，提出格式塔心理学。科学的发展解决了很多问题，但是物质的外延概念还不能明确。我们生活的物质世界，还有待发现。心的问题似乎不可能解决，我们没有办法说明白，我们也不可能提出"他心"问题。我们可以继续运用心智术语，可以继续探讨心智表征问题，研究心智表征的运行机制问题，甚至可以运用心智计算，但是，我们不是在研究笛卡尔所谓的"第二种物质"。

我们还在继续探索物质世界，我们还在不断构建种种抽象理论，解释我们的物质世界。物质世界本身不是我们的关注点所在，但是可以为我们深入剖析"心智"运行机制提供一种思路和方法。我们希望最终能够将心智表征研究以及心智表征的运行机制研究统一到自然科学研究中，就像我们研究基因，就像我们研究化学元素和化合价问题。然而，我们也应该认识到，过去物理学、生物学和化学等基础自然科学在研究复杂系统时，都是基本理论和研究范畴稍加改变，或者扩展才能抽象出解释理论。所以，对于心智研究，对于心智表征问题以及心智表征的运行机制研究，或者我们可以假设，或者我们可以扩展，也或者我们可以修订现有理论解释心智和心智表征。毕竟，无解之谜也可能有无限解。

我们接下来的任务就是要发现真正的具有解释力的理论，并将理论运用到心智表征的运行机制研究。无论"心智"表征及其运行机制研究走多远，也还是在我们的"物质"研究之中。换句话来说，我们只是无须将物质概念囿于某个范畴，某个具体概念，我们只是运用某种方法去做合理探究，就像我们还在研究世界，还在探究实在世界的奥秘一样，无论物质世界研究过程中出现多么离奇的特征，它依然还是那个物质世界，跑不了也甩不掉。我们不知道哪些问题我们暂时解决不了，我们也不知道哪些心智问题我们能够解释清楚。我们知道笛卡尔没有解决，牛顿没有解决，但是牛顿理论取代了笛卡尔理论，时至今日，乔姆斯基没有解决，但是，乔姆斯基的认知主义取代了行为主义。

心智问题是难题，是黑匣子，是硬核问题。自然科学发展没有解决，自由意志问题解决不了，心智问题还在，至今还没有人想到解决心智问题的正确方案，也没有人想到解决问题的正确思路。也许，正如笛卡尔本人所言：心智无解。所有机体都各具不同能力，也受到诸多限制。老鼠走不了迷宫，因为解决不了素数问题。每一种生物机体具有某种认知能力，正如信鸽传书、老马识途、蚂蚁搬家、大雁南飞等成语所言，人类先天具有语言能力，但是，人类不能解释自己的先天能力，也无法解释心智能力的物理运行机制。心智能力具有局限性是事实，超越人类心智的极限的研究不可行。

心智能力是我们的遗传禀赋，是一种复杂系统，是我们人类的本质属性，不是环境影响的产物。那么现在，我们可以解释这个问题吗？有人提议生物机体进化论，认为进化论可以解释机体的生长、机体发展的物理机制，但是进化论无法说明心智本质问题。自然选择也好，分子生物学也好，都无法解释心智运行机制，不能说明心智表征问题。换言之，即使我们可以依据内在遗传禀赋解释清楚心智问题、语言能力和其他心智能力，那我们一样要面临问题：遗传禀赋如何得到发展？我们只是换了一种问法，问题还在。

对于乔姆斯基语言能力的问题，语言具有离散无限性，这种离散无限性是一种递归性质，与人类数字能力相似。当然，也有人认为数字本身就是语言的一种高度"抽象"形式，可以用于表征语言。语言研究作为一种心智研究，是否可以启发心智表征的运行机制？视觉能力也是一种心智能力，其发展是否可以促进心智的研究？心智研究和心智表征研究是否可以各个击破，是否可以形成从点到面、从部分到整体的研究局面？如果整体的每一个部分都得到研究，是不是我们就可以研究整体？如果语言能力得到研究，听觉能力得到研究，视觉能力得到研究，感知能力得到研究，意识以及其他心智能力得到研究……是不是我们可以解释心智问题，进而解释心智表征问题？

心智表征问题自进入我们的研究视野以来，几个世纪没有取得进展。科学范式转换一次又一次，心智问题岿然不动，也许这也是超越我们认知能力范围的问题，我们无从企及、无法说明，但我们在路上不停探索，希冀有一天我们能够近一点，再近一点，膜拜这座大山，欣赏上帝赋予我们的"杰作"，并思考我们如何发挥"愚公移山"精神，揭下其神秘面纱，还原其真实本质。

# 参考文献

## 一　中文文献

笛卡尔:《第一哲学沉思集:反驳和答辩》,庞景仁译,商务印书馆,1986。

费多益:《从"无身之心"到"寓心于身"——身体哲学的发展脉络与当代进路》,《哲学研究》2011年第2期。

费多益:《当代进化认知论评析》,《哲学研究》2009年第11期。

费多益:《笛卡儿的遗产与生命科学的形而上学基础》,《自然辩证法通讯》2004年第6期。

费多益:《高阶意识理论探析》,《哲学动态》2016年第12期。

费多益:《话语心智》,《自然辩证法研究》2007年第6期。

费多益:《身体的自然化与符号化》,《自然辩证法通讯》2010年第2期。

费多益:《他心感知如何可能?》,《哲学研究》2015年第1期。

费多益:《同中之异:心智的表观遗传视角》,《自然辩证法通讯》2014年第6期。

费多益:《心身难题的概念羁绊》,《哲学研究》2016年第10期。

费多益:《心身难题的寓身解读》,《哲学动态》2011年第10期。

费多益:《意志自由的心灵根基》,《中国社会科学》2015年第12期。

费多益:《寓身认知心理学》,上海教育出版社,2010。

费多益:《知识的确证与心灵的限度》,《自然辩证法研究》2015年第11期。

高新民:《"BDI模型"与人工智能建模的心灵哲学》,《上海师范大学学报》（哲学社会科学版）2019 年第 5 期。

高新民、陈丽：《心灵哲学的"危机"与"激进的概念革命"——麦金基
　　于自然主义二元论的"诊断"》，《自然辩证法通讯》2015 年第 6 期。

高新民、陈帅：《心灵观：西方心灵哲学的新论域》，《哲学动态》2018 年
　　第 10 期。

高新民、陈元贵：《副现象论：心身研究园地的奇葩》，《社会科学战线》
　　2019 年第 8 期。

高新民：《当代西方心灵哲学发展的两种倾向及其意义》，《自然辩证法研
　　究》1993 年第 7 期。

高新民：《当代心灵哲学中的前沿问题研究》（三篇），《甘肃社会科学》
　　2010 年第 6 期。

高新民：《当代心灵哲学中的前沿问题研究》（三篇），《甘肃社会科学》
　　2013 年第 1 期。

高新民等：《笛卡尔式二元论的重新解读与最新发展——从现代心灵哲学
　　的视域看》，《哲学动态》2011 年第 12 期。

高新民、胡水周：《自我：心灵哲学新的聚焦点》，《社会科学研究》2018
　　年第 4 期。

高新民、胡松：《西方心灵哲学最新发展研究纲要》，《河南社会科学》
　　2015 年第 3 期。

高新民：《解释与解构——丹尼特的心灵哲学及其意义》，《天津社会科学》
　　2005 年第 3 期。

高新民、刘占峰：《意向性理论的当代发展》，《哲学动态》2004 年第
　　8 期。

高新民、刘占峰：《意向性·意义·内容——当代西方心灵哲学围绕心理
　　内容的争论及其思考》，《哲学研究》2003 年第 2 期。

高新民、卢锐：《"同一性危机"与叙事自我论》，《学术月刊》2019 年
　　第 4 期。

高新民：《人格同一性问题的问题及其最新破解》，《甘肃社会科学》2018
　　年第 4 期。

高新民：《人心与人生——生存哲学的心灵哲学维度》，《天津社会科学》

2003 年第 1 期。

高新民、沈学君:《"心灵就是大脑内的计算机"——福多的心灵哲学思想初探》,《华中师范大学学报》(人文社会科学版) 2003 年第 6 期。

高新民、束海波:《心理因果性最新研究及其对意识反作用理论的意义》,《贵州社会科学》2019 年第 6 期。

高新民、束海波:《中国心灵哲学的规范性维度及其意义》,《福建论坛》(人文社会科学版) 2019 年第 6 期。

高新民、宋荣:《心灵哲学中的思想实验》,《福建论坛》(人文社会科学版) 2008 年第 8 期。

高新民:《随附性:当代西方心灵哲学的新"范式"》,《华中师范大学学报》(人文社会科学版) 1998 年第 3 期。

高新民、王世鹏:《西方心灵哲学的困境与中国心灵哲学的建构》,《福建论坛》(人文社会科学版) 2014 年第 1 期。

高新民、王世鹏:《"最低限度自我论":自我真相的一种破解》,《社会科学战线》2018 年第 9 期。

高新民、吴胜锋:《泛心论及其在当代心灵哲学中的复兴》,《江西社会科学》2009 年第 4 期。

高新民、吴燕:《中国的"天赋心灵"研究及其心灵——认知哲学意义》,《江汉论坛》2018 年第 10 期。

高新民:《西方心灵哲学的问题、前沿争论与历史发展》,《广西社会科学》2000 年第 4 期。

高新民:《现代西方心灵哲学的知觉研究述评》,《华中师范大学学报》(哲学社会科学版) 1995 年第 4 期。

高新民:《心理内容:心灵自我认识的聚焦点》,《甘肃社会科学》2008 年第 4 期。

高新民:《心理世界的"新大陆"——当代西方心灵哲学围绕感受性质的争论及其思考》,《自然辩证法通讯》1999 年第 5 期。

高新民:《心理现象是真实属性还是人为归属?——解释主义对物理主义的发展》,《学习与探索》2017 年第 8 期。

高新民:《心灵哲学对心身问题的最新解答》,《学术论坛》2002 年第

5 期。

高新民：《心灵哲学前沿问题初探》，《华中师范大学研究生学报》2013 年第 4 期。

高新民：《心灵哲学前沿问题研究的多维面向》，《华中师范大学研究生学报》2014 年第 4 期。

高新民：《心灵哲学中二元论和自然主义发展的新趋势——以查默斯自然主义二元论为线索》，《学术月刊》2011 年第 9 期。

高新民、杨飞：《联结主义的意向性缺失难题及其化解》，《自然辩证法通讯》2018 年第 8 期。

高新民：《意向性研究的心灵哲学进路》，《学术月刊》2008 年第 10 期。

高新民、殷筱：《戴维森的解释主义及其心灵哲学意蕴》，《哲学研究》2005 年第 6 期。

高新民、殷筱：《心灵的解构：当代西方心灵哲学的"本体论变革"》，《江海学刊》2005 年第 2 期。

高新民、张尉琳：《天赋心灵研究的自然主义之维》，《科学技术哲学研究》2018 年第 5 期。

高新民、张蔚琳：《心灵研究的"归属论"走向：解释主义及其最新发展》，《社会科学研究》2019 年第 5 期。

高新民、张文龙：《基于比较心灵哲学的心理动力学探究》，《华中师范大学学报》（人文社会科学版）2019 年第 5 期。

高新民、张文龙：《竹简文献中的心理语言运用及其心灵哲学意义》，《江汉论坛》2019 年第 11 期。

高新民、张文龙：《自主体人工智能建模及其哲学思考》，《自然辩证法研究》2017 第 11 期。

高新民、张钰：《从分流到合流：意义－意向性研究的一种走向》，《世界哲学》2013 年 5 期。

高新民、赵小娜：《思维与"感受性质"——认知现象学的"发现"与探索》，《社会科学战线》2017 年第 11 期。

高新民：《中国心灵哲学的"心理多主论"》，《华中师范大学学报》（人文社会科学版）2016 年第 2 期。

雷卿：《语言表征的感知基础——心智哲学视角》，《现代外语》2012年第4期。

李光辉、陈刚：《人工智能的内在表征何以可能》，《自然辩证法通讯》2019年第3期。

李恒威等：《表征、感受性和言语思维》，《浙江大学学报》（人文社会科学版）2008年第5期。

李恒威等：《如何处理意识研究中的"难问题"?》，《自然辩证法通讯》2007年第1期。

李恒威、董达：《自然主义泛心论：基本观念和问题》，《上海交通大学学报》（哲学社会科学版）2017年第1期。

李恒威、黄华新：《表征与认知发展》，《中国社会科学》2006年第2期。

李恒威、李恒熙：《论里贝特的有意识心智场（CMF）理论》，《哲学分析》2013年第4期。

李恒威、王昊晟：《人工智能威胁与心智考古学》，《西南民族大学学报》（人文社会科学版）2017年第12期。

李恒威、王昊晟：《心智的生命观及其对人工智能奇点论的批判》，《哲学研究》2019年第6期。

李恒威、肖云龙：《论生命与心智的连续性》，《中国社会科学》2016年第4期

李恒威、于爽：《意识的"难问题"及其解释进路》，《自然辩证法研究》2004年第12期。

李胜辉：《亲密性、误表征与自我表征主义》，《自然辩证法通讯》2018年第7期。

刘玲：《注意与表征主义》，《自然辩证法通讯》2018年第11期。

刘鹏：《科学哲学：从表征走向实践》，《云南社会科学》2009年第6期。

孟伟：《德雷福斯的"无表征智能"及其挑战》，《自然辩证法研究》2012年第6期。

孟伟、刘晓力：《认知科学哲学基础的转换——从笛卡儿到海德格尔》，《科学技术与辩证法》2008年第6期。

宋荣：《意向、内容与心灵——当代西方心灵哲学中意向性研究的最新进

展》，《哲学研究》2014 年第 12 期。

滕超、黄缅：《心智如何生成一般会话含义表达式》，《外语教学》2014 年
第 3 期。

王华平：《心灵哲学中的意识与意向性》，《学术月刊》2011 年第 3 期。

王晓阳：《非主观的心灵》，《自然辩证法通讯》2019 年第 8 期。

魏屹东：《表征概念的起源、理论演变及本质特征》，《哲学分析》2012 年
第 3 期。

魏屹东、常照强：《框架问题的机制化实现与具身化进路——表征主义和
反表征主义的困境与出路》，《自然辩证法研究》2011 年第 3 期。

魏屹东、常照强：《语用模型表征：一种基于语境的认知推理》，《科学技
术与辩证法》2007 年第 4 期。

魏屹东、崔艳英：《心智表征是否也要物理还原？——兼评乔姆斯基心智
表征研究对物理主义的批判》，《科学技术哲学研究》2018 年第 1 期。

魏屹东：《计算-表征认知理论的认知语境分析》，《自然辩证法通讯》
2003 年第 1 期。

魏屹东：《结构主义与科学表征》，《逻辑学研究》2016 年第 2 期。

魏屹东：《科学表征：问题、争论与解决路径》，《哲学分析》2016 年第
5 期。

魏屹东：《科学创造的表征——基于基本粒子发现的创造性分析》，《理论
探索》2014 年第 1 期。

魏屹东：《论哲学对认知科学的作用》，《哲学动态》2003 年第 6 期。

魏屹东：《人工智能的适应性表征》，《上海师范大学学报》（哲学社会科
学版）2018 年第 1 期。

魏屹东：《人工智能的适应性知识表征与推理》，《上海师范大学学报》
（哲学社会科学版）2019 年第 1 期。

魏屹东：《认知表征的方法论：隐喻、假设与建模》，《山西大学学报》
（哲学社会科学版）2009 年第 5 期。

魏屹东：《如何表征科学创造性》，《中国社会科学报》2013 年 11 月 4 日。

魏屹东、李艳芳：《神经科学中的还原论：我们的心灵难以还原》，《中国
社会科学报》2012 年 2 月 20 日。

魏屹东：《心理表征的自然主义解释》，《山西大学学报》（哲学社会科学版）2016 年第 4 期。

魏屹东：《心理表征隐喻与框架问题》，《学术月刊》2011 年第 4 期。

魏屹东：《语境同一论：科学表征问题的一种解答》，《中国社会科学》2017 年第 6 期。

休·普莱斯、周靖：《全局实用主义和表征主义的限度——普莱斯教授访谈》，《哲学分析》2019 年第 1 期。

杨永庚：《哲学概念的心理表征及其应用探讨》，《新疆社会科学》2016 年第 3 期。

叶斌：《笛卡尔的表征主义问题》，《世界哲学》2019 年第 5 期。

张静、李恒威：《自我表征的可塑性：基于橡胶手错觉的研究》，《心理科学》2016 年第 2 期。

周统权、徐晶晶：《心智哲学的神经、心理学基础：以心智理论研究为例》，《外语教学》2012 年第 1 期。

## 二  英文文献

Abelard, *Dialectica*, ed. by Rijk, L. M. de, Assen: van Gorcum, 1956.

Abrams, M. H., *The Mirror and the Lamp*, Oxford: Oxford University Press, 1953.

Achbar, M., *Manufacturing Consent: Noam Chomsky and the Media*, Montreal: Black Rose, 1994.

Adriaenssen, H. T., "Peter John Olivi and Peter Auriol on Conceptual Thought," *Oxford Studies in Medieval Philosophy*, 2014, (2).

Adriaenssen, H. T., *Representation and Scepticism from Aquinas to Descartes*, Cambridge: Cambridge University Press, 2017.

Agassi, J., *Science in Flux*, *Boston Studies in the Philosophy of Science*, Dordrecht: Reidel 28, 1975.

Akmajian, A., Demers, R., Farmer, A. & Harnish, R., *Linguistics: An Introduction to Language and Communication* (6th Edition), Cambridge, Massachusetts: The MIT Press, 2010.

Al-Mutairi, F. R., *The Minimalist Program: The Nature and Plausibility of Chomsky's Biolinguistics*, New York: Cambridge University Press, 2014.

Anderson, J. R., "Acquisition of Cognitive Skill," *Psychological Review*, 1982, (89).

Anderson, J. R., "Arguments concerning Representations for Mental Imagery," *Psychological Review*, 1978, (85).

Anderson, S. R. & Lightfoot, D. W., "The Human Language Faculty as an Organ," *Annual Review of Physiology*, 2000, (62).

Anderson, S. R., *Phonology in the Twentieth Century: Theories of Rules and Theories of Representation*, Chicago: University of Chicago Press, 1985.

Andor, J., "Battles of Mind," *Economist*, March 1976, (27).

Andor, J., "Reviews," *Linguistics*, 1978, (209).

Arbib, M. A., *How the Brain Got Language: The Mirror System Hypothesis*, Oxford: Oxford University Press, 2012.

Aristotle, *De Anima in the Complete Works of Aristotle*, The Revised Oxford Translation, Oxford: Oxford University Press, 1984.

Aristotle, *Nicomachean Ethics*, Princeton: Princeton University Press, 1984.

Armstrong, D. M., "A Materialist Theory of the Mind," *Analytic Philosophy*, 1968, 9 (3).

Arnauld, A., and Lancelot, C., *General and Rational Grammar: The Port-Royal Grammar*, translated by Rieux, J. and Rollin, B. E., Mouton: The Hague, 1975.

Aronson, R., "The Sound Pattern of English," *Review of Metaphysics*, 1968, (22).

Avicenna, "Encyclopediae Britannina (2018 – 8 – 29)," https://www.britannica.com/biography/Avicenna.

"Babel and After: Society and the Structure of Language," *Times Literary Supplement*, 1966, (10).

Baghramian, M., *Modern Philosophy of Language*, Washington: Counterpoint, 2001, http://ishare.iask.sina.com.cn/f/18721606.html.

Baker, M., *The Atoms of Language*, New York: Basic Books, 2001.

Barsky, R. F. , *Noam Chomsky: A Life of Dissent*, Cambridge, Massachusetts: The MIT Press, 1997.

Barsky, R. F. , *Noam Chomsky: A Life of Dissent*, Cambridge, Massachusetts: The MIT Press, 1998.

Barsky, R. F. , *The Chomsky Effect: A Radical Works beyond the Ivory Tower*, Cambridge, Massachusetts: The MIT Press, 2007.

Bates, E. and Goodman, J. , "On the Emergence of Grammar from the Lexicon," in MacWhinney, B. , ed. , *The Emergence of Language*, Mahwah, N. J. : Lawrence Erlbaum, 1999.

Bates, E. and Goodman, J. , "On the Inseparability of Grammar and the Lexicon: Evidence from Acquisition, Aphasia and Real-Time Processing," *Language and Cognitive Processes*, 1997, 12 (5 – 6).

Bates, E. P. Dale and Thal, D. , "Individual Differences and Their Implications for Theories of Language Development," in Fletcher, P. and MacWhinney, B. ,eds. , *Handbook of Child Language*, Oxford: Basil Blackwell, 1995.

Beatie, G. W. , "Reflections on Language," *Linguistics*, 1979, (17).

Behme, C. , "A Potpourri of Chomskyan Science," *Philosophy in Science*, 2014.

Bellert, I. , "Reviews," *Linguistics*, 1974, (125).

Belletti, A. and Rizzi, L. , *On Nature and Language*, Cambridge: Cambridge University Press, 2002.

Bellugi, U. , Wang, P. and Jernigan, T. L. , "Williams Syndrome: An Unusual Neuropsychological Profile," in *A Typical Cognitive Deficits in Developmental Disorders: Implications for Brain Function Hillsdale*, edited by Broman, S. and Grafman, J. , N. J. : Lawrence Erlbaum, 1994.

Berman, P. , "Language and Responsibility," *New Republic*, 18 Febrary, 1979.

Berwick, R. C. and Chomsky, N. , "Language Architecture and Its Import for Evolution," *Why Only Us: Language and Evolution*, Chapter 3, Cambridge, Massachusetts: The MIT Press, 2016.

Berwick, R. C. , Pietroski, Paul, Yankama, Beracah and Chomsky, Noam,

"Poverty of the Stimulus Revisited," *Cognitive Science*, 2011 (35).

Bezuidenhout, A. L., "Language as Internal," in *The Oxford Handbook of Philosophy of Language*, edited by Lepore, E. and Smith, B., Oxford: Clarendon Press, 2006.

Bishop, D. V., "What Causes Specific Language Impairment in Children?," *Current Directions in Psychological Science*, 2006, 5 (15).

Black, D., "Avicenna's 'Vague Individual' and Its Impact on Medieval Latin Philosophy," in *Vehicles of Transmission, Translation, and Transformation in Medieval Textual Culture*, edited by Wisnovsky, R., Wallis, F., Fumo, J. C. and Fraenkel, C., Turnhout: Brepols Publishers, 2011.

Block, N., "Advertisement for a Semantics for Psychology," in *Midwest Studies in Philosophy*, Vol. X, edited by French, P. A., Uehling, T. E. and Wettstein, H. K., Minneapolis: University of Minnesota Press, 1986.

Block, N., "Mental Paint and Mental Latex," in *Philosophical Issues 7: Perception*, edited by Villanueva, E., Atascadero, C. A.: Ridgeview, 1996.

Block, N., "Mental Paint," in *Reflections and Replies: Essayson the Philosophy of Tyler Burge*, edited by Hahn, M. & Ramberg, B., Cambridge, Masschusetts: The MIT Press, 2003.

Block, N., *Readings in Philosophy of Psychology*, Cambrdge: Cambridge University Press, 1980.

Bloom, L., *Language Development: Form and Function in Emerging Grammars*, Cambridge, Masschusetts: The MIT Press, 1970.

Bloom, P., *How Children Learn the Meanings of Words*, Cambridge, Masschusetts: The MIT Press, 2000.

Boeckx, C. & Hornstein, N., "Les differents objectifs de la inguistique theorique," in *Cahier Chomsky*, edited by Bricmont, J. and Franck, J., Paris: L-'herne, 2007.

Boghossian, P. A., "Content," in *A Companion to Metaphysics*, edited by Kim J. and Sosa, E., Oxford: Blackwell, 1995.

Bohr, N., "On the Constitution of Atoms and Molecules," Part I, *Philosophi-*

*cal Magazine*, 1913, 26 (151).

Borer, H., *Parametric Syntax*, Dordrecht: Foris, 1984.

Botha, R., *Challenging Chomsky: The Generative Garden Game*, New Jersey: Wiley Blackwell, 1989.

Botha, R., "Methodological Bases of a Progressive Mentalism," *Synthese*, 1980, 44 (1).

Botha, R., *Methodological Bases of a Progressive Mentalism*, Stellenbosch: University of Stellenbosch, 1979.

Botha, R., "On a Computational Perspective without Substance," *Behavioral and Brain Sciences*, 1983, 6 (3).

Botha, R., "On Chomskyan Mentalism: A Reply to Peter Slezak," *Synthese*, 1982, 53 (1).

Botha, R., *Twentieth Century Conceptions of Language*, Oxford: Blackwell, 1992.

Bougeant, G. H., *Amusement philosophique sur le langage des bestes*, Paris: Chez Gissey, 1739.

Bowerman, M., "The 'No Negative Evidence' Problem: How do Children Avoid Constructing an Overly General Grammar," in *Explaining Language Universals*, edited by Hawkins, J., Oxford: Blackwell, 1987.

Bracken, H. M., "Chomsky's Language and Mind," *Dialogue*, 1970, 9 (2).

Bracken, H. M., "Chomsky's Variations on a Theme by Descartes," *Journal of the History of Philosophy*, April 1970.

Brekle, H. E. & Luelsdorff, P., "Notes on Chomsky's Extended Standard Version," *Foundations of Language*, 1975, (12).

Brekle, H. E., "Review of Chomsky, Cartesian Linguistics," *Linguisitcs*, 1969 (49).

Brentano, F., *Psychologie vom empirischen Standpunkt* (2nd Edition), Leipzig: Verlag von Felix Meiner, 1874.

Broad, C. D., *Leibniz: An Introduction*, Cambridge: Cambridge University Press, 1975.

Broca, P. , "Sur la circonvolution limbique et la scissure limbique," *Bulletins de la Societe d'Anthropologie*, 1877, 12 (2).

Bruner, J. , *Acts of Meaning*, Cambridge, Massachusetts: Harvard University Press, 1990.

Burge, T. , "Individualism and Psychology," *The Philosophical Review*, 1986, 95 (1).

Burge, T. , "Individualism and the Mental," in French, P. A. , Uehling, T. E. and Wettstein, H. K. , eds. , *Midwest Studies in Philosophy*, Vol. IV, Minneapolis: University of Minnesota Press, 1979.

Burge, T. , "Wherein Is Language Social?," in *Reflections on Chomsky*, edited by George, A. , New Jersey: Wiley Blackwell, 1989.

Capirici, O. , Sabbadini, L. and Volterra, V. , "Language Development in Williams Syndrome: A Case Study," *Cognitive Neuropsychology*, 1996, 13 (7).

Caplan, D. , "Aphasic Deficits in Syntactic Processing," *Cortex*, 2006, 42 (6).

Carruthers, P. , *Phenomenal Consciousness: A Naturalistic Theory*, New York: Cambridge University Press, 2000.

Caselli, M. C. , Bates, E. , Casadio, P. , Penson, L. , Penson, J. , Sanded, L. and Weir, J. , "A Cross-Linguistic Study of Early Lexical Development," *Cognitive Development*, 1995, 10 (2).

Chalmers, D. , Phenomenal Concepts and the Knowledge Argument, in Ludlow, P. , Nagasawa, Y. and Stoljar, D. , eds. , *There's Something about Mary: Essays on Phenomenal Consciousness and Frank Jackson's Knowledge Argument*, Cambridge, Massachusetts: The MIT Press, 2004.

Chalmers, D. , *The Conscious Mind*, New York: Oxford University Press, 1996.

Chalmers, D. , "The Content and Epistemology of Phenomenal Belief," in *Consciousness: New Philosophical Perspectives*, edited by Smith, Q. & Jokic, A. , Oxford: Oxford University Press, 2003.

Chalmers, D., "The Representational Character of Experience," in *The Future for Philosophy*, edited by Leiter, B., Oxford: Oxford University Press, 2004.

Chance, S. A., and Crow, T. J., "Distinctively Human: Cerebral Lateralisation and Language in Homo Sapiens," *Journal of Anthropological Sciences*, 2007, (85).

Chomsky, N., *American Power and the New Mandarins*, Harmondsworth: Penguin, 1969.

Chomsky, N., *American Power and the New Mandarins*, London: Penguin/ Pelican, 1971.

Chomsky, N., "A Minimalist Program for Linguistic Theory," in *The View from Building 20: Essays in Linguistics in Honor of Sylvain Bromberger*, edited by Hale, K. and Keyser, S. J., Cambridge, Massachusetts: The MIT Press, 1993.

Chomsky, N. and Collins, C., *Eliminating Labels*, Cambridge, Massachusetts: The MIT Press, 2002.

Chomsky, N. and Lasnik, H., "Filters and Control," *Linguistic Inquiry*, 1977, (11), http://www. jstor. org/stable/4177996.

Chomsky, N. and Lasnik, H., "Remark on Contraction," *Linguistic Inquiry*, 1978, (9), http://www. jstor. org/stable/4178054.

Chomsky, N. and Lasnik, H., "The Theory of Principles and Parameters," in *Syntax: An International Handbook of Contemporary Research*, edited by Jacobs, J., Stechow, A., Sternefeld, W. and Vennemann, T., Berlin: Walter de Gruyter, 1993.

Chomsky, N., "Approaching UG from Below," in *Interfaces + Recursion = Language? Chomsky's Minimalism and the View from Syntax-Semantics*, edited by Sauerland U. and Gärtner, H., Berlin: Mouton de Gruyter, 2007.

Chomsky, N., *Aspects of the Theory of Syntax*, Cambridge, Massachusetts: The MIT Press, 1965.

Chomsky, N. , *Barriers. Linguistic Inquiry Monograph Thirteen*, Cambridge, Massachusetts: The MIT Press, 1986.

Chomsky, N. , *Beyond Explanatory Adequacy. Structures and Beyond*, edited by Belletti, A. , Oxford: Oxford University Press, 2004.

Chomsky, N. , *Cartesian Linguistics*, New York: Harper and Row, 1966.

Chomsky, N. , "Conditions on Rules of Grammar," *Linguistic Analysis*, 1976, (2).

Chomsky, N. , "Conditions on Transformations," in *A Festschrift for Morris Halle*, edited by Stephen, R. A. & Kiparsky, Holt, New York: Rinehart and Winston, 1973.

Chomsky, N. , *Current Issues in Linguistic Theory*, The Hague: Mouton, 1964.

Chomsky, N. , "Deep Structure, Surface Structure, and Semantic Interpretation," in *Studies in General and Oriental Linguistics*, edited by Jakobson, R. and Kawamoto, S. , Presented to Shiro Hattori on the Occasion of His Sixtieth Birthday, Tokyo: TEC Company, Ltd. , 1970.

Chomsky, N. , "Derivation by Phase," in *Ken Hale: A Life in Language*, edited by Kenstowicz, M. , Cambridge, Massachusetts: The MIT Press, 2001.

Chomsky, N. , "Derivation by Phase," in *MIT Occasional Papers in Linguistics* 1999, 18. Also in Kenstowicz, M. , ed. , *Ken Hale: A Life in Language*, Cambridge, Massachusetts: The MIT Press, 2001.

Chomsky, N. , *Essays on Form and Interpretation*, New York: North – Holland, 1977.

Chomsky, N. , "Explaining Language Use," *Philosophical Topics*, 1992, 20 (1), http://www. jstor. org/stable/43154643.

Chomsky, N. , "Foreword," in *Phases: Developing the Framework*, edited by Gallego, Á. , Berlin: De Gruyter Mouton, 2012.

Chomsky, N. , Halle, M. & Lukoff, F. , "On Accent and Juncture in English," in *For Roman Jakobson: Essays on the Occasion of His Sixtieth Birthday*, edited by Halle, M. , et al. , The Hague: Mouton, 1956.

Chomsky, N. & Halle, M. , *The Sound Pattern of English* , New York: Harper & Row, 1968.

Chomsky, N. , *Knowledge of Language: Its Nature, Origin and Use* , Westport, C. T. : Praeger, 1986.

Chomsky, N. , *Language and Mind* , New York: Harcourt Brace Jovanovitch, 1972.

Chomsky, N. , "Language and Nature," *Mind* , 1995, (104).

Chomsky, N. , *Language and Politics* , ed. by Otero, Carlos, Montreal: Black Rose, 1988.

Chomsky, N. , *Language and Problems of Knowledge: The Managua Lectures* , Cambridge, Massachusetts: The MIT Press, 1988.

Chomsky, N. , *Language and Responsibility: Conversations with Mitsou Ronat* , New York: Pantheon, 1977.

Chomsky, N. , *Language and Responsibility* , New York: Pantheon Books, 1977.

Chomsky, N. , "Language and the Brain," *Address at the European Conference on Cognitive Science* , October 1999, Siena 1999.

Chomsky, N. , *Language and Thought* , London: Moyer Bell, 1993.

Chomsky, N. , *Lectures on Government and Binding* , Dordrecht: Foris, 1981.

Chomsky, N. , "Linguistics and Adjacent Fields: A Personal View," in *The Chomskyan Turn* , edited by Kasher, A. , Oxford: Blackewell, 1991.

Chomsky, N. , "Linguistics and Brain Science," in *Image, Language, Brain* , edited by Marantz, A. , Miyashita, Y. , et al. , Cambridge, Massachusetts: The MIT Press, 2000.

Chomsky, N. , "Linguistics and Philosophy," in *Language and Philosophy: A Symposium* , edited by Hook, S. , New York: New York University Press, 1969.

Chomsky, N. , "Linguistics and Philosophy," in *Language and Philosophy: A Symposium* , Hook, Sidney, ed. , New York: New York University Press, 1969.

Chomsky, N. , *Minimalist Inquiries: The Framework* , in Martin R. , et al. , eds., *Step by Step. Essays on Minimalist Syntax in Honor of Howard Lasnik*, Cambridge, Massachusetts: The MIT Press, 2000.

Chomsky, N., *Modular Approaches to the Study of Mind*, San Diego: San Diego State University Press, 1984.

Chomsky, N., *Morphophonemics of Modern Hebrew*, Philadelphia: University of Pennsyl-Vania Senior Thesis, 1951.

Chomsky, N., "Naturalism and Dualism in the Study of Language and Mind," *International Journal of Philosophical Studies*, 1994, (2).

Chomsky, N., *New Horizons in the Study of Language and Mind*, edited by Smith, N., Cambridge: Cambridge University Press, 2000.

Chomsky, N., *Noam Chomsky on the Generative Enterprise: A Discussion with Riny Huybregts and Henk van Riemsdijk*, Dordrecht: Foris, 1982.

Chomsky, N., "Notes on Denotation and Denoting," in *From Grammar to Meaning: The Spontaneous Logicality of Language*, edited by Caponigro, I. and Cecchetto, C., Cambridge: Cambridge University Press, 2013.

Chomsky, N., "Problems of Projection: Extensions," in *Structures, Strategies and Beyond: Studies in Honour of Adriana Belletti*, edited by Domenico, E., Hamann, C. and Matteini, S., Amsterda: John Benjamins, 2015.

Chomsky, N., "On Binding," *Linguistic Inquiry*, 1980, 1 (11), http://www.jstor.org/stable/4178149.

Chomsky, N., "On Certain Formal Properties of Grammars," *Information and Control*, 1959, (1).

Chomsky, N., "On Certain Formal Properties of Grammars," *Information and Control*, 1959, 2 (2).

Chomsky, N., *On Nature and Language*, Cambridge: Cambridge University Press, 2002.

Chomsky, N., "On Phases," in *Foundational Issues in Linguistic Theory: Essays in Honor of Jean-Roger Vergnaud*, edited by Freidin, R., Otero, C. and Zubizarreta, M., Cambridge, Massachusetts: The MIT Press, 2008.

Chomsky, N., *On Power and Ideology: The Managua Lectures*, Boston: South

End, 1987.

Chomsky, N. , "On Wh-Movement," in *Formal Syntax*, edited by Culicover, P. , Wasow, T. & Akmajian, A. , New York: Academic Press, 1977.

Chomsky, N. , "Personal Influences," by Chomsky, Noam (excerpted from *The Chomsky Reader*), Chomsky. info. Retrieved, December 29, 2018, https://chomsky. info/reader01/.

Chomsky, N. , *Perspectives on Power*, Montreal: Black Rose, 1996.

Chomsky, N. , *Powers and Prospects*, Boston: South End, 1996 (US Edition of 1996).

Chomsky, N. , "Precis of Rules and Representations with Replies to Commentators," *Behavioral and Brain Sciences*, 1980.

Chomsky, N. , "Principles and Parameters in Syntactic Theory," in *Explanation in Linguistics: The Logical Problem of Language Acquisition*, edited by Hornstein, N. and Lightfoot, D. , New York: Longman, 1981.

Chomsky, N. , *Problems of Knowledge and Freedom*, *the Russell Lectures*, New York: Pantheon, 1971.

Chomsky, N. , "Problems of Projection," *Lingua*, 2013, (130).

Chomsky, N. , "Quine's Empirical Assumptions," in Davidson, D. & Hintikka, J. , eds. , *Wordsand Objections*: *Essays on the Work of W. V. Quine*, Dordrecht: Reidel, 1969.

Chomsky, N. , *Reflections on Language*, London: Temple Smith, 1976.

Chomsky, N. , *Reflections on Language*, New York: Pantheon Books, 1975.

Chomsky, N. , "Remarks on Nominalization," in *Readings in English Transformational Grammar*, edited by Jacobs, R. and Rosenbaum, P. , Waltham, M. A. : Ginn and Co. , 1970.

Chomsky, N. , "Reply to Poland," in *Chomsky and His Critics*, edited by Anthony, L. M. , Hornstein, N. , Oxford: Blackwell, 2003.

Chomsky, N. , "Reviews: Verbal Behavior by B. F. Skinner," *Language*, 1959, 35 (1).

Chomsky, N. , *Rules and Representations*, Oxford: Blackwell, 1980.

Chomsky, N., "Some Notes on Economy of Derivation and Representation," in *Principles and Parameters in Comparative Grammar*, edited by Freidin, R., Cambridge, Massachusetts: The MIT Press, 1991.

Chomsky, N., *Syntactic Structures*, Berlin: Mouton de Gruyter, 1957.

Chomsky, N., *The Architecture of Language*, Oxford: Oxford University Press, 2000.

Chomsky, N., *The Chomsky Reader*, edited by Peck, James, New York: Pantheon, 1987.

Chomsky, N., *The Logical Structure of Linguistic Theory*, New York: Plenum, 1975.

Chomsky, N., *The Minimalist Program*, Cambridge, Massachusetts: The MIT Press, 1995.

Chomsky, N., "The Mysteries of Nature: How Deeply Hidden?," *Journal of Philosophy*, 2009, 106 (4).

Chomsky, N., "The Port-Royal Grammar of 1660 Identified Similar Principles," in *Language and Mind, New York*: Harcourt Brace Jovanovich, 1972.

Chomsky, N., *The Science of Language*, Cambridge: Cambridge University Press, 2012.

Chomsky, N., "Three Factors in Language Design," *Linguistic Inquiry*, 2005, 36 (1).

Chomsky, N., "Three Models for the Description of Language," *IRE Transactions on Information Theory*, 1956, 2 (3).

Chomsky, N., "What Kind of Creatures Are We? Lecture 1: What Is Language?," *Journal of Philosophy*, 2013, 110 (12).

Chomsky, N., "What Kind of Creatures Are We? Lecture 2: What can We Understand?," *Journal of Philosophy*, 2013, 110 (12).

Churchland, P., "On the Nature of Theories: A Neurocomputational Perspective," in *Scientific Theories: Minnesota Studies in the Philosophy of Science*, Vol. 14, edited by Savage, W., Minneapolis: University of Minnesota

Press, 1989.

Citko, B. , *Phase Theory: An Introduction*, Cambridge: Cambridge University Press, 2014.

Clark, A. and Chalmers, D. , "The Extended Mind," *Analysis*, 1998.

Clark, A. , "The Dynamical Challenge," *Cognitive Science*, 1997, (21).

Collins, C. , *Local Economy*, Cambridge, Massachusetts: The MIT Press, 1997.

Collins, J. , "Chomsky: A Guide for the Perplexed," *Symposium Canadian Journal of Continental Philosophy*, 2008.

Contreras, H. , "Book Reviews: Aspects of Theory of Syntax," *Modern Language Journal*, 1967, 51 (2).

Cook, V. , *Chomsky's Universal Grammar: An Introduction*, New Jersey: Wiley-Blackwell, 2007.

Corballis, M. , *From Hand to Mouth: The Origins of Language*, Princeton: Princeton University Press, 2003.

Cordemoy, G. , *Discours physique de la parole, 1666* (2nd Edition), Paris: Jacques Le Gras, 1668.

Cortius, H. B. , "Reflections on Language," *Kennis en Methode*, 1977, (1).

Cosmides, L. , "The Logic of Social Exchange: Has Natural Selection Shaped How Humans Reason? Studies with the Wason Selection Task," *Cognition*, 1989, (31).

Coulter, J. , *The Social Construction of Mind: Studies in Ethnomethodology and Linguistic Philosophy*, Washington: Rowman & Littlefield, 1979.

Cowie, F. , *What's Within: Nativism Reconsidered*, New York: Oxford University Press, 1999.

Crain, S. and Thornton, R. , *Investigations in Universal Grammar: A Guide to Experiments on the Acquisition of Syntax and Semantics*, Cambridge, Massachusetts: The MIT Press, 1998.

Croft, W. , *Typology and Universals*, Cambridge: Cambridge University Press, 1990.

Cross, R., *Duns Scotus Theory of Cognition*, Oxford: Oxford University Press, 2014.

Cudworth, R., *A Treatise Concerning Eternal and Immutable Morality*, edited by Hutton, S., Cambridge: Cambridge University Press, 1996.

Dabrowska, E., *Language, Mind and Brain: Some Psychological and Neurological Constraints on Theories of Grammar*, Edinburgh: Edinburgh University Press, 2004.

D'Agostino, F., *Chomsky's System of Ideas*, Oxford: Oxford University Press, 1986.

Darryl, M. M., "Dealing with Diversity: On the Uses of Common Sense in Descartes and Montaigne," *Studies in Philosophy and Education*, 2010, 29 (3).

Davidson, A., "Language," *Library Journal*, 15 April, 1979.

Davidson, D., "Laws and Cause," *Dialectica*, 1995, 49 (2 – 4).

Davidson, D., "Mental Events," in *Essays on Actions and Events*, Oxford: Clarendon Press, 1980.

Davidson, D., "Thought and Talk," in *Mind and Language*, edited by Guttenplan, S., Oxford: Clarendon Press, 1975.

Davies, L. P., "Reflections," *Et Cetera*, 1978, (35).

Davis, S., *Philosophy and Language*, Indianapolis: Bobbs – Merrill, 1976.

Dawkins R., *The Greatest Show on Earth*, London: Black Swan, 2010.

Dawkins, R., *The Selfish Gene*, Oxford: Oxford University Press, 1976.

Deacon, T., *The Symbolic Species: The Co-Evolution of Language and the Brain*, New York: W. W. Norton and Co., 1997.

Deal, A. R., "The Origin and Content of Expletives: Evidence from 'Selection'," *Syntax*, 2009, 12 (4).

Dennet, D., *The Intentional Stance*, Cambridge, Massachusetts: The MIT Press, 1987.

Descartes, R., "Discourse," in *The Philosophical Writings of Descartes*, translated by Stoothoff, C. & Murdoch, D., Cambridge: Cambridge University

Press, 1984.

Descartes, R. , *Meditations on First Philosophy*, translated by Cottingham, J. , Cambridge: Cambridge University Press, 1996.

Descartes, R. , *The Philosophical Writings of Descartes* (2 Vols. ), translated by Cottingham, J. , Stoothoff, R. and Murdoch, D. , Cambridge: Cambridge University Press, 1984 – 1985.

Dinneen, F. P. , "An Introduction to General Linguistics," *Foundations of Language*, 1970, 6 (1).

Dobzhansky, T. , *Genetics of the Evolutionary Process*, New York: Columbia University Press, 1970.

Dretske, F. , *Knowledge and the Flow of Information*, Cambridge, Massachusetts: The MIT Press, 1981.

Dretske, F. , "The Mind's Awareness of Itself," *Philosophical Studies*, 1999, 95.

Dronkers, N. F. , Plaisant, O. , Iba-Zizen, M. T. and Cabanis, E. A. , "Paul Broca's Historic Cases: High Resolution MR Imaging of the Brains of Leborgne and Lelong," *Brain*, 2007, 130 (5).

Du Marsais, C. C. , *Véritables principes de la grammaire*, (*1729 – 1756*), Paris: Fayard, 1987.

Dummett, M. , *The Seas of Language*, Oxford: Clarendon Press, 1993.

Edelman, G. M. and Mountcastle, V. , "An Organizing Principle for Cerebral Function: The Unit Module and the Distributed System," in *The Mindful Brain: Cortical Organization and a Selective Theory of Brain Function*, Cambridge, Massachusetts: The MIT Press, 1978.

Egan, F. , *Chomsky and His Critics*, Malden, Massachusetts: Blackwell, 2003.

Egan, F. , "Computation and Content," *The Philosophical Review*, 1995, (104).

Egan, F. , "In Defence of Narrow Mindedness," *Mind and Language*, 1999, (14).

Elman, J. L. , Bates, E. , Johnson, M. H. , Karmiloff-Smith, A. , Parisi,

D. & Plunkett, K., *Rethinking Innateness: A Connectionist Perspective on Development*, Cambridge, Massachusetts: The MIT Press, 1996.

Emonds, J., *Root and Structure Preserving Transformations*, Cambridge, Massachusetts: The MIT Dissertation, 1970.

Enard, W. M., et al., "Molecular Evolution of FOXP2, a Gene Involved in Speech and Language," *Nature*, 2002, (418).

Epstein, S. D. and Seely, T. D., *Derivations in Minimalism*, Cambridge: Cambridge University Press, 2006.

Epstein, S. D. and Seely, T. D. (eds.), *Derivation and Explanation in the Minimalist Program*, Oxford: Blackwell, 2002.

Epstein, S. D. and Seely, T. D., "Rule Applications as Cycles in a Level – Free Syntax," in *Introduction: The Role of Minimalist Method*, edited by Epstein, S. D. and Seely, T. D., Oxford: Blackwell, 2002.

Epstein, S. D., Kitahara, Hisasugu and Seely, T. Daniel, "Labeling Byminimal Search: Implications for Successive-Cyclic A-Movement and the Conception of the Postulate 'Phase'," *Linguistic Inquiry*, 2014, (45).

Epstein, S. D., "Un-Principled Syntax: The Derivation of Syntactic Relations," in *Working Minimalism*, edited by Epstein, S. D. & Hornstein, N., Cambridge, Massachusetts: The MIT Press, 1999.

Evans, N. and Levinson, S. C., "The Myth of Language Universals: Language Diversity and Its Importance for Cognitive Science," *Behavioral and Brain Sciences*, 2009, 32 (5).

Feldman, H., Goldin-Meadow, S. & Gleitman, L. R., "Beyond Herodotus: The Creation of Language by Linguistically Deprived Deaf Children," in *Action, Symbol, and Gesture: The Emergence of Language*, edited by Lock, A., New York: Academic Press, 1978.

Ferebee, A. S., "Aspects of the Theory of Syntax," *Journal of Symbolic Logic*, 1965, 35 (1).

Fillmore, C. J., "The Case for Case," in *Universals in Linguistic Theory*, edited by Bach, E. and Harms, R. T., New York: Holt, Rinehart and Winston, 1968.

Finlay, B. L. and Darlington, R. B., "Linked Regularities in the Development and Evolution of Mammalian Brains," *Science*, 1995, (268).

Fisher, C., "From Form to Meaning: A Role for Structural Analogy in the Acquisition of Language," in *Advances in Child Development and Behavior*, edited by Reese, H. W., New York: Academic, 2000.

Fisher, C., "Structural Limits on Verb Mapping: The Role of Analogy in Children's Interpretations of Sentences," *Cognitive Psychology*, 1996, (31).

Flanagan, O., *Consciousness Reconsidered*, Cambridge, Massachusetts: The MIT Press, 1992.

Fodor, J. A. and Katz, J. J., *The Structure of Language*, Englewood Cliffs, N. J.: Prentice-Hall, 1964.

Fodor, J. A. and Pylyphyn, Z., "Connectionism and Cognitive Architecture," *Cognition*, 1988, 28 (1-2).

Fodor, J. A., *Concepts*, Cambridge, Massachusetts: The MIT Press, 1998.

Fodor, J. A., *Concepts*, *Where Cognitive Science Went Wrong*, Oxford: Oxford University Press, 1998.

Fodor, J. A., *Hume Variations*, Oxford: Oxford University Press, 2003.

Fodor, J., "A Methodological Solipsism Considered as a Research Strategy in Cognitive Psychology," *Behavior and Brain Sciences*, 1980, (3).

Fodor, J. A., *Psychosemantics*, Cambridge, Massachusetts: The MIT Press, 1975.

Fodor, J. A., *Psychosemantics: The Problem of Meaning in the Philosophy of Mind*, Cambridge, Massachusetts: The MIT Press, 1987.

Fodor, J. A., "Substitution Arguments and the Individuation of Belief," in *A Theory of Content and Other Essays*, Cambridge, Massachusetts: The MIT Press, 1990.

Fodor, J. A., *The Elm and the Expert*, Cambridge, Massachusetts: The MIT Press, 1994.

Fodor, J. A. , *The Mind doesn't Work That Way: Scope and Limits of Computational Psychology*, Cambridge, Massachusetts: The MIT Press, 2000.

Fodor, J. A. , *The Modularity of Mind*, Cambridge, Massachusetts: The MIT Press, 1983.

Frank, W. A. and Staff, "Summaries and Comments," *Review of Metaphysics*, 1974, (27).

Frege, G. , "Über Sinn and Bedeutung," in Michael Beany, ed. , The Frege Reader, Massachusetts: Blackwell, 1997.

Freidin, R. , "A Brief History of Generative Grammar," in *The Routledge Companion to the Philosophy of Language*, edited by Russell, G. and Fara, D. G. , New York: Routledge, 2012.

Freidin, R. and Howard, L. , "Some Roots of Minimalism in Generative Grammar," *The Oxford Handbook of Linguistic Minimalism*, edited by Boeckx, C. , Oxford: Oxford University Press, 2011.

Freidin, R. , "Chomsky's Contribution to Linguistics: A Sketch," in *The Oxford Handbook of the History of Linguistics*, edited by Allan, K. , Oxford: Oxford University Press, 2013.

Freidin, R. , "Conceptual Shifts in the Science of Grammar: 1951 – 1992," in *Noam Chomsky: Critical Assessments*, Vol. 1, edited by Otero, Carlos P. , London: Routledge, 1994.

Freidin, R. , "Cyclicity and Minimalism," in *Working Minimalism*, edited by Epstein, S. D. and Hornstein, N. , Cambridge, Massachusetts: The MIT Press, 1999.

Freidin, R. , "Cyclicity and the Theory of Grammar," *Linguistic Inquiry*, 1978, (9), http://www.jstor.org/stable/4178081.

Freidin, R. , *Cyclicity in Syntax. Linguistics: Oxford Research Encyclopedias*, edited by Aronoff, M. , Oxford: Oxford University Press, 2017.

Freidin, R. , "Fundamental Issues in the Theory of Binding," *Studies in the Acquisition of Anaphora*, edited by Lust, B. , Dordrecht: Reide, 1986.

Freidin, R. , "Generative Grammar: Principles and Parameters Framework,"

*The Encyclopedia of Language and Linguistics*, edited by Asher, R. E., Oxford: Pergamon, 1994.

Freidin, R., "Generative Grammar: Principles and Parameters," in *The Encyclopedia of Language and Linguistics*, edited by Brown, E. K., Oxford: Elsevier, 2006.

Freidin, R., "On the Analysis of Passives," *Language*, 1975, (51).

Freidin, R., "Review Article on Chomsky," *Language*, 1997, (73).

Fromkin, V., Rodman, R. & Hyams, N., *Language: Nature, Psychology and Grammar Aspects*, New Delhi: Wadsworth, 2007.

Fromkin, V., *Speech Errors as Linguistic Evidence*, The Hague: Mouton, 1973.

Gardner, B. T. and Gardner, R. A., "Comparing the Early Utterances of Child and Chimpanzee," in *Minnesota Symposium on Use of Signs by Chimpanzees with Humans: Child Psychology*, Vol. VIII, edited by Pick, A., Minneapolis: University of Minnesota Press, 1974.

Gardner, H., *The Quest for Mind*, New York: Knopf, 1972.

Gardner, H., "The Quest for Mind: Piaget, Lévi-Strauss, and the Structuralist Movement," in *Language in Mind*, edited by Gentner, D. & Goldin-Meadow, S., Cambridge, Massachusetts: The MIT Press, 2003.

Gardner, H., *The Shattered Mind*, New York: Vintage, 1976.

Gardner, H., *To Open Minds: Chinese Clues to the Dilemma of American Education*, New York: Basic Books, 1989.

Gardner, R. A., Gardner, B. T., "Teaching Sign Language to a Chimpanzee," *Science*, 1969, 165 (3894).

Gardner, R. A., Gardner, B. T., Van Cantfort, Thomas E., *Teaching Sign Language to Chimpanzees*, Albany, N. Y.: SUNY Press, 1989.

Gellner, E., "Reflections on Language," *Philosophy of Social Sciences*, 1977, (7).

Gettier, E. L., " Is Justified True Belief Knowledge?," *Analysis*, 1963, (23).

Gibbs, R. W. and Orden, G., " Adaptive Cognition without Massive

Modularity," *Language and Cognition*, 2010, (2).

Gleason, H. A., *Introduction to Descriptive Linguistics*, New York: Holt, 1955.

Goff, P., ed., *Spinoza on Monism*, Hampshire and New York: Palgrave Macmillan, 2012.

Goldberg, A., "Another Look at the Universal Grammar Hypothesis: Commentary on Evans 2014," *Language*, 2016, 92 (1).

Goldberg, A. E., *Constructions: A Construction Grammar Approach to Argument Structure*, Chicago: Chicago University Press, 1995.

Goldin-Meadow, S., *The Resilience of Language*, New York: Psychology Press, 2003.

Goldman, A., "The Psychology of Folk Psychology," *Behavioral and Brian Sciences*, 1993, (16).

Goldsmith, J. A., "Phonological Theory," in *The Handbook of Phonological Theory*, edited by Goldsmith, J. A., Oxford: Blackwell Publishers, 1995.

Goodman, N., *Languages of Art*, London: Oxford University Press, 1969.

Greene, J., *Psycholinguistics: Chomsky and Psychology*, New York: Penguin, 1972.

Grice, H. P., "Meaning," *Philosophical Review*, 1957, (66); reprinted in *Studies in the Way of Words*, Cambridge, Massachusetts: Harvard University Press, 1989.

Grosu, A., "Essays on Form and Interpretation," *Journal of Linguistics*, 1979, (15).

Gruber, H. E., "Learning Learning," *New York Times Book Review*, 19 October, 1980, VII.

Hacking, I., "Chomsky and His Critics," *New York Times Book Review*, 23 October, 1980.

Haider, E., "Why Are We Flocking to Hear Chomsky?," *The Friday Times*, 2001, Nov. 25, http://www.thefridaytimes.com.

Haldane, E., trans., *The Discourse on the Method* (*1637*), Cambridge:

Cambridge University Press, 1931.

Haley, M. C. and Lunsford, R. , *Noam Chomsky*, New York: Twayne Publishers, 1994.

Hall, R. A. , "Language," *New York Times Book Review*, 1979, (22).

Hambrick, E. P. , *Locke, John*, Boston: Springer US, 2011.

Hamlyn, D. W. , "Language and Mind," *Metaphilosophy*, 1970, (1).

Harman, G. , "Book Reviews," *Philosophical Review*, 1968.

Harman, G. , "Chomsky's Structures," *Patisan Review*, 1978, (45).

Harman, G. , "Language and Responsibility," *Choice*, 1979, (16).

Harman, G. , *On Noam Chomsky: Critical Essays*, Modern Studies in Philosophy, New York: Anchor Press, 1974.

Harman, G. , "Review: Psychological Aspects of the Theory of Syntax," *Journal of Philosophy*, 1967, 64 (2).

Harman, G. , "Reviews," *Language*, 1973.

Harman, G. , "Specialist and Citizen," *Nation*, 1979, (229).

Harman, G. , "Two Quibbles about Analyticity and Psychological Reality," *Behavioral and Brain Sciences*, 1980, 3 (2).

Harrington, A. , "Beyond Phrenology: Localization Theory in the Modern Era," in *The Enchanted Loom: Chapters in the History of Neuroscience*, edited by Corsi, P. , Oxford: Oxford University Press, 1991.

Harrison, B. , *An Introduction to the Philosophy of Language*, London: Macmillan, 1979.

Harrison, B. , *Meaning and Structure*, New York: Harper & Row, 1972.

Harris, Z. , *Methods in Structural Linguistics*, Chicago: University of Chicago Press, 1951.

Hart, W. C. , "Dualism," in *A Companion to the Philosophy of Mind*, edited by Guttenplan, S. , Oxford: Blackwell, 1994.

Hayles, K. , *How We Become Posthuman: Virtual Bodies in Cybernetics, Literature, and Informatics*, Chicago, I. L. : University of Chicago Press, 1999.

Hayman, R. , "Holes and Corners," *Encounter*, 1976, (47).

Herbert, C. , *De Veritate*, 1624, in *On Truth*, translated by Carré, M. H. , *University of Bristol Studies*, 1937, (6).

Herder, J. G. , *Abhandlung über den Ursprung der Sprache*, 1772, reprinted in part in Heintel, E. , ed. , *Herder's Sprachphilosophie*, Felix Meiner Verlag, Hamburg, 1960, *Ideen zur Philosophie der Geschichte der Menschheit*, 1784 – 1785.

Hiż, H. , "Review: Methodological Aspects of the Theory of Syntax," *Journal of Philosophy*, 1967, 64 (2).

Hill, K. & Larry, N. , "The Sound Pattern of English," *Linguistics*, 1973, (15).

Hiorth, F. , *Noam Chomsky, Linguistics and Philosophy*, Oslo: Universitetsforlaget, 1974.

Hirsch, D. H. , "Deep Metaphors and Shallow Structures," *The Sewanee Review*, 1977, 85 (1), JSTOR, www. jstor. org/stable/27543203.

Hirsh-Pasek, K. and Golinkoff, R. M. , *The Origins of Grammar: Evidence from Early Language Comprehension*, Cambridge, Massachusetts: The MIT Press, 1996.

Hooper, J. , *An Introduction to Natural Generative Phonology*, New York: Academic Press, 1976.

Horgan, T. & Tienson, J. , *Connectionism and the Philosophy of Psychology*, Cambridge, Massachusetts: The MIT Press, 1996.

Hornstein, N. , *Move! A Minimalist Theory of Construal*, New York: Blackwell, 2000.

Hotting, K. , Rosler, F. and Roeder, B. , "Altered Multisensory Interaction in Congenitally Blind Humans: An Event-Related Potential Study," *Experimental Brain Research*, 2004, 159 (3).

Howard, D. A. , *Logical Empiricism in North America*, Massachusetts: University of Minnesoda Press, 2003.

Huang, C. , *Logical Relations in Chinese and the Theory of Grammar*, Ph. D.

Dissertation, MIT, 1982.

Hulbert, D. , "Bookmarks," *Prairie Schooner*, 1972 – 1973 , (46).

Humboldt, W. , "Humanist without Portfolio," *Ideen zu einem Versuch die Grenzen der Wirksamkeit des Staats zu bestimmen*, *1792*, trans. in part in Marianne, C. , Detroit: Wayne State University Press, 1963: 37 – 64.

Humboldt, Wilhelm von, *On Language: On the Diversity of Human Language Construction and Its Influence on the Mental Development of the Human Species*, ed. by Losonsky, Michael, tran. by Heath, Peter, New York: Cambridge University Press, 1999.

Humboldt, W. , *The Limits of State Action*, Indianapolis: University of Indiana Press, 1993.

Hume, D. A. , *Treatise on Human Nature*, 1739, Oxford: Clarendon, 1978.

Hume, D. , *Enquiries concerning Human Understanding and concerning the Principles of Morals*, Section XII, Part III, Cambridge: Cambridge University Press, 1975.

Hume, D. , *History of England*, *from the Invasion of Julius Caesar to the Revolution in 1688*, Vol. 6, http://oll. libertyfund. org/titles/793.

Hunter, G. , "The Churchlands' Eliminative Materialism," *Philosophical Investigations*, 1995, 18 (1).

Huxley, T. H. , "On the Hypothesis That Animals Are Automata," *Collected Essays*, Volume 1, London: Macmillan, 1893.

Itkonen, E. , *Causality in Linguistic Theory*, Bloomington: Indiana University Press, 1983.

Itkonen, E. , *Grammatical Theory and Metascience*, Amsterdam: John Benjamins Publishing Company, 1978.

Jackendoff, R. , *Languages of the Mind: Essays on Mental Representation*, Oxford: Oxford University Press, 1992.

Jackendoff, R. , *Semantic Interpretation in Generative Grammar*, Cambridge, Massachusetts: The MIT Press, 1974.

Jackendoff, R. , *Semantics and Cognition*, Cambridge, Massachusetts: The

MIT Press, 1983.

Jackendoff, R., *Some Rules of Semantic Interpretation for English*, Ph. D. Dissertation, MIT, 1969.

Jackson, F., "Epiphenomenal Qualia," *Philosophical Quarterly*, 1982, (32).

Jacob, P., "Stanford Encylopaedia of Philosophy," http://plato. stanford. edu/.

Jacob, P., *What Minds Can Do*, Cambridge: Cambridge University Press, 1997.

Jacobson, S., "Review of Chomsky: Aspects of the Theory of Syntax," *Linguistics*, 1966, (28).

Jakobson, R. & Morris, H., *Fundamentals of Language*, The Hague: Mouton, 1956.

Jenkins, L., *Biolinguistics: Exploring the Biology of Language*, Cambridge: Cambridge University Press, 2000.

Johnson-Laird, P. N., *Mental Models*, Cambridge, Massachusetts: Harvard University Press, 1983.

Johnston, J. R., "Cognitive Abilities of Children with Language Impairment," in *Specific Language Impairments in Children Baltimore*, edited by Watkins, R. V. and Rice, M. L., M. D. : Paul H. Brookes Publishing Co. , 1994.

Joseph, E., "A Reformulation of Certain Syntactic Transformations," *Goals of Linguistic Theory*, edited by Peters, S. , Cliffs, E. , N. J. : Prentice-Hall, 1972.

Kampf, L., "Books," *College English*, 1967, (28).

Karmiloff-Smith, A., Klima, E., Bellugi, U., Grant, J. and Baron-Cohen, S., "Is There a Social Module? Language, Face Processing, and Theory of Mind in Individuals with Williams Syndrome," *Journal of Cognitive Neuroscience*, 1995, (712).

Karmiloff-Smith, A., "Research into Williams Syndrome: The State of the Art," in *Handbook of Developmental Cognitive Neuroscience*, edited by Nelson, C. A. and Luciana, M., Cambridge, Massachusetts: The MIT Press, 2001.

Karmos, J. , "Language and Learning," *Phi Delta Kappen*, 1980, (62).

Karmos, J. , "Language and Learning: The Debate between Jean Piaget and Noam Chomsky," *Psychology Today*, 1980.

Katz, J. J. & Postal, P. M. , "An Integrated Theory of Linguistic Description," *Synthese*, 1967, 17 (3).

Katz, J. J. , *Semantic Theory*, New York: Harper & Row, 1972.

Katz, J. J. , *The Philosophy of Language*, New York: Harper & Row, 1966.

Kayne, R. , *The Antisymmetry of Syntax*, Cambridge, Massachusetts: The MIT Press, 1994.

Kean, M. L. , *The Theory of Markedness in Generative Grammar*, Ph. D. Dissertation, MIT, 1975, Bloomington: Indiana University Linguistics Club, 1980.

Keenan, E. L. , "Towards a Universal Definition of Subject," in *Subject and Topic*, edited by Li, C. N. , New York: Academic Press, 1976.

Kenstowicz, M. , *Phonology in Generative Grammar*, Oxford: Blackwell, 1994.

Kim, J. , "Mental Causation in Searle's Biological Naturalism," *Philosophy and Phenomenological Research*, 1995, 55 (1).

Kim, J. , "Multiple Realization and the Metaphysics of Reduction," *Philosophy and Phenomenological Research*, 1992, 52 (1).

King, P. , "Rethinking Representation in the Middle Ages: A Vade-Mecum to Mediaeval Theories of Mental Representation," in *Representation and Objects of Thought in Medieval Philosophy*, edited by Lagerlund, H. , Aldershot: Ashgate, 2007.

Kinsella, A. , *Language Evolution and Syntactic Theory*, Cambridge: Cambridge University Press, 2009.

Klima, G. , *Introduction to John Buridan: Summulae de Dialectica*, New Haven: Yale University Press, 2001.

Klima, G. , *John Buridan*, Oxford: Oxford University Press, 2009.

Knight C. , *Decoding Chomsky-Science and Revolutionary Politics*, New Haven: Yale University Press, 2016.

Knight, C. , "The Chomsky Enigma," *Radical Anthropology*, 2010, (4).

Knudsen, C. , "Intention and Imposition," in *The Cambridge History of Later Medieval Philosophy*, edited by Kretzmann, N. , A. K. & Pinborg, J. , Cambridge: Cambridge University Press, 1982.

Kosslyn, S. , Gazzaniga, M. S. , Galaburda, A. M. & Rabin, C. , "Hemispheric Specialization," in *Fundamental Neuroscience*, edited by Zigmond, M. J. , Bloom, F. E. , Landis, S. C. , Roberts, J. L. & Squire, L. R. , San Diego: Academic Press, 1999.

Kosslyn, S. M. , *Image and Mind*, Cambridge, Massachusetts: Harvard University Press, 1980.

Kosslyn, S. , "The Medium and the Message in Mental Imagery," *Psychological Review*, 1981, 88 (1).

Kripke, S. , "Naming and Necessity," in *Semantics for Natural Language*, edited by Davidson, D. and Harman, G. , Dordrecht: D. Reidel, 1972.

Kripke, S. , *Naming and Necessity*, Oxford: Blackwell, 1982.

Lagerlund, H. , ed. , *Representation and Objects of Thought in Medieval Philosophy*, Aldershot: Ashgate, 2007.

Lagerlund, H. , "Singular Terms and Vague Concepts in Late Medieval Mental Language Theory or the Decline and Fall of Mental Language," in *Intentionality, Cognition and Mental Representation in Medieval Philosophy*, edited by Klima, G. , New York: Fordham University Press, 2014.

Lagerlund, H. , "The Terminological and Conceptual Roots of Representation in the Soul in Late Ancient and Medieval Philosophy," in *Representation and Objects of Thought in Medieval Philosophy*, edited by Lagerlund, H. , Aldershot: Ashgate, 2007.

Lagerlund, H. , "What Is Singular Thought? Ockham and Buridan on Singular Terms in the Language of Thought," in *Mind and Modality: Studies in the History of Philosophy in Honour of Simo Knuuttila*, edited by Hirvonen, V. , Holopainen, T. and Tuominen, M. , Leiden: Brill, 2006.

Lai, C. S. L. , Fisher, S. E. , Hurst, J. A. , Vargha-Khadem, F. and Monaco, A. P. , "A Fork-Head Gene Is Mutated in a Severe Speech and Language Disorder," *Nature*, 2001, (413).

Lamb, S., "Current Issues in Linguistic Theory," *American Anthropologist*, 1967, (69).

Lamprecht, S. P., "The Role of Descartes in Seventeenth-Century England," *Studies in the History of Ideas*, Vol. III, New York: Columbia University Press, 1935.

Lamy, B., *La rhétorique ou l'art de parler*, Paris: PUF (Presses Universitaires de Franca), 1998.

Langendoen, D. T., "Chomsky on Language," *American Speech*, 1970, (45).

Langendoen, D. T., "Essays on Form and Interpretation," *The Journal of Philosophy*, 1978, (75).

Lappin, S., Levine, R., Johnson, D., "Topic ... Comment," *Natural Language & Linguistic Theory*, 2000, 18 (3).

Lasnik, H., "Analyses of Negation in English," Ph. D. Dissertation, MIT, 1972.

Lasnik, H, and Lohndal, T., "Brief Overview of the History of Generative Syntax," in *The Cambridge Handbook of Generative Syntax*, edited by Dikken, M., New York: Cambridge University Press, 2013.

Lasnik, H., "Case and Expletives Revisited: On Greed and Other Human Failings," *Linguistic Inquiry*, 1995 (26), http://www.jstor.org/stable/4178916.

Laurence, S. and Margolis, E., *Concepts: Core Readings*, Cambridge, Massachusetts: The MIT Press, 1999.

Laurence, S. and Margolis, E., "The Poverty of the Stimulus Argument," *British Journal for the Philosophy of Science*, 2001, 52 (2).

Laurence, S., "Is Linguistics a Branch of Psychology?," in *Epistemology of Language*, edited by Barker, A., Oxford: Oxford University Press, 2003.

Lavine, J, and Freidin, R., "The Subject of Defective T (ense) in Slavic," *Journal of Slavic Linguistics*, 2002, (10), http://www.jstor.org/stable/24599 685.

Lawrence, I., *Linguistics and Theology: The Significance of Noam Chomsky for*

*Theological Construction*, Oxford: Oxford University Press, 1980.

Lebeaux, D. , *Language Acquisition and the Form of the Grammar*, Amherst: University of Massachusetts Dissertation, 1988.

Lehmann, C. , "On Some Current Views of the Language Universal," in *Issues in the Theory of Universal Grammar*, edited by Dirven, R. and Radden, G. , Tübingen: Gunter Narr, 1982.

Leiber, J. , "Essays on Form and Interpretation," *Review of Metaphysics*, 1978, (32).

Leiber, J. , "Noam Chomsky: A Philosophic Overview," *Philosophical Review*, 1975, 86 (4).

Leiber, J. , "Studes on Semantics in Generative Grammar," *Review of Metaphysics*, 1974, (27).

Leibniz, G. W. , *New Essays on Human Understanding*, Translated by Peter Remnant and Jonathan Bennett, Cambridge: Cambridge University Press, 1981.

Lenneberg, E. H. , "The Capacity for Language Acquisition. The Structure of Language," in *Readings in the Philosophy of Language*, 1964.

Levine, J. , "On Leaving Out What It's Like," in *Consciousness*, edited by Davies, M. and Humphreys, G. , Oxford: Blackwell Publishers, 1993.

Levinson, S. , *Pragmatics*, Cambridge: Cambridge University Press, 1983.

Lewontin, R. , "The Evolution of Cognition," in *An Invitation to Cognitive Science*, Vol. 3, *Thinking*, edited by Osherson, D. N. and Smith, E. E. , Cambridge, Massachusetts: The MIT Press, 1990.

Lieberman, P. , *Human Language and Our Reptilian Brain: The Subcortical Bases of Speech, Syntax, and Thought*, Cambridge, Massachusetts: Harvard University Press, 2000.

Lightfoot, D. W. , *The Development of Language: Acquisition, Change and Evolution*, Oxford: Blackwell, 1999.

Lightner, T. , "A Note on McCawley's Review of 'The Sound Pattern of English'," *International Journal of American Linguistics*, 1976, (42).

Linell, P. , *Psychological Reality in Phonology: A Theoretical Study*, Cambridge: Cambridge University Press, 1979.

Locke, J., *An Essay Concerning Human Understanding*, edited by Woozley, A. D., Cleveland: Meridian Books, 1964.

Ludlow, P., "LF and Natural Logic: The Syntax of Directional Entailing Environments," in *Logical Form and Language*, edited by Preyer, G. and Peter, G., Oxford: Oxford University Press, 2002.

Luria, A. R., *Language and Cognition*, New York: John Wiley and Sons, 1982.

Lycan, W. G., *Philosophy of Language: A Contemporary Introduction*, New York: Routledge, 2008.

Lyons, J., "Book Reviews: Aspects of the Theory of Syntax," *The Philosophical Quarterly*, 1966, 16 (65), https://doi. org/10. 2307/2218520.

Lyons, J., *Chomsky*, London: Fontana Press, 1970.

Lyons, J., *Chomsky*, London: Fontana Press, 1991.

Lyons, J., *Noam Chomsky*, revised ed., Harmondsworth: Penguin, 1978.

Macedo, D., ed., *Chomsky on Miseducation*, New York: Rowman and Littlefield, 2000.

Machery, E., "Massive Modularity and Brain Evolution," *Philosophy of Science*, 2007, (74).

Maess, B. S., Koelsch, T., Gunter, C. & Friederici, A. D., "Musical Syntax Is Processed in Broca's Area: An MEG Study," *Nature Neuro-Science*, 2001, (4).

Maher, J. & Groves, J., *Introducing Chomsky*, New York: Totem Books, 1998.

Marantz, A., "No Escape from Syntax: Don't Try Morphological Analysis in the Privacy of Your Own Lexicon," *University of Pennsylvania Working Papers in Linguistics*, 1997, (4), http://repository. upenn. edu/pwpl/vol4/iss2/14/.

Marcel, A., "Conscious and Unconscious Perception: Experiments on Visual Masking and Word Recognition," *Cognitive Psychology*, 1983, (15).

Marcotte, E. , "Disciplining the Tower of Babel," *Nation*, 1976, (222).

Margalit, F. , "A Changed Noam Chomsky Simplifies," *The New York Times*, December 5, 1998.

Marr, D. , *Vision. A Computational Investigation into the Human Representation and Processing of Visual Information*, Cambridge, Massachusetts: The MIT Press, 2010.

Marr, D. , *Vision*, New York: W. H. Freeman and Company, 1982.

Martin, C. B. , " Proto-Language," *Australasian Journal of Philosophy*, 1987, 65.

Martin, R. and Uriagereka, J. , "Some Possible Foundations of the Minimalist Program," in *Step by Step: Essays in Minimalist Syntax in Honor of Howard Lasnik*, Cambridge, Massachusetts: The MIT Press, 2000.

Martin, R. , David, M. and Uriagereka, J. , eds. , *Step by Step: Essays in Minimalist Syntax in Honor of Howard Lasnik*, Cambridge, Massachusetts: The MIT Press, 2000.

Matthews, P. H. , *Generative Grammar and Linguistic Competence*, Boston: Unwin Hyman, 1979.

Matthews, P. H. , "Generative Grammar and Linguistic Competence," *Philosophical Quarterly*, 1980, 30 (118).

Matthews, P. H. , "N. Chomsky Aspects of the Theory of Syntax," *Journal of Linguistics*, 1967, 3 (1).

May, R. , *The Grammar of Quantification*, Ph. D. MIT, Cambridge, Massachusetts: The MIT Press, 1977.

McCarthy, J. , "Todd Moody's Zombies," *Journal of Consciousness Studies*, 1995, 2 (4).

McCawley, J. , "The Role of Semantics in Grammar," in *Universals in Linguistic Theory*, edited by Bach, E. & Harms, R. T. , New York: Holt, Rinehartand Winston, 1968.

McGilvray, J. , "A Defense of Physical Becoming," *Erkenntnis*, 1979, 14 (3).

McGilvray, J. , " Becoming: A Modest Proposal," *Philosophical Studies*,

1976, 30 (3).

McGilvray, J., "Can Travis' 'Generative Theory of Illocutions' Be Generative?," *Dialogue*, 1977, 16 (4).

McGilvray, J., *Chomsky: Language, Mind, and Politics*, Cambridge: Polity Press, 1999.

McGilvray, J., *Chomsky: Language, Mind and Politics*, Cambridge: Polity Press, 2013.

McGilvray, J., *Chomsky: Language, Mind, Politics* (2nd Edition), Cambridge: Polity Press, 2014.

McGilvray, J., "Common Sense Concepts," *Croatian Journal of Philosophy*, 2003, 3 (3).

McGilvray, J., "Critical Notice of Noam Chomsky, Reflections on Language," *Canadian Journal of Philosophy*, 1979, 9 (3).

McGilvray, J., "Introduction for Cybereditions," in Chomsky, *Cartesian Linguistics* (2nd Edition), Christchurch, N. Z.: Cybereditions, 2002.

McGilvray, J., "Meaning and Creativity," in *The Cambridge Companion to Chomsky*, edited by McGilvray, J. A., Cambridge: Cambridge University Press, 2005.

McGilvray, J., "Meanings Are Syntactically Individuated and Found in the Head," *Mind and Language*, 1998, 13 (2).

McGilvray, J., "MOPs: The Science of Concepts," in *Belief and Meaning, Essays at the Interface*, edited by Hinzen, W. and Rott, H., Frankfurt am Main: Hansel-Hohenhausen, 2002.

McGilvray, J., "Notes and Reviews," *International Journal of American Linguistics*, 1974, (40).

McGilvray, J., "On the Innateness of Language," in *Contemporary Debates in Cognitive Science*, edited by Stainton, R. J., Malden, Massachusetts: Blackwell, 2006.

McGilvray, J., "Phonetics and Generation Gap," *Times Literary Supplement*, 1969, (27).

McGilvray, J., *The Cambridge Companion to Chomsky*, Cambridge: Cambridge University Press, 2005.

McGilvray, J., "The Functions of Tenses," *Noûs*, 1973, 7 (2).

McGilvray, J., "The Location Problem Reconsidered: A Reply to Ross," *Consciousness and Cognition*, 2001, 10 (1).

McGilvray, J., "The Sound Pattern of English," *Choice*, 1969, (5).

McGilvray, J., "Zeno Vender, the Matter of Minds," *Philosophy in Review*, 1986, 6 (5).

McGinn, C., "Can We Solve the Mind-Body Problem?," *Mind* (New Series), 1989, 98 (391).

McGinn, C., "Consciousness and Cosmology: Hyperdualism Ventilated," in *Consciousness: Psychological and Philosophical Essays*, edited by Davies, M. and Humphreys, G., Oxford: Blackwell, 1993.

McGinn, C., *The Problem of Consciousness*, Oxford: Blackwell Publishers, 1991.

McGurk, H. and MacDonald, J., "Hearing Lips and Seeing Voices," *Nature*, 1976, 264 (5588).

Mehta, V., *John Is Easy to Please: Encounters with the Written and the Spoken Word*, London: Secker & Warburg, 1971.

Mettrie, J. O., de. *L' homme-machine, 1747*, Critical edition, edited by Vartanian, A., Princeton, N. J.: Princeton University Press, 1960.

Miles, H. & White, L., "The Cognitive Foundations for Reference in a Signing Orangutan", in *"Language"and Intelligence in Monkeys and Apes: Comparative Developmental Perspectives*, edited by Packer, S. T. and Gibson, K. R., Cambridge: Cambridge University Press, 1990.

Miller, G. A., "The Cognitive Revolution: A Historical Perspective," *Trends in Cognitive Sciences*, 2003, 7 (3).

Millikan, R., *Language, Thought and Other Biological Categories*, Cambridge, Massachusetts: The MIT Press, 1984.

Minsky, M., *A Framework for Representing Knowledge*, Cambridge, Massachusetts: The MIT-AI Laboratory Memo 306, 1974.

Miringoff, M., *The Social Health of the Nation*, New York: Oxford University Press, 1999.

Mody, M., Studdert-Kennedy, M. & Brady, S., "Speech Perception Deficits in Poor Readers: Auditory Processing or Phonological Coding?," *Journal of Experimental Child Psychology*, 1997, (64).

Moody, C. T., "Conversations with Zombies," *Journal of Consciousness Study*, 1994, 1 (2).

Morgan, A., "Representations Gone Mental," *Synthese*, 2014, 191 (2).

Muysken, P., "Parametrizing the Notion Head," *Journal of Linguistic Research*, 1982, 2 (3).

Nagel, T., *The View from Nowhere*, Oxford: Oxford University Press, 1986.

Nagel, T., "What Is It Like to Be a Bat?," *Philosophical Review*, 1974, (83).

Naomi, G., Singer, H., Bellugi, U., Bates, E., Jones, W. and Rosen, M. J., "Contrasting Profiles of Language Development in Children with Williams and Down Syndromes," *Developmental Neuropsychology*, 1997, (1313).

Nevin, B., "Noam and Zellig," in *Kibbee. Chomskyan(R) evolutions*, edited by Douglas, A., Amsterdam and Philadelphia, P. A.: John Benjamins Publishing Company, 2010.

Newmeyer, F. J., *Linguistic Theory in America* (2nd Edition), Pittsburgh: Academic Press, 1986.

Newson, M., *Chomsky's Universal Grammar: An Introduction* (2nd Edition), Oxford: Blackwell Publishers, 1996.

Newson, M., *Chomsky's Universal Grammar: An Introduction* (3rd Edition), Oxford: Blackwell Publishers, 2007.

Nishida, T., "The Social Group of Wild Chimpanzees in the Mahali Mountains," *Primates*, 1968, 9 (3).

Normore, C., "Meaning and Objective Being: Descartes and His Sources," in

*Essays on Descartes' Meditations*, edited by Rorty, A. O. , Berkeley: University of California Press, 1986.

Normore, C. , "The Invention of Singular Thought," in *Forming the Mind*: *Essays on the Internal Senses and the Mind/Body Problem from Avicenna to the Medical Enlightenment*, edited by Lagerlund, H. , Dordrecht: Springer, 2007.

Ockham, W. , *Guillelmi de Ockham Opera Philosophica et Theologica ad fidem codicum manuscriptorum edita*, St. Bonaventure, N. Y. : Impressa Ad Claras Aquas (Italia), 1967 – 1989.

Ohmann, R. , "The Theory of Talk," *Partisan Review*, 1965, 32 (3).

Osherson, D. , ed. , *Thinking: An Introduction to Cognitive Science* (4 Volumes), Cambridge, Massachusetts: The MIT Press, 1995.

Otero, C. P. , ed. , *Noam Chomsky: Critical Assessments*, Volumes 2 –3, New York: Routledge, 1994.

Outram, D. , *The Enlightenment*, Cambridge: Cambridge University Press, 1995.

Panaccio, C. , *Ockham on Concepts*, Aldershot: Ashgate, 2004.

Papineau, D. , "The Rise of Physicalism," in *Physicalism and Its Discontents*, edited by Gillert, C. and Loewer, B. , Cambridge: Cambridge University Press, 2001.

Pasnau, R. , "Cognition," in *The Cambridge Companion to Duns Scotus*, edited by Williams, T. , Cambridge: Cambridge University Press, 2003.

Pasnau, R. , *Theories of Cognition in the Later Middle Ages*, Cambridge: Cambridge University Press, 1997.

Patel, A. D. , *Music, Language, and the Brain*, New York: Oxford University Press, 2008.

Peacocke, C. , "Content, Computation, and Externalism," *Mind and Language*, 1994, 9 (3).

Peng, F. C. C. , "Aspects of the Theory of Syntax," *Linguistics*, 1969, (49).

Peng, F. C. C. , "Profoundly Meaningful," *Times Literary Supplement*, 7 July 1972.

Peng, F. C. C. , "Studies on Semantics in Generative Grammar," *American An-thropologist*, 1973, (75).

Peter, H. W. , "Reviews," *Modern Language Review*, 1968, (63).

Peters, S. and Ritchie, R. , "On the Generative Power of Transformational Grammars," *Information Sciences*, 1973, (6).

Petitto, L. A. , "On the Biological Foundations of Human Language," in *The Signs of Language Revisited: An Anthology in Honor of Ursula Bellugi and Edward Klima. Mahwah*, edited by Emmorey, K. and Lane, H. , N. J. : Lawrence Erlbaum, 2000.

"Physicalism," *Stanford Encyclopedia of Philosophy*, http://plato. stanford. edu/entries/physicalism/.

Piaget, J. & Cook, M. T. , *The Origins of Intelligence in Children*, New York, N. Y. : International University Press, 1952.

Piaget, J. & Inhelder, B. , *The Psychology of the Child*, London: Routledge, 1968.

Piattelli-Palmarini, M. , "Evolution, Selection and Cognition: From Learning to Parameter Setting in Biology and in the Study of Language," *Cognition*, 1989, (31).

Piattelli-Palmarini, M. , *Language and Learning: The Debate between Jean Pi-aget and Noam Chomsky*, London: Routledge and Kegan Paul, 1980.

Pierce, C. S. , *Collected Papers of Charles Sanders Peirce*, Harvard: Harvard University Press, 1931.

Pietroski, P. , "Meaning before Truth," in *Contextualism in Philosophy: Knowl-edge, Meaning, and Truth*, edited by Preyer, G. and Peter, G. , Oxford: Oxford University Press, 2002.

Pinker, S. & Bloom, P. , "Natural Language and Natural Selection," *Behav-ioraland Brain Sciences*, 1990, 13 (4).

Pinker, S. , *How the Mind Works*, New York: W. W. Norton and Co. , 1997.

Pinker, S. , *Language Learnability and Language Development*, Cambridge, Massachusetts: Harvard University Press, 1984.

Pinker, S. , *Learnability and Cognition*, Cambridge, Massachusetts: The MIT Press, 1989.

Pinker, S. , *The Blank Slate*, New York: Penguin, 2002.

Pinker, S. , "The Central Problem for the Psycholinguist," in *Conceptions of the Human Mind: Papers in Honor of George Miller*, edited by Harman, G. , Hillsdale, N. J. : Erlbaum, 1993.

Pinker, S. , *The Language Instinct*, New York: William Morrow, 1994.

Pinker, S. , *The Stuff of Thought: Language as a Window into Human Nature*, London: Penguin, 2007.

Pitt, D. , "The Phenomenology of Cognition, or, What Is It Like to Think That P?," *Philosophy and Phenomenological Research*, 2004, (69).

Plaza, M. , Gatignol, P. , Leroy, M. & Duffau, H. , "Speaking without Broca's Area after Tumor Resection," *Neurocase*, 2009, 15 (4).

Plochmann, G. K. , "Aspects of the Theory of Syntax," *Philosophy and Phenomenological Research*, 1965, 28 (2).

Plochmann, G. K. , "N. Chomsky's 'Aspects of the Theory of Syntax'," *Philosophy and Phenomenological Research*, 1967, 28 (2).

Plooij, F. X. , "Some Basic Traits of Language in Wild Chimpanzees?," in *Action, Gesture and Symbol: The Emergence of Language*, edited by Lock, A. , London: Academic Press, 1978.

Poland, J. , "Chomsky's Challenge to Physicalism," in *Chomsky and His Critics*, edited by Anthony, L. M. and Hornstein, N. , Oxford: Blackwell, 2003.

Poole, G. , "Noam Chomsky," in *Key Thinkers in Linguistics and the Philosophy of Language*, edited by Chapman, S. and Routledge, C. , Edinburgh: Edinburgh University Press, 2005.

Posner, R. A. , *Public Intellectuals: A Study of Decline* (Revised ed. ), Cambridge, Massachusetts: Harvard University Press, 2003.

Premack, D. and Woodruff, G. , "Chimpanzee Problem-Solving: A Test for Comprehension," *Science*, 1978, (202).

Premack, D. , " 'Gavagai!' Or the Future History of the Animal Language

Controversy," *Cognition*, 1985, 19 (3).

Premack, D., "Words: What Are They, and do Animals Have Them?," *Cognition*, 1990, 37 (3).

Prideaux, G. D., "Cartesian Linguistics," *Canadian Journal of Linguistics*, 1967.

Prinz, J., "Is the Mind Really Modular?," in *Contemporary Debates in Cognitive Science*, edited by Stainton, R. J., Malden, Massachusetts: Blackwell Publishing, 2006.

Pullum, G. K. and Gerald, G., "Natural Languages and Context-Free Languages," *Linguistics and Philosophy*, 1982, 4 (4).

Pulvermilller, F., "Words in the Brain's Languages," *Behavioral and Brain Sciences*, 1999, (22).

Pustejovsky, J., *The Generative Lexicon*, Cambridge, Massachusetts: The MIT Press, 1995.

Putnam, H., "Minds and Machines," in *Dimensions of Mind*, edited by Hook, S., Gunderson, K., New York: New York University Press, 1960.

Putnam, H., *Representation of Reality*, Cambridge, Massachusetts: The MIT Press, 1988.

Putnam, H., "The Innateness Hypothesis and Explanatory Models in Linguistics," *Synthese*, 1967, (17).

Putnam, H., "The Meaning of 'Meaning'," in *Language, Mind and Knowledge: Minnesota Studies in the Philosophy of Science* (7), edited by Stainton, R. J., Minneapolis: University of Minnesota Press, 1975.

Putnam, H., "The Nature of Mental States," in Capitan, W. H. & Merrill, D. D., eds., *Art, Mind, and Religion*, Pittsburgh: University of Pittsburgh Press, 1967.

Quartz, S. R., "Toward a Developmental Evolutionary Psychology: Genes, Development, and the Evolution of the Human Cognitive Architecture," in *Evolutionary Psychology: Alternative Approaches*, edited by Scher, S. and Rauscher, M., Dordrecht: Kluwer, 2002.

Quine, W. V. O., "Methodological Reflections on Current Linguistic Theory," in *Semantics of Natural Language*, edited by Davidson, D. & Harman, G., Dordrecht: Reidel, 1972.

Quine, W. V. O., *Pursuit of Truth*, Cambridge, Massachusetts: Harvard University Press, 1990.

Quine, W. V. O., *Word and Object*, Massachusetts: The MIT Press, 1960.

Quinton, A., "Further Chomsky Tremors," *New Statesman*, 1979, (98).

Radford, A., Atkinson, M., Britain, D., Clahsen, H. and Spencer, A., *Linguistics: An Introduction*, Cambridge: Cambridge University Press, 1999.

Radford, A., *Syntactic Theory and the Acquisition of English Syntax*, Oxford: Blackwell, 1990.

Rai, M., *Chomsky's Politics*, London: Verso, 1995.

Raskin, M. G. and Bernstein, H. J., *New Ways of Knowing*: *The Sciences, Society, and Reconstructive Knowledge*, Towota, N. J.: Rowman and Littlefield, 1987.

Reno, Jr. E. A., "Summaries and Comments," *Review of Metaphysics*, 1966, (19).

Reuland, E., *Anaphora and Language Design*, Cambridge, Massachusetts: The MIT Press, 2011.

Rey, G., "Introduction: What Are Mental Images?," in *Volume II Readings in Philosophy of Psychology*, edited by Block, N., Cambridge, Massachusetts and London, England: Harvard University Press, 1981.

Rice, K., "Vowel Place Contrasts," in *Language Universals and Variation*, edited by Amber, M. & Collins, P., London: Praeger, 2002.

Richards, M., "Deriving the Edge: What's in a Phase?," *Syntax*, 2011, (14).

Rijk, L. M., *Giraldus Odonis O. F. M.: Opera Philosophica. Vol. II: De intentionibus*, Leiden: Brill, 2005.

Rizzi, L., *Relativized Minimality*, Cambridge, Massachusetts: The MIT Press, 1990.

Robinson, I., *The New Grammarian's Funeral: A Critique of Noam Chomsky's Linguistics*, Cambridge: Cambridge University Press, 1975.

Robinson, P., "Language and Responsibility," *New York Times Book Review*, 1979, (25).

Rohrmeier, M., "A Generative Grammar Approach to Diatonic Harmonic Structure," in *Proceedings of the 4th Sound and Music Computing Conference*, Lefkada: Greece, 2007.

Ross, J. R., *Constraints on Variables in Syntax*, Cambridge, Massachusetts: The MIT Dissertation, 1967.

Ross, J. R., *Infinite Syntax*, Norwood, N. J.: Ablex, 1984.

Russell, B. and Sugden, S., "The Philosophy of Logical Atomism," *Monist*, 1918, 28 (4).

Ryle, G., *On Thinking*, Oxford: Blackwell, 1979.

Ryle, G., *The Concept of Mind*, London: Hutchinson's University Library, 1949.

Sahlin, G., *César Chesneau du Marsais et son rôle dans l'évolution de la grammaire générale*, Paris: Presses-Universitaires, 1928.

Salmon, V., "Reviews," *Journal of Linguistics*, 1969, (5).

Sampson, G., "Liberty and Language," *British Journal for the Philosophy of Science*, 1981, 32 (4).

Sampson, G., *Making Sense*, Oxford: Oxford University Press, 1980.

Sampson, G., *Stratificational Grammar: A Definition and an Example*, New York: Mouton de Gruyter, 1970.

Sampson, G., "Studies on Semantics in Generative Grammar," *Journal of Literary Semantics*, 1976, (4).

Samuals, A., *Jung and Post-Jungians*, New York: Routledge, 1986.

Savage-Rumbaugh, S., McDonald, K., Sevcik, R. A., Hopkins, W. D., Rubert, E., "Spontaneous Symbol Acquisition and Communicative Use by Pygmy Chimpanzees (Panpaniscus)," *Journal of Experimental Psychology: General*, 1986, 115 (3).

Savage-Rumbaugh, S., Rumbaugh, D. M., McDonald, K., "Language Learning in Two Species of Apes," *Neuroscience and Biobehavioral Reviews*, 1985, 9 (4).

Schank, R. C. , *Explanation Patterns: Understanding Mechanically and Creatively*, Hillsdale, N. J. : Erlbaum, 1986.

Schlegel, A. W. , *Die Kunstlehre*, 1801, Stuttgart: W. Kohlhammer Verlag, 1963.

Schlegel, F. , *Geschichte der alten und neuen Literatur*, 1812, London: Nabu Press, 2012.

Schon, C. Von, "Rules and Representations," *Library Journal*, 1980, (105).

Schott, W. , "A Grammar of Conscience," *Washington Post*, 11 March 1979.

Searle, J. , *Intentionality: An Essay in the Philosophy of Mind* (1st Edition), Cambridge: Cambridge University Press, 2008.

Searle, J. , *The Rediscovery of the Mind*, Cambridge, Massachusetts: The MIT Press, 1992.

Searle, J. , "The Rules of Language Game," *Times Literary Supplement*, 1976, (3887).

Seidenberg, M. S. and Petitto, L. A. , "Communication, Symbolic Communication, and Language in Child and Chimpanzee: Comment on Savage-Rumbaugh, McDonald, Sevcik, Hopkins, and Rupert (1986)," *Journal of Experimental Psychology*, 1987, 116 (3).

Seidenberg, M. S. and Petitto, L. A. , "Signing Behavior in Apes: A Critical Review," *Cognition*, 1979, (7).

Sellars, W. , "Meaning as Functional Classification," *Synthese*, 1974, (27).

Seuren, P. A. M. , *Operators and Nucleus: A Contribution to the Theory of Grammar*, Cambridge: Cambridge University Press, 1969.

Shannon, C. E. , "A Mathematical Theory of Communication," *Bell Systems Technical Journal*, 1948, (27).

Shaumyan, S. , "Reflections on Language," *New Republic*, 13 March 1976.

Shieber, S. , "Evidence against the Context-Freeness of Natural Language," *Linguistics and Philosophy*, 1985, 8 (3).

Shipley, E. F. , Kuhn, I. F. and Madden, E. C. , "Mothers' Use of Superordinate Category Terms," *Journal of Child Language*, 1983, (10).

Siewert, C. , *The Significance of Consciousness*, Princeton: Princeton University Press, 1998.

Skinner, B. F. , "An Operant Analysis of Problem Solving," *Behavioral and Brain Sciences*, 1984, 7 (4).

Skinner, B. F. , "Are Theories of Learning Necessary?," *Psychological Review*, 1950, (57).

Skinner, B. F. , "Can Psychology Be a Science of Mind?," *American Psychologist*, 1990, (45).

Skinner, B. F. , *The Behavior of Organisms*, New York: Appleton Century-Crofts, 1938.

Slobin, D. I. , "Universal and Particular in the Acquisition of Language," in *Language Acquisition: The State of the Art*, edited by Wanner, E. & Gleitman, L. R. , New York: Cambridge University Press, 1982.

Smith, N. and Tsimpli, I. M. , *The Mind of a Savant: Language-learning and Modularity*, Oxford: Blackwell, 1995.

Smith, N. and Wilson, D. , *Modern Linguistics: The Results of Chomsky's Revolution*, Harmondsworth: Penguin Books, 1979.

Smith, N. , *Chomsky: Ideas and Ideals*, Cambridge: Cambridge University Press, 1999.

Smith, N. , "Dissociation and Modularity: Reflections on Language and Mind," in *Mind, Brain and Language*, edited by Banich, M. & Mack, M. , Hillsdale, N. J. : Lawrence Erlbaum, 2003.

Smith, N. , "*Foreword*" to Chomsky, Cambridge: Cambridge University Press, 2000.

Smolensky, P. , "Connectionist Modeling: Neural Computation/Mental Connections," in *Neural Connections, Mental Computation*, edited by Nadel, L. , Cooper, A. , Culicover, P. & Harnish, R. M. , Cambridge, Massachusetts: The MIT Press, 1989.

Snyder, A. D. , *Coleridge on Logic and Learning*, New Haven: Yale University Press, 1929.

Soames, S. , "Semantics and Semantic Competence," *Philosophical Perspec-*

*tives*, 1989, (3).

Sobin, N., "Th/Ex, Agreement, and Case in Expletive Sentences," *Syntax*, 2014, (17).

Spelke, E. S., "The Origins of Physical Knowledge," in *Thought without Language*, edited by Weiskrantz, L., Oxford: Oxford University Press, 1988.

Sperber, D. and Wilson, D., *Relevance, Communication and Cognition*, Oxford: Blackwell, 1986.

Sperlich, W. B., *Noam Chomsky*, London: Reaktion Books, 2006.

Sperry, R., "Plasticity of Neural Maturation," *Developmental Biology Supplement*, 1968, (2).

Spooner, S. et al., "Summaries and Comments," *Review of Metaphysics*, 1967, (20).

Staal, J. F., "Review: Noam Chomsky, Aspects of the Theory of Syntax," *Journal of Symbolic Logic*, 1967, 32 (3).

Steiner, G., "Summaries and Comments," *Review of Metaphysics*, 1969, (23).

Steiner, G., "The Tongues of Men," *New Yorker*, 1969, (45).

Steinthal, H., *Grammatik, Logik und Psychologie: Zhre Principien Und Ihr Verhältnis zu Einander*, Berlin: Dümmler, 1855.

Stich, S. P., *Innate Ideas*, California: University of California Press, 1975.

Stoljar, D., "Physicalism and Phenomenal Concepts," *Mind and Language*, 2005, 20 (2).

Stone, V. E., Cosmides, L., Tooby, J., Kroll, N. and Knight, R. T., "Selective Impairment of Reasoning about Social Exchange in a Patient with Bilateral Limbic System Damage," *PNAS*, 2002, 99 (17).

Stowell, T. A., *Origins of Phrase Structure*, Cambridge, Massachusetts: The MIT Dissertation, 1981.

Strawson, G., *Mental Reality*, Cambridge, Massachusetts: The MIT Press, 1994.

Strawson, G., *Real Materialism and Other Essays*, Oxford: Oxford University Press, 2008.

Sturrock, J. , "Reflections on Language," *New York Times Book Review*, 1976, (15).

Szabó, Z. G. , "Noam Chomsky," in *Dictionary of Modern American Philosophers, 1860 – 1960*, edited by LePore, E. , Archived from the original on October 16, 2015, Retrieved December 16, 2018-via chomsky. info.

Tattersall, I. , "At the Birth of Language," review of Robert C. Berwick and Noam Chomsky, *Why Only Us: Language and Evolution*, Massachusetts: The MIT Press, 2015.

Terrace, H. S. , *Nim: A Chimpanzee Who Learned Sign Language*, New York, N. Y. : Columbia University Press, 1987.

Terrace, H. S. , Petitto, L. A. , Sanders, R. J. and Bever, T. G. , "Can an Ape Create a Sentence?," *Science*, 1979, (206).

Thal, D. J. and Katich, J. , "Predicaments in Early Identification of Specific Language Impairment: Does the Early Bird always Catch the Worm?," in *Assessment of Communication and Language. Baltimore*, edited by Thal, D. J. , Cole, K. N. and Phillip, D. , MD: Brookes Publishing Company, 1996.

Thompson, J. L. , "Langage and Mind," *Journal of the British Society for Phenomenology*, 1970, (1).

Toivanen, J. , *Animal Consciousness: Peter Olivi on Cognitive Functions of the Sensitive Soul*, Jyvaskyla: The University of Jyvaskyla, 2009.

Tomasello, M. , "Do Young Children Have Adult Syntactic Competence?," *Cognition*, 2000, (74).

Townsend, J. , Wulfeck, B. , Nichols, S. and Koch, L. , "Attentional Deficits in Children with Developmental Language Disorder," *Technical Report CND – 9513*, Center for Research in Language, California: University of California at San Diego, 1995.

Trueswell, J. C. & Kim, A. E. , "How to Prune a Garden Path by Nipping It in the Bud: Fast Priming of Verb Argument Structure," *Journal of Memory & Language*, 1998, (39).

Tuggy, D. , "Tertullian the Unitarian," *European Journal for Philosophy of Re-*

*ligion*, 2016, 8 (3).

Turing, A. M., "Computing Machinery and Intelligence," *Mind*, 1950, (59).

Turing, A. M., "On Computable Numbers, with an Application to the Entscheidungs Problem," *Proceedings of the London Mathematical Society* (2nd Series), 1936, (42).

Turing, A. M., "The Chemical Basis of Morphogenesis," *Philosophical Transactions of the Royal Society of London*, 1952.

Twaddell, F. W., "On Defining the Phoneme," *Language Monograph* (16), Baltimore: Waverly Press, 1935.

Tweedale, M., "Mental Representations in Later Medieval Scholasticism," in *Historical Foundations of Cognitive Science*, edited by Smith, J. C., Dordrecht: Kluwer, 1990.

Tye, M., *Consciousness, Color, and Content*, Cambridge, Massachusetts: The MIT Press, 2000.

Tye, M., *The Imagery Debate*, Cambridge, Massachusetts: The MIT Press, 1991.

Uitti, K. D., "Decartes and Port-Royal in Two Diverse Retrospects," *Romance Philosophy*, 1969, (23).

Uriagereka, J., *Spell-out and the Minimalist Program*, Oxford: Oxford University Press, 2012.

Usberti, G., *Internalism and Anti-Realism: A Proposal*, Mimeo, 2002.

Uttal, W. R., *The New Phrenology: The Limits of Localizing Cognitive Processes in the Brain*, Cambridge, Massachusetts: The MIT Press, 2001.

Vargha-Khadem, F., Watkins, K., Alcock, K., Fletcher, P. & Passingham, R., "Praxic and Nonverbal Cognitive Deficits in a Large Family with a Genetically Transmitted Speech and Language Disorder," *Proceedings of the National Academy of Sciences*, USA, 1995, (92).

Vaugelas, C. F., *Remarques sur la langue françoise*, Paris: Classiques Garnier, 2018.

Vygotsky, L. S., *Mind in Society: The Development of Higher Psychological*

*Processes*, Cambridge, Massachusetts: Harvard University Press, 1978.

Watkins, J. , "Popperian Ideas on Progress and Rationality in Science," *The Critical Rationalist*, 1997, 2 (2).

Weiskrantz, L. , *Consciousness Lost and Found*, Oxford: Oxford University Press, 1997.

Wilks, Y. , "Review of Chomsky: Current Issues in Linguistic Theory," *Linguistics*, 1967, (33).

Williams, B. , "Where Chomsky Stands," *New York Review of Books*, 11 November, 1976.

Wilson, J. G. , "Commentary: Noam Chomsky and Judicial Review," *Cleveland State Law Review*, 1996.

Wise, C. , *Chomsky and Deconstruction: The Politics of Unconscious Knowledge*, New York: Palgrave Macmillan, 2011.

Wittgenstein, L. , *Philosophical Investigations*, translated by Anscombe, G. E. M. , Oxford: Basil Blackwell, 1963.

Wittgenstein L. , *Tractatus Logico-Philosophicus*, New York: Barnes & Noble Publishing, 2003.

Yang, C. D. , *Knowledge and Learning in Natural Language*, Oxford: Oxford University Press, 2002.

Zimmer, K. E. , "Notes and Reviews," *International Journal of American Linguistics*, 1968, (34).

# 附录　乔姆斯基生平及其贡献

## 一　乔姆斯基生平年表

艾弗拉姆·诺姆·乔姆斯基（Avram Noam Chomsky），是美国著名语言学家、哲学家、认知科学家、历史学家、政治活动家和社会批评家，1928 年 12 月 7 日出生于宾夕法尼亚州费城东橡树巷附近一个中产阶级德系犹太移民家族，他的母亲艾尔西·西蒙诺夫斯基（Elsie Simonofsky）于 1906 年从白俄罗斯移民到美国，他的父亲威廉·乔姆斯基（William Chomsky）于 1913 年从车臣移民到美国。乔姆斯基的研究在 20 世纪 50 年代改革了语言学领域。他认为语言是人类所特有的，是基于生物学基础的认知能力。有人把他称为"现代语言学之父"。除语言学以外，乔姆斯基在认知心理学以及心智哲学、语言哲学和分析哲学等领域也做出巨大贡献。他也是认知科学领域的先驱，积极发起并支持认知革命。他是麻省理工学院的终身教授，是亚利桑那大学的桂冠教授，他的著作百余部，主要涉及语言学、政治经济、大众传媒、对外政策以及教育文化等领域。他坚持无政府主义和自由意志社会主义的政治观点。

乔姆斯基的小学教育是在橡树巷乡村小学校（Oak Lane Country Day School）完成的。这是一所独立的杜威派学校，致力于让学生在非竞争性的氛围中追求自己的利益，通过自我调整发展自己的兴趣和才能。他 10 岁时写了第一篇关于法西斯主义蔓延的文章，这篇文章是在巴塞罗那沦陷之后写的。他的研究无论是在当时还是后来的几十年都可以说是"学术客观与自由"的典范。

12 岁时，乔姆斯基进入中学，他加入了各种俱乐部和社团，在学术上取得了卓越的成绩，但他讨厌等级和组织化的教学方法。与此同时，乔姆斯基在格拉茨学院就读了希伯来语高中。从 12 岁到 13 岁，他全面地认同无政府主义政治。13 岁这一年，乔姆斯基独自一人来到纽约市，在那里他终于可以博览群书，满足自己对阅读的渴望。此外，他还与犹太教育社区取得联系。这个时期，他与这些知识分子的讨论坚定了他的信念，使他更加坚信影响他一生的政治主张：所有人都能够理解政治与经济问题，并依据自身理解做出决定；所有人都需要在行为自由以及与他人联系的过程中得到满足；无论是政治权威，还是经济权威，抑或是宗教权威都不合理，因为他们不能得到理性的检验。因此，乔姆斯基的无政府思想或者是自由社会主义认为，最好的政治组织应该是人民有更多的机会参与到与他人的合作行为当中，参加到影响人民的所有集体决定中。

　　1945 年，18 岁的乔姆斯基在宾夕法尼亚大学（University of Pennsylvania）学习。他住在家里，通过教希伯来语来获取他的大学学费。他对大学课程并不感兴趣，两年后他想弃学从政，可能是住在集体农场的原因。然而，后来他遇到语言学家泽里格·哈里斯（Zellig Harris）——美国结构主义创始人之一，他的政治思想与乔姆斯基极为相似。自此，乔姆斯基跟随哈里斯学习研究生课程，在哈里斯的推荐下，他追随尼尔森·古德曼（Nelson Goodman）和内森·萨尔曼（Nathan Salman）学习哲学与逻辑，追随内森·凡因（Nathan Vayne）学习数学。他与泽里格·哈里斯的交谈再次唤醒了他研究语言的兴趣，并使他对学习阿拉伯语产生兴趣。1947 年他在政治圈里崭露头角。哈里斯把乔姆斯基介绍到理论语言学领域，并说服他主修语言学。1951 年，乔姆斯基撰写了硕士学位论文《现代希伯来语的形态音素学》。

　　1951 年到 1955 年在哈佛大学学者学会工作期间，他提出转换语法，并于 1955 年获得博士学位。古德曼鼓励他申请哈佛大学博士，乔姆斯基去哈佛大学还因为哲学家威拉德·奎因（Willand Quine）在那里。奎因和哲学家约翰·奥斯汀（John Austin）都影响到乔姆斯基。1952 年，乔姆斯基在《逻辑符号》杂志发表了他的第一篇学术文章《句法分析系统》，严厉批评了语言学；1954 年，他在芝加哥大学和耶鲁大学的讲座中提出了自己的观点，并于 1955 年提交了一篇论文，阐述了转换语法，获得了博士学位。该论文在 1975 年作为《语言理论的逻辑结构》的一部分出版，他因拥有博士学位而被免除服兵役。尤其是在《语言理论的逻辑结构》中，他将哈里斯的方法应用到语言研究中，将古德曼的观点运用到形式系统和科学哲学研究中，并将形式系统研究和科学哲学研究转化成一种新研究，有继承、有借鉴、有批判又有创新。古德曼认为心智生来就是一块白板，幼儿语言学习是一种从语言刺激到条件反应的过程，而乔姆斯基认为所有语言的基本原理，以及用于表达的基本概念，都是对人类心智的内在表征，语言学习过程就是儿童依据语言环境对这些语法原理的无意识建构过程；而哈里斯认为语言学习就是"语言材料"的分类过程。乔姆斯基与哈里斯观点不同，他认为通过形式系统的应用，发现内在原理才是让儿童快速习得语言的根本，才是儿童和成人日常语言使用的根本。古德曼认为语言学习是语言材料刺激的结果，是语言刺激引起促成的；乔姆斯基认为语言习得的诱因在于社会环境和语言环境，是一系列内在原理激活的结果，但具有新颖性和创造性。正是基于这个原因，乔姆斯基才认为不可能存在一种成熟的语言行为科学。这一点乔姆斯基赞同 17 世纪法国哲学家笛卡尔的观点，认为语言的使用是由于创造性，而非因果性。

1956 年乔姆斯基到麻省理工学院任教，他把过半精力放在机器翻译项目上，尽管他怀疑这个项目是否能够成功。1957 年，他的惊世之作《句法结构》（主要由本科生课程的一系列讲座修改而成）问世，乔姆斯基立刻成为语言学界的重要人物，因为他的句法理论改变了语言研究模式，奠定了语言的科学研究基础。麻省理工学院也因此要求乔姆斯基和他的同事莫里斯·哈利（Morris Halle）开设语言学领域的研究生课程，这个课程吸引了数名优秀学者。1958 年到 1959 年，国家科学基金会资助他到普林斯顿的高进研究学院从事博士后研究工作。他创建了普遍语法理论、生成语法理论以及乔姆斯基层级性。

1959 年，他批判斯金纳的《言语行为》，由此揭开了行为主义批判的序幕，这一批判是对行为主义语言学习观的彻底否定。该批判始于 20 世纪 60 年代中期，随着 1965 年《语法理论的若干问题》和 1966 年《笛卡尔语言学》的问世，人们开始渐渐接受乔姆斯基的语言学习方法和心智研究方法，尽管在这一范式中还有很多不同的理论。1961 年，乔姆斯基被任命为麻省理工学院全职教授，1966 年被聘为现代语言和语言学教授，1976 年被任命为学院教授，他于 2002 年退休，成为名誉教授。

## 二 乔姆斯基在语言学领域的贡献

哲学理性主义的基本观点就是人类的创造性主要依赖于概念生成和概念合并的内在系统。乔姆斯基认为，儿童学习就是一般创造性的体现，他们一开始学习词汇时就体现了对复杂概念的正确应用。儿童使用语言去玩耍、去发现、与人互动和交流本身就是对各种概念的掌握过程，但他们能够学习到的很有限。这些知识，从某种意义上而言，是内在的、与生俱来的。当然，这种内在性并不是自出生以来就完全形成了，固定下来了，只不过是随着儿童生物性和身体的发展，儿童的概念系统通过生成而产生的、输出的，的确与某种环境输入有关系。儿童习得语言和概念速度惊人，尽管其输入有限。因此，"输入匮乏"观赞同语言习得内在论，认为儿童先天有一种语言习得机制，这也是乔姆斯基在《语言理论的逻辑结构》中提出的所谓的语言的"基本问题"。后来，他又把这个问题称为"柏拉图问题"①。与柏拉图不同，乔姆斯基认为自然科学可以解释柏拉图问题，尤其是认知科学和语言学，原则与参数就是一种解释方法。

乔姆斯基早期在《句法理论的若干问题》中曾经尝试运用标准理论解决柏拉图问题，后来还发展了扩展标准理论，而且在 20 世纪 70 年代末进一步发展并修订该理论。所有这些理论都提出儿童心智有一种与生俱来的可能语法公式，这种语法可以依据语言材料建构语法。儿童心智运用有限语法规则建构可能语法，这种理论与他后期的理论相比，似乎有些麻烦，可能由于他没有讲清楚语法建构具体涉及哪些程序以及如何一步一步进行。

20 世纪 70 年代晚期以及 80 年代早期，他在《管辖和约束》中引进"原理和参数"，并且在 1986 年的《语言知识》中进一步发展"原理和参数"理论。原理具有语言普遍性，其结构特点是所有语言共有的，是儿童

---

① 柏拉图在《美图篇》中，尝试着解释一个没有受过教育的孩子如何解决集合问题，尽管这个孩子得到提示，但他并没有接受过任何训练，也没有任何数学学习经历。

与生俱来的。参数，也一样与生俱来，是语言结构中可以选择的部分，即使儿童接触到的语言输入有限，也同样可以运用这些选择参数。例如，短语结构必须有中心词，要么名词，要么动词或者形容词，可以是任何形式短语，但是短语顺序不固定，有些语言可能是中心词在前，有些语言中心词顺序在后，那么儿童可以依据具体语言做出选择。在早期阶段，可能参数选择比较受限，在后期语言发展过程中，供选择参数也逐渐增多，甚至还会有参数次系统出现可供选择。乔姆斯基的"原理和参数"理论似乎是柏拉图问题的最好解决方案。《美图篇》中的孩子可以解决几何问题，是因为儿童心智参数选择，而孩子需要提示才能解决这个几何问题就是因为儿童几何知识受到限制。

除了短语结构可以运用到参数理论外，音系学中单个语音的输出也同样可以运用参数理论解释，但是语音参数形成于儿童语言发展早期，一种语音习得关键期，错过这个关键期，儿童发音可能会带口音。当然，我们还应该注意到词汇概念的语义特点，以及词汇组合的诸多限制条件。乔姆斯基认为，儿童学习语言的诸多概念都说明经验主义理论不正确，不能予以解释。经验主义理论解释诸如"介子"的科学概念完全没有问题，但是这个概念并不具有内在性，因此人们并不太关注。

语言能力的整体结构也有助于解释概念和语言的创造性。"原理和参数"理论还进一步发展为"最简方案"，语言能力即一种界面，可以与其他心智认知能力互动交流。人们通过传感器接收并输出语言和符号，语言信息通过概念意向界面使人类能够执行各种认知任务。

乔姆斯基的语法理论和语言理论通常被称为"生成性"、"转换性"或者"转换生成"。"生成性"就是具体形式化过程，这是生成的数学意义。"生成"的语言学意义则是表达语言的创造性，即"有限形式的无限运用"，因此语言本身具有递归性。在自然语言语法中，递归性呈现多样性，可能是并列形式，也可能是嵌入形式。乔姆斯基理论的"转换性"主要是生成过程中通过改变短语结构解释句子的句法和语义特点。句法结构运用一系列改写规则具体说明句子的组成成分，具体为：深层结构主要进行语义解释，通过运用转换规则，转换为表层结构，进行语音解读。当然，这是乔姆斯基早期理论，看不出如何能解决柏拉图问题。

在他的后期理论中，深层结构也不用于解释深层理论，甚至短语结构语法也舍弃了。他开始通过 X-bar 理论把词汇映射到词汇的复杂结构中，也将转换规则减少为一种"α移动"。20 世纪 90 年代，随着"最简方案"的引入，深层结构和表层结构彻底消失。因此，"α移动"只是一种过渡，先是改成"移动"，后来最终运用"内部合并"，成为一项重要的基本操作，将两种成分合并为一个集合。最终在乔姆斯基的构建语法中，内部合并和外部合并，原则和语法成为他的理论核心。

总而言之，乔姆斯基的三种语言科学研究路径，经过几个阶段的发展，趋于简化，符合科学发展的总体规律：自早期的短语结构成分开始，经历转换成分以及深层结构和表层结构，最终为"最简方案"所取代，具有解释充分性，尤其是对于心智表征的自然语言而言，为柏拉图问题提供了解释方案。

### 三　乔姆斯基的心智哲学

乔姆斯基的心智哲学也是语言哲学以及语言学理论的延伸，尤其是当人类无法运用形式结构对语言进行刻画时，需要诉诸心智。人类概念和语言创造性涉及心智能力而且蕴含心智各模块的存在。语言创造性和概念系统取决于感知输出系统和概念意向系统以及其他诸如视觉、听觉等系统。乔姆斯基认为，心智就由一系列内在模块构成，其中一块是语言模块。每一个模块都具有独立性，并依据与该模块相应的规则输入信息并输出信息。他在早期理论中称之为"衍生"，后期理论中称之为"计算"。各个模块之间互动形式复杂，最终形成感知、思维以及其他认知状态。

语言系统起媒介作用，协调各种模块认知状态。语言的生成属性，或者具体而言是语言的递归属性，使得人们可以将任意概念以无限形式输出和表征，因此"有限形式的无限表征"就是思维无极无限的基底。在《语言能力》一文中，乔姆斯基将语言分为语言能力和语言行为，他认为语言学家的任务是研究语言能力，狭义语言能力就是语言递归计算系统，而广义语言能力则包括声音和符号（属于感知输出系统），以及意义（属于概念意向系统）。这些系统形成计算系统互动的界面。

运用乔姆斯基的规则系统术语而言，则狭义语言能力可能由合并和个体语言的各种参数构成。对此，可能有些语言学家质疑：如果语言能力具有生物学基础，那么人与动物有何区别？乔姆斯基的答案是：对于有机生长，仅有基因和环境输入还不够，还需要物理结构和数据分析的限制条件。

## 四 乔姆斯基的政治观点

乔姆斯基的政治观点并非独立于他的语言观和心智观，相反，正是以语言研究和心智研究为基础，即他的语言观和心智观是他的政治观形成的必要前提和基础。通过对语言和心智的研究，他认为创造性是人性中最重要的一个因素。他的语言观和政治观之间的关系是抽象的。如果人性科学得到充分发展，这种联系可能会更具体。事实上这种科学不可能存在，或者即使存在一种人性科学，联系也只能是基于一种假设，因此具体措施如何执行也还是个问题。

尽管乔姆斯基对政治感兴趣，但他早期并没有涉足政治。20世纪60年代，美国干涉越南战争时，他才不得不发声抗议。于他而言，美国的干涉无异于美国的侵略战争，因此，他不顾个人安危，不顾个人事业发声抗议。他认为美国参与战争不过是满足美国的野心，使用军事力量来巩固对广大发展中国家的经济控制；无非就是与其他发达国家竞争，扩大自己国家的经济特权和政治权利。对于美国而言，通过武力不可能让大众顺从国家决定，因此，国家需要知识分子这个渠道进行宣传，国家需要获得知识分子的支持：他们收集国家政治经济信息并散布给民众，向民众解释。因此，他认为他作为一名有良知的知识分子，需要对民众负责，需要向民众提供信息，让民众自己决定自己的立场和态度。在他的《知识分子的责任》中，他指出很多身居要职的知识分子和记者并没有将正确信息传达给民众，刻意隐瞒，迷惑民众，让民众搞不清美国在越南战争中的真正用意。他还与经济学家爱德华·赫尔曼（Edward Herman）合作出版《制造民意：大众传媒的政治经济学》，指出主流媒体通过五种方式过滤信息欺瞒民众。

他在其他著作中也同样运用实例来说明如何运用何种方法来报告类似的事件，主要取决于是否影响国家和公司利益以及在多大程度上影响利益。根据乔姆斯基的说法，无数例子表明，美国的杰出新闻工作者和其他知识分子实质上是代表精英利益。正如他在《必要的幻想》（1989）中写道：

> 媒体服务于政府和企业集团利益，而政府和企业集团联系密切，因此构成媒体行业报道和分析惯例，支持已建立的特权，因此尽力限制民众讨论。①

乔姆斯基也受到批评。评论家们认为他的政治和媒体研究把记者们看作搞阴谋者。乔姆斯基的反应也只是指出假设阴谋没必要。一般而言，主流媒体记者的行为可以理解，他们受雇于特定机构，当然要代表这一机构利益。而且，他们为了升职加薪，尽量不质疑自己所属集团利益，尽量避免问责经营公司的利益集团。当然，记者也不愿意成为贪图金钱之辈，因为他们认为自己是真相的捍卫者，然而他们还是要向媒体妥协。就像《纽约时报》所言，他们只刊登适合刊登的新闻。

## 五　乔姆斯基生成语言学

生成语言学尤其是生成句法曾经在 20 世纪 50 年代改变了我们对语言和语言学习的看法，转变了语言观，是外在论到内在论的转变，是语言行为研究向语言能力研究的转变，是经验主义向理性主义转变的过程，是注重语言材料到注重理论的转变，也是语言学家们逐渐建立理论、从知其然到知其所以然的伟大转变。这一理论促成多元问题形成，促进语言内核的研究并形成新的语言范式。生成语法与行为主义相比，主要有两个重要显著区别。

首先，乔姆斯基的理论是一种大胆的形式理论。1957 年以前，乔姆斯基句法理论尚未问世之时，几乎未出现过一种明确的方法研究形式句法，也几乎没有哪位语言学家谈到句子的可接受性，或者提及形态形式的可接受性问题。此外，也几乎没有哪位语言学家使用星形（★）表达不可接受

---

① Chomsky, N., *Necessary Illusions: Thought Control in Democratic Societies*, New York：South End Press, 1989：20.

的句子或者其他语素。因此，这种形式就是生成语法的经典范式，是一种尝试，因为这种尝试与心理学研究中的严格步骤还是有区别的，虽然也有人因此而批评乔姆斯基，但的确，它对于研究语言学很有用。

其次，乔姆斯基建立并完善了一整套句法范式。这绝对称得上是前无古人之作、惊世之举。乔姆斯基句法理论建立之前，没有出现任何一位语言学家能够掌握一种语言的所有规则和特点，更没有一位语言学家能够说明这些规则，也没有人说明这是所有语言使用者应该有的知识。形式研究范式应该能够充分刻画语法现象，但是句法范式失之偏颇，而且，早期语言学家们认为句法范式并非语法范式构成部分，没必要建立并完善句法范式。虽然生成语法家们没有运用范式这一术语，但是他们却不断尝试建立一系列语法次范畴的句法理论。

20 世纪 70 年代，我们也一起见证了生成语言学家全方位讨论主语、宾语以及功能转变操作规则，包括被动语态和使义结构，Blake 的关系语法，Falk 的词汇功能语法处理，Van Valin 的角色指称语法，以及后来 Croft 的功能主义理论语法。这些研究详尽而充分，对给定范畴的句法功能尽可能做出全面诊断、详尽描述，并且将后续研究用于检验其他语言。

而且，对于移位结构领域，生成语法已经率先发现，尤其是疑问词提前现象，结构的确是所有语言中的规则现象。这些个别语言研究发现的规律为今后功能主义研究奠定了基础，并为其研究提供了全面解释理论。那么生成语法的这两大创新是否与乔姆斯基通过语言研究心智现象相关，我们不得而知，但是的确还有其他因素促成乔姆斯基理论的发展。其一是英语语言日渐重要。二战结束后，德语和法语地位逐渐衰落，英语语言的地位呼唤这么一位语言学家，不了解拉丁语法，不懂希腊语、拉丁语和法语研究传统。而且，希腊语、拉丁语和乏味曲折范式与句法范式不符，英语语言和这些语言不同，没有那么多曲折规则，而且本身句法范式丰富，英语语言的词序比较固定，句子结构是主题结构。其二是历史语言学地位的逐渐削弱。自 19 世纪以来，欧洲语言学家大多数都关注本国语言的发展历史。这种情况在美国没有出现。美国成立时间较短，不需要历史作为语言研究的思想基础，因此多数语言学家主要关注共识语言研究，句法研究就是这样。其三是智能机的出现。20 世纪 50 年代，思维机器和可以说话的机器不再是遥不可及的事物，成为可以达到的目标，机器变得越来越精密，可以操作太空旅行、交通信号和交通规则以及机器自动化。数学家阿兰·图灵（Alan Turing）和克劳德·香农（Cloude Shannon）为新兴技术发展奠定了坚实基础，因此人类畅想语言的思考也同样不再受到羁绊。

毋庸置疑，生成语法的日新月异与乔姆斯基紧紧联系在一起。生成语法的主要贡献和创新是乔姆斯基做出的最重要的语言研究方法论。实验法和句法范式以及生成语法必定是历史上最浓重的一笔之一，必定与内在论普遍语法一起载入史册。

他影响到整个学术圈，被认为是范式转换者，推动了人文科学的革命，促成语言研究的认知主义框架——心智主义研究。除学术研究外，他还批判美国的外交政策、新自由主义和当代资本主义、巴以冲突以及主流媒体。他的思想对反资本主义和反帝国主义都很重要。

图书在版编目（CIP）数据

乔姆斯基的心智表征观 / 崔艳英著. -- 北京：社
会科学文献出版社，2024.6
（认知哲学文库）
ISBN 978 - 7 - 5228 - 3562 - 4

Ⅰ. ①乔…　Ⅱ. ①崔…　Ⅲ. ①乔姆斯基（Chomsky，
Noam 1928 - ）- 语言哲学 - 哲学思想 - 研究　Ⅳ. ①H0 - 09

中国国家版本馆 CIP 数据核字（2024）第 079096 号

认知哲学文库
# 乔姆斯基的心智表征观

著　　者 / 崔艳英

出 版 人 / 冀祥德
责任编辑 / 周　琼
文稿编辑 / 梅怡萍
责任印制 / 王京美

出　　版 / 社会科学文献出版社·马克思主义分社 （010）59367126
　　　　　　地址：北京市北三环中路甲 29 号院华龙大厦　邮编：100029
　　　　　　网址：www.ssap.com.cn
发　　行 / 社会科学文献出版社 （010）59367028
印　　装 / 三河市东方印刷有限公司

规　　格 / 开　本：787mm × 1092mm　1/16
　　　　　　印　张：16.25　字　数：259 千字
版　　次 / 2024 年 6 月第 1 版　2024 年 6 月第 1 次印刷
书　　号 / ISBN 978 - 7 - 5228 - 3562 - 4
定　　价 / 89.00 元

读者服务电话：4008918866